AF645494

Angelika Censebrunn-Benz

Stiefkinder der Republik

Angelika Censebrunn-Benz

Stiefkinder der Republik

Das Heimsystem der DDR und die Folgen

Mit einem Vorwort von Wolfgang Thierse

HERDER

FREIBURG · BASEL · WIEN

MIX
Papier aus verantwortungsvollen Quellen
FSC® C014496

Verlag Herder GmbH, Freiburg im Breisgau 2022
Alle Rechte vorbehalten
www.herder.de

Umschlaggestaltung: Verlag Herder
Umschlagmotiv: © Thomas Sandberg, Berlin
Satz: Daniel Förster, Belgern
Karte: © Peter Palm, Berlin
Herstellung: GGP Media GmbH, Pößneck

Printed in Germany

ISBN: 978-3-451-39011-1
ISBN E-Book (EPUB): 978-3-451-82721-1
ISBN E-Book (PDF): 978-3-451-82723-5

Dass viele der Interviewten mir gegenüber äußerten, sich in besonderer Weise von mir verstanden und wohltuend respektiert zu fühlen, machte mich mit der Zeit nachdenklich. Eine für mich gelebte Selbstverständlichkeit fiel ihnen als außergewöhnlich auf: sich ehrlich für andere zu interessieren, Verständnis zu zeigen, statt Rechtfertigung zu fordern, persönliche Schwächen nicht als Vorwurf oder Makel zu deuten.

Warum ist dies so?, fragte ich mich. Als Mutter von drei Söhnen erlebe ich, wie vertrauensvoll und neugierig Kinder von Natur aus sind, wie sehr sie Vorbilder und freundliche Bestätigung brauchen – aber auch wie verletzlich Kinderseelen sind und wie viel Schutz sie benötigen. Genau das habe ich in meiner Kindheit erlebt: Meine Eltern waren immer da. Sie haben mich in liebevoller Weise unterstützt, mich aber auch immer meinen eigenen Weg gehen lassen. Ich weiß bis heute: Dort kann ich hingehen, finde Verständnis und Rat, auch wenn ich einen Fehler gemacht habe. Das hat mich zu der gemacht, die ich heute bin: eine Frau, die interessiert, wie es anderen geht, und die Menschen mit Offenheit und Feingefühl begegnen kann. Wie wunderbar und kostbar das ist, habe ich in berührender Weise während meiner Interviews und beim Schreiben dieses Buches erneut verstanden. In tiefer Dankbarkeit widme ich daher dieses Buch meinen Eltern Ute und Wolfgang Benz.

Inhalt

Vorwort von Wolfgang Thierse

Was war die DDR? Es scheint so, als wüssten wir alles über sie. Sie wirkt wie ein abgeschlossenes Kapitel der Geschichte. Manche Zeithistoriker meinen, die DDR sei längst ausgeforscht, ja überforscht.

Und tatsächlich: In den vergangenen 30 Jahren ist unendlich viel über die DDR publiziert worden – zahllose wissenschaftliche Studien und Dokumentationen, Kino- und Fernsehfilme, literarische Werke, Erinnerungen und Zeitzeugenberichte. Es gibt Gedenkstätten an authentischen Orten der Stasi-Täterschaft, es gibt mehr oder minder gelungene DDR-Museen, es gibt Erinnerungsorte für das Grenzregime und die deutsche Spaltung. Und es gibt – leider nur wenige – Orte der Erinnerung und Würdigung der friedlichen Revolution von 1989 und der deutschen Vereinigung. Im subjektiven Rückblick, in den eigenen Erinnerungen der Ostdeutschen, in den Nachwirkungen auf ihr Leben bis heute allerdings ist die DDR noch längst kein erledigtes Kapitel. Ja, sie verändert sich noch immer, der Blick auf sie mag die DDR verfinstern oder sie verklären, je nachdem, wie groß und wodurch verursacht Wut und Nostalgie sind.

Die DDR war gewiss Verschiedenes: SED- und Stasi-Staat, ökonomisch gescheitertes Planwirtschaftssystem, vormundschaftlicher Staat und weltanschauliche Erziehungsdiktatur. Sie war sozialer Fürsorgestaat und Ort widersprüchlicher und deshalb lebendiger Kultur. Vor allem aber war sie auch eine Solidargemeinschaft ihrer Bürger gegen die obrigkeitlichen Zudringlichkeiten und Zwänge, gegen die Einschränkungen und Beschränkungen, gegen die Mangelwirtschaft. An diese Solidargemeinschaft können und sollten wir Ossis uns gerne erinnern.

Selbst in der engen DDR waren die Biografien vielfältig und nicht nur Täter- oder Opfergeschichten, nicht nur Schurken- oder Heldengeschichten. In ihr gab es den Witz, die Intelligenz und auch die Würde des gelebten menschlichen Lebens der Vielen, gab es – wie anderswo auch – Mut und Feigheit, Tapferkeit und Opportunismus, Widerstand und Unterwerfung. All dies soll erzählt werden und das ist vielfach auch schon geschehen, aber gewiss noch nicht genug. Zwar sind schon viele Seiten der DDR-Geschichte beleuchtet worden, in Zorn und Trauer, mit Spott und Heiterkeit. Aber die Anfälle verklärender Nostalgie, des unkritischen Rückblicks gibt es doch auch. So verständlich die Verteidigung der eigenen Biografie gegen flotte abwertende Urteile sein mag, so sehr bleibt der kritisch-selbstkritische Blick auf die 40 Jahre DDR notwendig. Sie bietet Stoff genug dafür.

Zu den bisher eher beschwiegenen, dunklen Kapiteln gehört das System der Heimerziehung in der DDR, gehören deren Opfer: die Stiefkinder der DDR. Eine halbe Million Kinder und Jugendliche waren es, die dieses System in den vier Jahrzehnten von 1949 bis 1990 durchliefen, durchlitten. Ein System, das eine eigene »Hierarchie« darstellte: vom Normalheim über das Durchgangsheim, das Spezial-Kinderheim bis zum Jugendwerkhof (für die sogenannten Schwererziehbaren), dessen schrecklicher Inbegriff der Geschlossene Jugendwerkhof Torgau war. Wer dieses System nicht selbst erlebt hat, der kann nicht ermessen, welche Leidenserfahrungen die Wirklichkeit drinnen ausmachten. Wir DDR-Bürger draußen wussten nichts Genaues darüber. Aber dass es dieses System gab, daran erinnere ich mich als Drohung in der Schule: »Wenn du dich weiter so benimmst, dann kommst du ins Heim« – so die Warnung gegenüber besonders ungefügigen Schulkameraden.

Auch 30 Jahre nach dem Ende der DDR ist das Thema Heimerziehung viel zu wenig beachtet. Die Geschichten von Einsamkeit und Angst, von Erniedrigung und Entwürdigung, von psychischer Gewalt und physischer Brutalität sind ungehört, die Nachwirkungen, die lebenslangen Schäden sind zu wenig wahrgenommen und gelindert. Ein wahrlich unabgeschlossenes Kapitel. Es relativiert das Geschehene nicht und es tröstet auch die Opfer nicht, wenn man daran erinnert, dass vergleichbare Methoden einer »schwarzen Pädagogik« nicht nur in Heimen der DDR, sondern auch in denen der Bundesrepublik und anderswo angewandt wurden, und dass diese Methoden eine lange Vorgeschichte nicht zuletzt in der Naziideologie hatten.

In den Jahren 2009 bis 2011 behandelte ein Runder Tisch »Heimerziehung« die Situation der Heimkinder in der Bundesrepublik, schloss aber ausdrücklich die Situation der DDR-Heimkinder »aufgrund des unterschiedlichen Gesellschaftssystems, der Aufgabenstellung und Pädagogik der Heime« aus. Durch den Abschlussbericht ermuntert nahmen einige ehemalige DDR-Heimkinder den Kampf um Anerkennung auf und machten das Thema erstmals richtig öffentlich. 2011 entstanden drei vom Bundesministerium des Innern beauftragte Expertisen, die sich mit den Erziehungsvorstellungen, der rechtlichen Stellung der Heimerziehung und den Grenzen und Möglichkeiten therapeutischer Hilfsangebote für die Betroffenen befasste. In deren Abschlussbericht von 2012 ist festgehalten, dass Zwang und Gewalt zum Alltag der Heimerziehung der DDR gehörten und besonders die Zustände in den Spezialheimen menschenrechtsverletzend waren. Als politische Folge wurde der Fonds »Heimerziehung in der DDR in den Jahren 1949–1990« eingerichtet, aus dem Betroffene eine Entschädigungszahlung erhalten konnten.

Aber die Arbeit ist nicht erledigt. Aufklärung bleibt weiter notwendig über das, was geschehen ist, und über das, was zu tun ist. Es geht um eine Aufgabe, die man nicht dadurch beiseiteschieben kann, dass der für dieses System verantwortliche Staat entschwunden ist. Denn Misshandlungen und sexuelle Übergriffe sind leider ein typischerweise auftretendes Phänomen geschlossener Einrichtungen, unabhängig von ihrer staatlichen, privaten oder konfessionellen Trägerschaft. Auch wenn viele Menschen davor die Augen verschließen, sexualisierte Gewalt, sexueller Missbrauch war und ist alltägliche Realität – nicht nur in den Kirchen, sondern vor allem massenhaft in Familien und auch in Vereinen und eben Heimen. Das Dunkelfeld ist riesig, die Aufmerksamkeit dafür, die Empörung darüber aber ist höchst ungleich verteilt. Das darf nicht so bleiben!

Was in diesem Dunkelfeld passiert, welche schlimmen Leidenserfahrungen durchgemacht werden, welche bösen Herrschaftsmechanismen am Werke sind, welche traumatisierenden Langzeitwirkungen folgen – das erzählen die Schicksale der Stiefkinder der DDR. Ihr Leben in den Heimen, besonders in Spezialheimen, ist nicht zu beschönigen: Das war Freiheitsberaubung, Fremdbestimmung, Menschenverachtung, entwürdigende Bestrafung, Verweigerung von Bildung und Ausbildung, erzwungene Arbeit. Wer sich auf die erzählten Schicksale einlässt, der spürt, welche gesellschaftliche Verantwortung das vereinigte Deutschland hat. Denn das Leid, das den damals Minderjährigen widerfahren ist, hat Folgen bis heute. Viele sind psychisch und physisch labil und geschädigt. Zukünftig werden viele der Betroffenen pflegebedürftig sein, womit noch ein Problem auf unsere Gesellschaft zukommt. Politik und Gesundheitssystem sollten sich diesem Thema rechtzeitig widmen.

Es war an der Zeit, den Betroffenen eine Stimme zu geben. Die Opfer von damals erinnern sich in diesem Buch auch für uns heute. Wir sollten ihnen zuhören, ihnen Anerkennung und hilfreiche Unterstützung gewähren. Um der Gerechtigkeit willen.

Im Juni 2021
Wolfgang Thierse

Einleitung

Als wissenschaftliche Mitarbeiterin im Büro von Wolfgang Thierse erreicht mich der Anruf einer aufgebrachten Bürgerin. Wütend keift sie ins Telefon, beschimpft die Politiker, die Wessis, die keine Ahnung haben, die Ossis, die alles vertuschen, die Mitmenschen, die sie verurteilen, und alle, die sich an den Heimkindern bereichern. Sie hat soeben von einer Studie gehört, die sich mit Heimkindern in der DDR beschäftigt und ist erbost. Das Geld, so schreit sie mir ins Ohr, solle doch den Heimkindern gegeben werden, für die interessiere sich nämlich niemand. Da ich bereits ein Jahr zuvor auf das Thema aufmerksam wurde und in der Gedenkstätte Geschlossener Jugendwerkhof Torgau auf einem Heimkindertreffen einige Betroffene kennengelernt habe, ist mir das Thema Heimkinder in der DDR nicht unbekannt. Der Anruf trifft mich dennoch überraschend, und die Aggressivität, mit der Heike G. mich angeht, erwischt mich kalt. Nach über einer Stunde verabschiedet sich Heike G. freundlich von mir – ich konnte sie davon überzeugen, dass weder ich noch Wolfgang Thierse oder die Auftraggeber der Studie ihre Feinde sind oder sich an ihrem Leid bereichern. Binnen eines Jahres ruft sie noch zwei weitere Male an, immer in der gleichen erbosten Gemütsverfassung, doch auch zunehmend freundlich mir gegenüber, das letzte Telefonat beendete sie mit dem Satz: »Vielleicht rufe ich Sie ja auch mal an, wenn etwas Positives passiert.«

Für mich sind diese Telefonate gleichermaßen spannend wie anrührend, zeigen sie doch, dass die Betroffenen voll des Misstrauens gegenüber anderen sind und oft sehr aggressiv ihr Anliegen vertreten. Aber auch, wie schnell die wütende Fassade fällt und was für freundliche Menschen dahinterstecken, die nur eines brauchen: Respekt und das Gefühl, wirklich ernst genommen zu werden. Etwas, das wir in unserer Kindheit erfahren, das diesen Menschen aber systematisch verwehrt wurde.

Anderthalb Jahre später, während meiner Arbeit für die Thüringer Bundestagsabgeordnete und Ostbeauftragte der Bundesregierung Iris Gleicke, erhalte ich mehrfach Anrufe der gleichen Art. Heute arbeite ich in einem Projekt zur Aufarbeitung der Heimerziehung in den Spezialheimen der DDR und führe lebensgeschichtliche Interviews mit ehemaligen Heimkindern. Es sind ganz unterschiedliche Menschen und Schicksale. Doch eines ist allen gemein: Sie tragen die Narben ihrer Kindheit und sind bis heute geprägt durch ihre Erfahrungen, viele sind in therapeutischer Behandlung, fast alle tun sich schwer mit zwischenmenschlichen Beziehungen, haben Schlafstörungen, sind seelisch und körperlich gezeichnet. Ich treffe Menschen, die voller Misstrauen sind, ängstliche Menschen, die sich nach Respekt und Vertrauen sehnen, aggressive Menschen, die mit der ganzen Welt hadern. Vor allem aber kämpfen sie alle für ein normales Leben. Ich höre Geschichten von Grausamkeiten und Unterdrückung, aber auch von Widerstand und Selbstbehauptung. Einige berichten von ihrem langen, schweren Weg zu einem selbstbestimmten Leben, davon, wie sie erst zu lieben und zu vertrauen lernen mussten.

Es sind Geschichten der Einsamkeit, wie die von Tim*, der als Zehnjähriger im Kinderheim von seiner Erzieherin so schwer sexuell misshandelt wurde, dass irreparable Schäden zurückblieben. Als ich ihn treffe, ist er zunächst zurückhaltend, nach zwei Stunden Interview aber erzählt er mir, wie schlimm es für ihn ist, dass er keine Liebesbeziehung haben kann, obwohl seine Sehnsucht danach so groß ist. Und es sind Geschichten voller Angst, wie die von Jens*, der seiner Frau bis heute nicht alles über die sexuellen und seelischen Misshandlungen durch andere Heimkinder und seine Erzieher erzählt hat – aus Sorge, sie könnte ihn dann anders sehen oder gar verlassen. Es sind auch Geschichten, die zeigen, wie

---

* Die Namen sind geändert.

schwer die Spätfolgen der Heimerziehung wiegen. Lena* erzählt mir unter Tränen, dass sie es besser machen wollte mit ihren Kindern, aber einfach nicht konnte. Es quält sie, dass sie nicht immer die liebevolle Mutter war, die sie so gerne gewesen wäre – und die sie sich für sich selbst gewünscht hätte. Oft merken die Betroffenen gar nicht, wie sehr ihre Vergangenheit sie beeinflusst. So erzählt mir Regina*, sie sei sehr erschrocken, als ihre Söhne – beide beim Militär – auf ihre Frage, wie sie mit dem militärischen Drill und der Kommandosprache klarkämen, sagten: »Ach, das kennen wir doch von dir, Mutti«. Markus* kann weder den Fahrstuhl benutzen noch länger als ein paar Stationen in einem Bus mitfahren. Schweißausbrüche und Panikattacken überfallen ihn sonst. Seine Wohnungstür muss abgeschlossen sein, im Flur Licht brennen und er mit dem Rücken zur Wand im Bett liegen, sonst ist an Schlaf nicht zu denken. Eine Folge der nächtlichen Prügel im Kinderheim und während seiner Zeit im Arrest des Jugendwerkhofes.

Die Interviews wühlen bei den Betroffenen alte Erinnerungen auf, manche melden sich Tage oder Wochen später und berichten mir noch Dinge, die ihnen eingefallen sind, erzählen aber auch, wie sehr die Erinnerung sie wieder eingeholt hat, wie schwer die Nächte waren oder dass sie krank geworden sind. Viele Interviews werden mehrfach verschoben, besonders dann, wenn Feiertage wie Weihnachten oder Ostern anstehen. Claudia* und Markus* erzählen mir, dass sie nach den jährlichen Heimkindertreffen in Torgau meist eine oder zwei Wochen krank seien und alle Kraft aus ihnen weiche. Volkmar steht nach einem Interview in Leipzig sehr langsam auf, seufzt und sagt: »Ja, Sie gehen jetzt nach Hause, ich schleppe das jetzt wieder eine Weile mit mir herum.«

All diese Menschen zu treffen hat mich tief beeindruckt. Ihnen eine Stimme zu geben und auf ihr Leid aufmerksam zu machen, ist mir ein großes Anliegen.

Dass Kindern und Jugendlichen Gewalt und Demütigung widerfahren sind, ist dabei kein alleiniges Problem der DDR. Auch viele Kinder in westdeutschen Heimen, von denen bis Mitte der 1970er Jahre über sechzig Prozent von der katholischen Caritas und der evangelischen Diakonie geführt wurden, haben Schlimmes erlebt. Prügelstrafen, entwürdigende Behandlung, eine auf das Funktionieren der Kinder und Jugendlichen ausgerichtete Erziehung und die Verweigerung von Nähe, Verständnis und Schutz sind in unzähligen Fällen dokumentiert.

In den diakoniegeführten Heimen herrschte extreme Gewalt unter den Zöglingen, die durch tribale Strukturen und die Hausordnung, die einer »Entsolidarisierung Vorschub leisteten«[1], bewusst gefördert wurde. Ein hierarchisch angelegtes System mit Rechten und Privilegien für einige der Zöglinge sorgte neben Kollektivstrafen bei Vergehen Einzelner, die wiederum eine Bestrafung des Verursachers durch die Gruppe nach sich zogen, für ein raues Klima. Auch seitens der Erzieher waren Gewalt und Demütigungen gängige Mittel.

Durch die Arbeit der beiden Runden Tische »Heimerziehung« und »Sexueller Missbrauch« wurde 2009/10 das Ausmaß des Leids in katholischen Heimen deutlich. Besonders in den 1950er und 1960er Jahren bestimmten neben Unterwerfung, Misshandlung und Demütigung der Kinder auch sexuelle Übergriffe den Heimalltag von Minderjährigen. Die von der Deutschen Bischofskonferenz eingerichtete Telefonhotline für Betroffene zeigt, dass rund siebzig Prozent der Fünf- bis Siebzehnjährigen schwere Gewalterfahrungen in ihrer Heimzeit machen mussten, fünfundzwanzig Prozent berichten von sexuellen Übergriffen.[2]

Es ist seit langem bekannt, dass geschlossene Einrichtungen anfällig sind für Machtmissbrauch seitens der Erzieher und ebenso für sexuelle Übergriffe sowohl durch das Personal als auch durch Mitinsassen. In Einrichtungen entsteht auch immer eine eigene Dynamik, die Gewalt- und Machtmissbrauch fördert. Ein Blick auf die Haasenburg-Heime macht dies in erschreckender Weise deutlich und zeigt auch, wie wenig überwunden solche Maßnahmen sind.

Die Haasenburg GmbH, gegründet von Christian Dietz, einem ehemaligen Mitarbeiter in der Kinder- und Jugendpsychiatrie des Asklepios Fachklinikums Lübben, betrieb von 2002 bis Dezember 2013 drei Heime und zwei Außenstellen für die geschlossene Unterbringung von Kindern im Alter von zwölf bis sechzehn Jahren. Die Kinder stammten zumeist aus zerrütteten Familien, waren Gewalt, Missbrauch und Vernachlässigung gewohnt und beim Jugendamt als »schwere Fälle« bekannt.

In den Haasenburg-Heimen in Jessern am Schwielochsee in Ostbrandenburg herrschte ein Drill, der erschreckende Parallelen zum Geschlossenen Jugendwerkhof Torgau aufwies. Auch hier war das »Brechen und Aufbauen« Ziel. Bei der Ankunft mussten die Jugendlichen durch ein Spalier aus Erziehern laufen, sich vollständig entkleiden, es erfolgten Leibesvisitationen und die Einkleidung in heimeigene Jogginganzüge und Holzclogs. Die ersten Wochen verbrachten die Jugendlichen in ihren Zimmern, die außer einer Matratze und einem Tisch leer waren. Sie mussten dort die Hausregeln abschreiben, die unter anderem besagten: »6. Ich halte Distanz und habe keinen Körperkontakt! 7. Wenn die Jugendlichen in der Reihe stehen, ist der Mund geschlossen und der Blick nach vorne gerichtet. Es wird ca. eine Armlänge Abstand zum Vordermann gelassen! 8. Die Jugendlichen laufen erst los, wenn die Erzieher es sagen und nur so weit, wie es gesagt wird! 9. Die Jugendlichen laufen immer rechts neben dem Erzieher! 10. Während der Dienstzeit ist der Mund geschlossen.«[3]

Bei »Fehlverhalten«, dazu zählten lautes Lachen oder Widerworte, erfolgte unter anderem Fixierung durch drei bis vier Erzieher. Auch Fixierliegen mit Kopf- und Oberschenkelgurten kamen zum Einsatz. Wenn die Jugendlichen bis zur Bewegungsunfähigkeit fixiert waren, sprach ein Erzieher auf sie ein, sie sollten sich beruhigen.

Eine Handreichung legte als Maßnahmen unter anderem fest: »Totale Unterordnung (3 bis 10 Tage)«; »keinerlei Diskussion über Maßnahmen«, »räumliche Distanz gegenüber Erziehern bei

Betreten des Zimmers (d. h. sofort aufstehen und am Tisch stehenbleiben)«; »Tägliche Leibesvisitationen«; »Toilettengang ist nur in Begleitung von 2 Personen« erlaubt; »Bei Fehlverhalten sofortiges Eingreifen mit barschem Ton und Anwendung rigider Maßnahmen (Anti-Aggressionsmaßnahmen = erst Einschluss, dann AA-Raum, evtl. Fixierung)«.[4] Dem Großteil der Jugendlichen wurden Psychopharmaka und Neuroleptika verabreicht. Darunter eine Vielzahl von Präparaten, von denen bekannt ist, dass sie heftige Nebenwirkungen haben und die Entwicklung bei Kindern und Jugendlichen gefährden und irreversibel beeinträchtigen.

Die Gewalt der Erzieher ist in internen Protokollen dokumentiert. So heißt es in einem Protokoll von Oktober 2009, als ein Junge fünf Stunden im Antiaggressions-Raum festgehalten wird: »Weint, klagt über Schmerzen, bittet darum, losgelassen zu werden, dem Wunsch kann nicht nachgegangen werden, ist immer noch angespannt. Versucht sich im Raum zu bewegen, Handklemme wird wieder etwas angezogen«.[5]

Dieses Beispiel sei genannt, um auf die Aktualität und Brisanz des Themas hinzuweisen. Noch heute gibt es Kinder und Jugendliche, die in geschlossenen Einrichtungen untergebracht sind. Hier genau hinzuschauen und ihren Schutz ernst zu nehmen, ist eine gesellschaftliche Aufgabe. Zu verstehen, was passiert, wenn dieser Schutz fehlt, ist der erste Schritt.

Es gibt – und darauf sei hier der Vollständigkeit halber hingewiesen – auch zahlreiche Heimkinder, die positive Erinnerungen mit ihrem Aufenthalt in einer Einrichtung der Jugendhilfe verbinden. Das Kinderheim Dallmin, in einem 1808 erbauten Schloss untergebracht und ab 1953 unter dem Namen Ernst Thälmann betrieben, ist hierfür ein Beispiel. Karl-Heinz Brüdigam aus Lindenberg bei Wittenberge, als Neunjähriger im Dallminer Heim untergebracht, erinnert sich: »Die Kinder gingen mit den anderen Dorfkindern gemeinsam in die Dallminer Schule, zum Fußball oder zum Kartoffelsammeln, agierten gemeinsam in Volkstanz- oder

Musikgruppen. Natürlich gab es auch mal Ungerechtigkeiten wie überall, doch Erzieher, Angestellte und ein Großteil der Lehrer haben es verstanden, uns gut auf das Leben vorzubereiten.« Nach seiner Ausbildung arbeitete er selbst zunächst als Erzieher, später als Heimleiter in Dallmin. Noch heute finden Ehemaligentreffen statt, wird sich gemeinsam an die positive Vergangenheit erinnert. Heike Mebs, eine andere Betroffene, sagt: »Wenn wir uns über das Heim unterhalten, haben wir viele gute Erinnerungen, es war schön.«[6] Dass neben Karl-Heinz Brüdigam auch Simone Leu, eine ehemalige Erzieherin, an den Treffen teilnimmt, zeigt, wie positiv das Verhältnis zwischen Zöglingen und Erziehern tatsächlich war.

RAHMENBEDINGUNGEN STAATLICHER FÜRSORGE

Die DDR als Wohlfahrtsstaat

Die Helden der Arbeit im Osten, der Klassenfeind im Westen, lautete das Dogma der SED-Propaganda. Die DDR verstand sich als Staat der Bauern und Arbeiter, die Arbeit nahm einen enorm hohen Stellenwert ein. Alle Bürgerinnen und Bürger hatten ein Recht auf Arbeit – gleichwohl aber auch die Pflicht dazu. Sie diente jedoch nicht nur der Erfüllung des Volkswirtschaftsplans, sie sollte auch Solidarität, Gemeinschaftssinn und Zusammenhalt stärken. Das Credo der sozialistischen Gesellschaft verhieß, in der Gruppe sei der Mensch am ehesten in der Lage, seine Fähigkeiten zu entfalten. Vor solchem idealistischen Hintergrund bestimmte die Erfüllung von Normen in einer bestimmten Zeit den Arbeitsalltag. Um die Vollzeitbeschäftigung aller zu gewährleisten, hatten alle Familien Anspruch auf eine Ganztagsbetreuung in der Kinderkrippe für Kinder ab einem Jahr, sodass auch Frauen von häuslichen Pflichten ungehindert am Arbeitsprozess teilnehmen konnten. Die Arbeit stellte den Lebensmittelpunkt dar, die Mitglieder der Arbeitsbrigade bildeten oft den engsten Freundeskreis. Der Jahresurlaub wurde über die Betriebe und Gewerkschaften organisiert, Plätze in firmeneigenen Erholungsheimen, zum Beispiel an der Ostsee, bereitgestellt. Urlaub im Kollektiv – auch das förderte die Bindung zu den Kollegen und stärkte das Wirgefühl.

Die DDR war ein Wohlfahrtsstaat, der sich um seine (auch wegen der minutiös geregelten Fürsorge wenig mündigen) Bürger kümmerte. Das begann in der Kinderkrippe, die zwar einerseits einen stabilen Rahmen für Familien bildete, andererseits aber auch eine Kontrollmöglichkeit bis in die Familie hinein bot. Sie sorgte dafür, dass Kinder bereits im Kleinkindalter lernten, sich in hierarchisch strukturierten Klein- und Großgruppen zu bewegen und das Prinzip der Nachordnung individueller Bedürfnisse unter das Gemeinwohl sowie die Eingliederung in das Kinderkollektiv lernten.

Durch die langen Betreuungszeiten von bis zu zehn Stunden täglich verloren die Eltern einen Großteil der Erziehungsverantwortung. Die ideologische Erziehung setzte sich für die Sechs- bis Vierzehnjährigen unmittelbar anschließend in der Pionierorganisation Ernst Thälmann in der FDJ fort. Die Mitgliedschaft in der Freien Deutschen Jugend, der einzigen staatlich geförderten Jugendorganisation, war zwar freiwillig, jedoch hatte, wer nicht beitrat, mit Nachteilen zu rechnen. Als Nachwuchsorganisation der SED glichen Struktur und Ausrichtung der der Partei. Kinder und Jugendliche waren dadurch straff erfasst und wurden bis ins Erwachsenenalter hinein geführt.

Die Formierung der Gesellschaft erfolgte in sechs Massenorganisationen, von denen fünf mandatstragend, das heißt, in der Volkskammer parlamentarisch vertreten waren. Werktätige waren im Freien Deutschen Gewerkschaftsbund (FDGB) oder in der Vereinigung der gegenseitigen Bauernhilfe organisiert, Frauen im Demokratischen Frauenbund Deutschlands, Kinder und Jugendliche in der FDJ, Künstler und Intellektuelle im Kulturbund zur demokratischen Erneuerung Deutschlands erfasst. Der Wohlfahrtsverband Volkssolidarität widmete sich insbesondere der Fürsorge für ältere Menschen. Auch Arbeits- und Nachbarschaftskollektive, die Hilfestellung boten und zugleich Kontrolle ausübten, sicherten – ergänzt durch Erwachsenenbildung – den Einfluss der SED auf die Bürgerinnen und Bürger der DDR. Sogar im Freizeitbereich erfolgten Kontrolle und Steuerung durch staatlich finanzierte Theater, Kinos, Bibliotheken und vieles mehr. Systemkritische Inhalte waren nicht möglich; eine offizielle Zensur gab es nicht, doch was den Grundsätzen der SED-Führung widersprach, wurde kurzum abgesetzt und gestrichen. Oberste Prämisse war, das eigene Wohl unter das der Gemeinschaft zu stellen und in erster Linie nicht individueller Mensch, sondern funktionierender Teil eines Ganzen zu sein, und dadurch zu eigener Zufriedenheit zu finden. Der allumfassende Erziehungsanspruch der SED gipfelte im omnipräsenten

Staatssicherheitsdienst und führte zu maximaler Kontrolle, zu Gesinnungsdruck und fehlender Liberalität.

Der Aufbau des sozialistischen, antifaschistischen Staates unter Führung von Exilkommunisten unter der Anleitung der Besatzungsmacht der sowjetisch besetzten Zone Deutschlands sowie die Systemkonkurrenz mit der Bundesrepublik als dem westlichen Nachbarn bis zum Ende der DDR strapazierte die Volkswirtschaft bis zum Ruin. Normenerhöhungen und die Drosselung des Konsums führten Werktätige an den Rand ihrer Kraft. Die Flucht von Millionen DDR-Bürgern in die Bundesrepublik wegen des politischen Drucks, der Ablehnung und des Unbehagens gegenüber der formierten Gesellschaft und deren Folgen waren das Ergebnis. Der Bau der Berliner Mauer stoppte 1961 den Menschenstrom, der die DDR ökonomisch auszubluten drohte. Die Abriegelung zeigte Wirkung, die DDR stabilisierte sich, die geistige Enge dauerte an.

Der Alltag in der DDR war von den Bedingungen des Herrschafts- und Wirtschaftssystems im real existierenden Sozialismus geprägt. Materialknappheit, veraltete Maschinen und der Export hochwertiger Waren führten zu einer chronisch schlechten Versorgungslage. Auf Autos und Wohnungen musste jahrelang gewartet werden, lange Schlangen vor Geschäften gehörten ebenso zum Alltag wie das stets mitgeführte Netz, falls es irgendetwas Seltenes oder Besonderes zu ergattern gab. Vor der Politisierung der Öffentlichkeit flüchteten viele Bürgerinnen und Bürger ins Private. Sport, der in der DDR große Bedeutung hatte, bot eine Plattform, unpolitisch aktiv zu sein und sich jenseits der ständigen Indoktrination und der politisch propagierten moralischen Überlegenheit gegenüber den kapitalistischen Ländern, insbesondere der BRD, positiv mit dem eigenen Land zu identifizieren.

Im diktatorischen System des sozialistischen Staats spielte die Propaganda eine wichtige Rolle. Sprache wurde zum Kampfmittel, auf der einen Seite wurden Helden der Arbeit, Helden des Widerstandes, Helden des Alltags gekürt. In Wandzeitungen wurde mit

Foto und Namen geehrt, wer Höchstleistungen vollbrachte, fanden sich diejenigen ausgezeichnet, die sich im sozialistischen Sinne bewährt hatten. Auf der anderen Seite herrschte Zwang, der nicht konformes Verhalten brechen sollte. Damit waren nach sowjetischem Muster Vorzeigefiguren geschaffen, denen alle Bürgerinnen und Bürger nacheifern sollten. Der Wettbewerb, produktiver, leistungsfähiger, loyaler, besser und parteitreuer als andere zu sein, wurde so angespornt. Das Pendant dazu stellte der Klassenfeind dar, der das Übel verkörperte und den es auf das Schärfste zu bekämpfen galt. Die SED-Führung betonte die moralische Überlegenheit von Staat und Gesellschaft, verstand die DDR im Gegensatz zur Bundesrepublik auf dem einzig richtigen Weg, den Faschismus und die Übel des Nationalsozialismus zu überwinden.

Die Konkurrenz der beiden deutschen Systeme, ausgetragen in den Propagandaschlachten des Kalten Krieges, stilisierte die jeweils andere Seite zum Bösen, auch der Westen war in seinen Vorwürfen nicht zimperlich. Jedes System bezeichnete sich als das richtige und beteuerte seine Überlegenheit. Wechselseitige Diffamierungen nahmen zum Teil so skurrile Ausmaße an, dass selbst überzeugte Staatsbürger sie anzweifelten.

Für alle, die linientreu waren und sich anpassten, bot die DDR Wärme in einer Wohlfühlgesellschaft mit sozialer Sicherheit. Der Staat kümmerte sich um seine Bürger. Der Preis bestand in einer obrigkeitlich verfassten Hierarchie von Funktionären, die mit der zunehmenden Überalterung der Eliten immer mehr erstarrte. Als Tribut für die gewährte soziale Sicherheit, für sichere Arbeitsplätze, Betreuung und Fürsorge von Kindesbeinen an bis ins höchste Alter war vom DDR-Bürger unbedingte Loyalität in allen Lebensbereichen gefordert. Verweigerung wurde mit Zwang beantwortet. Das bekamen Kinder und Jugendliche, auch wenn sie ohne eigenes Verschulden auffällig wurden, besonders schmerzhaft zu spüren.

Unter dem Druck der sozialistischen Ideologie entstand die Illusion einer solidarischen Gesellschaft. Es herrschte weniger Konkurrenz als im kapitalistischen Westen und die verbesserte Versorgungslage ab den 1970er Jahren erlaubte ein materiell sorgloses Leben. Mangelnde Freizügigkeit wurde als unabänderlicher Preis für die Sicherheit beklagt, aber hingenommen. Liberalität und Pluralismus wurden von vielen nicht vermisst, weil sie das vor dem SED-Regime auch nicht gekannt hatten.

»Umerziehung« im Spezialheim – Jugendhilfe in der DDR

»Jugendhilfe umfaßt die rechtzeitig korrigierende Einflußnahme bei Anzeichen der sozialen Fehlentwicklung und die Verhütung und Beseitigung der Vernachlässigung von Kindern und Jugendlichen, die vorbeugende Bekämpfung der Jugendkriminalität, die Umerziehung von schwererziehbaren und straffälligen Minderjährigen sowie die Sorge für elternlose und familiengelöste Kinder und Jugendliche.«[1]

Das Menschenbild im sozialistischen Staat

Die marxistisch-leninistische Gesellschaftstheorie – nach der, sobald die kapitalistischen Verhältnisse vollständig überwunden sind, jedes Individuum seine geistigen, körperlichen und sozialen Fähigkeiten vollständig entfalten und alle seine Bedürfnisse stillen kann – bildete die Grundlage für das Menschenbild der DDR. In den 1950er Jahren zunächst unter dem Schlagwort »neuer Mensch«, in den 1960er Jahren dann als »sozialistische Persönlichkeit« propagierte die SED ihr Ideal eines sozialistischen Menschen. 1958 verkündete Walter Ulbricht auf dem 5. Parteitag der SED die »Zehn Gebote der sozialistischen Moral«:

1. Du sollst Dich stets für die internationale Solidarität der Arbeiterklasse und aller Werktätigen sowie für die unverbrüchliche Verbundenheit aller sozialistischen Länder einsetzen.
2. Du sollst Dein Vaterland lieben und stets bereit sein, Deine ganze Kraft und Fähigkeit für die Verteidigung der Arbeiter-und-Bauern-Macht einzusetzen.
3. Du sollst helfen, die Ausbeutung des Menschen durch den Menschen zu beseitigen.

4. Du sollst gute Taten für den Sozialismus vollbringen, denn der Sozialismus führt zu einem besseren Leben für alle Werktätigen.
5. Du sollst beim Aufbau des Sozialismus im Geiste der gegenseitigen Hilfe und der kameradschaftlichen Zusammenarbeit handeln, das Kollektiv achten und seine Kritik beherzigen.
6. Du sollst das Volkseigentum schützen und mehren.
7. Du sollst stets nach Verbesserung Deiner Leistung streben, sparsam sein und die sozialistische Arbeitsdisziplin festigen.
8. Du sollst Deine Kinder im Geiste des Friedens und des Sozialismus zu allseitig gebildeten, charakterfesten und körperlich gestählten Menschen erziehen.
9. Du sollst sauber und anständig leben und Deine Familie achten.
10. Du sollst Solidarität mit den um nationale Befreiung kämpfenden und den ihre nationale Unabhängigkeit verteidigenden Völkern üben.[2]

1963 wurden die zehn Gebote in das Parteiprogramm der SED aufgenommen, aber 1976 durch die Formel ersetzt: »Das Parteimitglied ist verpflichtet, die Normen der sozialistischen Moral und Ethik einzuhalten und die gesellschaftlichen Interessen über die persönlichen zu stellen.«[3] Die knappe Formulierung reduzierte die Anforderungen an den »sozialistischen Menschen« auf das Wesentlichste: die bedingungslose Unterordnung unter das Gemeinwohl.

Bei der Schaffung des idealtypischen sozialistischen Menschen hatte das Bildungssystem hohe Bedeutung. Das 1965 erlassene Bildungsgesetz legte fest: »Das Ziel des einheitlichen sozialistischen Bildungssystems ist eine hohe Bildung des ganzen Volkes, die Bildung und Erziehung allseitig und harmonisch entwickelter sozialistischer Persönlichkeiten, die bewusst das gesellschaftliche Leben gestalten, die Natur verändern und ein erfülltes, glückliches, menschenwürdiges Leben führen.«[4] Die Erziehung des Menschen zur sozialistischen Persönlichkeit sollte dabei in einem gesamtgesellschaftlichen Prozess erfolgen und Erziehungs- und Bildungseinrichtungen ebenso wie Massenorganisationen und das private Umfeld der Menschen einbeziehen. Über Schule, Ausbildungsbetrieb, Arbeitswelt, Nachbarschaft, Familie und Freunde sollten alle an dem Prozess teilnehmen. Für Kinder und Jugendliche stellten die Massenorganisationen, also die Organisation Junge Pioniere (JP) und die Freie Deutsche Jugend (FDJ), ein paralleles Erziehungssystem zum Elternhaus dar. Die Mitgliedschaft war zwar formal freiwillig, die Nichtmitgliedschaft hatte jedoch in der Regel starke soziale und berufliche Folgen, etwa die Verweigerung eines Hochschul- oder Ausbildungsplatzes.

Der allumfassende Erziehungsanspruch der SED galt keineswegs nur für Kinder und Jugendliche, er bezog sich auch auf die Bürgerinnen und Bürger. Gegen andersdenkende Erwachsene waren Strafen, Sanktionen und Ausgrenzungen an der Tagesordnung. Kinder und Jugendliche, die sich weigerten, sich in das »harmonische Ganze« einzufügen, die abwichen von der vorgegebenen Norm, mussten umerzogen werden. Der Grad der Abweichung war dabei meist willkürlich festgelegt und konnte sich in Schulschwänzerei, im Hören verbotener Musik, in fehlender Linientreue etc. zeigen. Maßnahmen richteten sich besonders gegen die Jugendkulturen der 1950er Jahre, deren Anhänger westliche Pop- und Rockmusik hörten.

Die Gründe, die zur Abweichung führten, waren dabei absolut irrelevant. Der sechsjährige Michael beispielsweise kommt ins Heim, weil er in der Schule auffällig wird. Dass er zu Hause vom Vater geprügelt wird, zusehen muss, wie seine Stiefmutter misshandelt wird, und dies nicht aushält, interessiert niemanden. Susanne wird in ein Säuglingsheim eingewiesen, weil ihre Eltern sich der versuchten Republikflucht schuldig machten. Von ihrer Zwillingsschwester wird sie getrennt und es beginnt ein langer Leidensweg durch verschiede Heime der Jugendhilfe. Ines F. wird, als sie Vollwaise wird, im Alter von sechzehn Jahren in ein Kinderheim in

Zittau eingewiesen. Weil sie aus dem Heim flieht, um an der Beerdigung ihrer Mutter teilzunehmen, wird sie in den Jugendwerkhof Crimmitschau eingewiesen.[5] In die Fänge der Jugendfürsorge gerieten von sozial schwachen Kindern über tatsächlich verwahrloste oder gefährdete Kinder und Jugendliche und der SED unliebsame – wie beispielsweise die Anhänger der Beatmusik – bis hin zu tatsächlich kriminellen und auffälligen Jugendlichen. Auch eine nur geplante Republikflucht der Eltern konnte zur Einweisung ins Heimsystem führen.

Vorgegebenes Ziel der Umerziehung war es, dem Individuum zu zeigen, dass es wahre Erfüllung nur finden könne, wenn es als Teil des Ganzen agiere. Tatsächliches Ziel war es, die Kinder und Jugendlichen mit aller Macht in die Gesellschaft einzufügen und zu unterwerfen.

Gesetzliche Grundlagen der Heimerziehung

Die normativ kollektivistische Rechtsordnung der DDR stellte die Interessen der Gemeinschaft über die der Person. So war das Individuum nicht vor Ein- und Übergriffen durch den Staat geschützt, sondern den Erziehungsmaßnahmen des Staates ausgeliefert. Das Rechtssystem orientierte sich am Aufbau des Sozialismus und nicht am Schutz des Individuums. Dabei sah die Verfassung der DDR vor, dass die Interessen der Einzelperson mit denen des Staates harmonierten. »Die Übereinstimmung der politischen, materiellen und kulturellen Interessen der Werktätigen und ihrer Kollektive mit den gesellschaftlichen Erfordernissen ist die wichtigste Triebkraft der sozialistischen Gesellschaft«, heißt es in Artikel 2 Absatz 4 der Verfassung der DDR von 1968.

Die soziale Praxis der Heimerziehung zur Durchsetzung des Staatsziels hatte Folgen für das Rechtsleben: »Das Besondere an der Rechtstheorie der DDR-Rechtswissenschaft ist daher nicht, dass das Recht als Mittel zum Zweck angesehen wird, sondern der besondere Zweck, für den es genutzt wird, nämlich, der Bevölkerung eine bestimmte Moral durch das Recht vorzugeben und sie durch rechtliche Maßnahmen dazu zu bringen, diese Moralvorstellungen – durch äußere Anpassung oder innere Überzeugung – in ihrem Alltag umzusetzen.«[6]

In der DDR waren Jugendhilfe und Heimerziehung zentralisiert und verstaatlicht. Während unmittelbar nach dem Zweiten Weltkrieg viele Waisenkinder betreut werden mussten, änderte sich die Zusammensetzung in den Nachkriegsjahren. Kirchliche Heime wurden zwar nicht verboten, durch mangelnde Zuweisungen von Kindern jedoch weitgehend marginalisiert. Das in der Verordnung über die Heimerziehung von Kindern und Jugendlichen vom 27. Juli 1951 formulierte staatliche Erziehungsziel, das eine einheitliche – am Patriotismus gegenüber der neuen Republik orientierte – Erziehungsarbeit anordnete, war bis Mitte der 1960er Jahre nicht umfassend rechtlich geregelt. Erst die Verordnung über die Aufgaben und Arbeitsweisen der Organe der Jugendhilfe – Jugendhilfeverordnung vom 22. April 1965, aufgehoben und neu erlassen am 3. März 1966, schuf eine umfassende gesetzliche Grundlage.

Der Verwaltung der Jugendfürsorge waren das Ministerium für Volksbildung (von 1963 bis 1989 von Margot Honecker geleitet) sowie der Zentrale Jugendhilfeausschuss vorgesetzt, der sich aus zehn vom Minister für Volksbildung berufenen Personen zusammensetzte.[7] In der Abteilung Jugendhilfe im Ministerium war auch die Zentralstelle für Spezialheime angesiedelt. Dort wurde unter anderem über die Einweisungen in den Geschlossenen Jugendwerkhof Torgau, der ab 1964 bestand, entschieden. Auf kommunaler Ebene wiederholte sich die Kombination eines Referates für Jugendhilfe und Heimerziehung und eines Jugendhilfeausschusses. Der direkte Umgang mit den Familien sowie die tatsächliche Entscheidung über eine Heimeinweisung erfolgten durch eine Jugendhilfekommission, bestehend aus ehrenamtlichen Jugendhelferinnen und -helfern, die jede Gemeinde ab 1000 Einwohnern zu stellen hatte.

Die Einweisung in ein Heim erfolgte entweder aufgrund des Familien- und Jugendrechts, des Strafrechts, »freiwilliger Erziehungsverträge« mit den Eltern oder nach dem Aufgreifen von »Ausreißerinnen« und »Ausreißern« durch die Polizei.

Die Kinder und Jugendlichen wurden nach unterschiedlichen Kriterien eingestuft und vermittelt. Dazu zählten: Alter, Schultyp und die Unterscheidung in »normal« oder »schwer erziehbar«. Eberhard Mannschatz, 1957 bis 1977 Leiter der Abteilung Jugendhilfe im Ministerium für Volksbildung der DDR und zuständig für die Spezialheime, definierte Schwererziehbarkeit als gegeben, wenn erstens wiederholt die gesellschaftliche Disziplin verletzt wurde, zweitens damit verbunden »psychische Besonderheiten« auftraten, die zum Konflikt mit der unmittelbaren Umgebung führten, und drittens außerordentliche Maßnahmen zur Gewährleistung einer »Persönlichkeitsentwicklung« erforderlich waren.

Diese Definition wurde 1979 schriftlich fixiert und überließ Jugendhilfemitarbeitern, Erziehern und Lehrern einen enormen Ermessensspielraum. Als zentral galt die Weigerung des Individuums, sich den gesellschaftlichen Normen und Regeln zu unterwerfen.

Ein Katalog für das Jahr 1964 nennt fünf Deliktgruppen, die zu einer Einweisung ins Heim führen konnten (bei den Punkten 2–4 war die Einweisung in den Jugendwerkhof möglich):

1. Allgemeine Disziplinschwierigkeiten einschließlich Schul- und Arbeitsbummelei,
2. Diebstahl, Sachbeschädigung, unberechtigtes Benutzen von Kfz,
3. Sexuelle Delikte,
4. Körperverletzung,
5. Passvergehen, Staatsverleumdung

Die Entscheidung, in welches Heim Kinder oder Jugendliche eingewiesen wurden, oblag den Organen der Jugendhilfe, also staatlichen Behörden.

Das Instrumentarium staatlicher Jugendfürsorge: Heime der DDR

Bei Weitem nicht alle Kinder, die in ein Heim der DDR eingewiesen wurden, stammen aus schlechten Familienverhältnissen oder weisen eine Geschichte auf, die zumindest die Herausnahme aus der Herkunftsfamilie als Akt der Fürsorge und Menschlichkeit erscheinen lässt. Auch Kinder, deren Eltern politisch auffällig waren, die Republikflucht planten oder durchführten, gerieten in die Mühlen des Heimsystems.

Von 1949 bis 1990 durchliefen 495 000 Minderjährige (bei einer Bevölkerungszahl von circa 18,8 Millionen zu Beginn und 16,4 zum Ende) das Heimsystem der DDR, 135 000 davon ein Spezialheim und circa 3500 das Kombinat der Sonderheime. Insgesamt gab es 662 Heime, davon 456 Normalheime mit 21 259 Plätzen, 168 Spezialheime mit 9364 und 38 Jugendwerkhöfe mit 3031 Plätzen.[8] Unbekannt ist die Zahl derer, die in Durchgangsheimen und in den sogenannten Jugendwohnheimen untergebracht waren. Insbesondere zu Letzteren besteht noch dringender Forschungsbedarf.

Normalheim

Für die Normalkinderheime (der Begriff erscheint erstmals 1951) waren »anhanglose, milieugefährdete Kinder ohne wesentliche Erziehungsschwierigkeiten, Kinder, deren Erziehungsberechtigte durch berufliche Tätigkeit, Krankheit oder andere Gründe ihren Erziehungspflichten nicht nachkommen konnten, sowie anhanglose, familiengelöste und milieugefährdete Jugendliche ohne erhebliche Erziehungsschwierigkeiten«[9] vorgesehen. Die Heime gliederten sich in solche für Drei- bis Sechsjährige und solche für Sechs- bis Sechzehnjährige. Jugendliche über sechzehn Jahren wurden in sogenannten Jugendwohnheimen untergebracht. Die Kinder, die in Normalheimen aufwuchsen, durften die normalen Schulen der

Umgebung besuchen. Ob und inwieweit ein Zugang zu normaler Ausbildung und höheren Bildungseinrichtungen (Abitur, Studium) bestand, ist bislang nicht ausreichend erforscht. Oft jedoch wurde zur Erleichterung der Organisation nur ein Ausbildungsort für alle Insassen angestrebt, es erfolgte also die Ausbildung in Gruppen. Heimkinder erbrachten durchschnittlich schlechtere Leistungen als ihre Altersgenossen. Ein ehemaliges Heimkind aus dem Kinderheim Biesen erinnert sich, warum die Schule zu kurz kam: »Dazu wurden wir oft verdonnert, Straßen oder Wege zu sanieren. Da waren die Hausaufgaben nicht mehr so wichtig!«[10]

Durchgangsheim

In den Durchgangsheimen sollten die Kinder und Jugendlichen solange bleiben, bis eine dauerhafte Bleibe gefunden war. Die auch für Durchgangsheime geltende Schulpflicht wurde oft nicht eingehalten, wie viele Zeitzeugen berichten. Eine ehemalige Insassin erzählt: »Der Tagesablauf war immer der gleiche. Nachdem jeder die ihm zugewiesene Hausarbeit erledigt hatte und wir Essen bekamen, hieß es ab zur Arbeit. Im Hof war eine Baracke, die vergittert war. Dort stellten wir von Montag bis Samstag Lampenfassungen im Akkord her. Wurde unser Soll nicht geschafft, hieß es für alle Sport oder Bestrafung durch Essensentzug.«[11]

Der Umgang mit den Kindern und Jugendlichen in den Durchgangsheimen war rau und menschenunwürdig. Wer sich eines Vergehens schuldig machte – und als solches galt auch, wenn der Bettenbau nicht ordentlich genug war oder während der Nachtruhe gesprochen wurde –, musste Strafe stehen. Dabei musste der oder die zu Bestrafende über viele Stunden still stehen, ohne Nahrung oder Getränke zu erhalten. Norda Krauel erinnert sich: »Das war eine Prozedur, die alle Jugendlichen im Durchgangsheim Bad Freienwalde erlebten. Man wollte uns brechen. Das war der oberste Grundsatz.«[12]

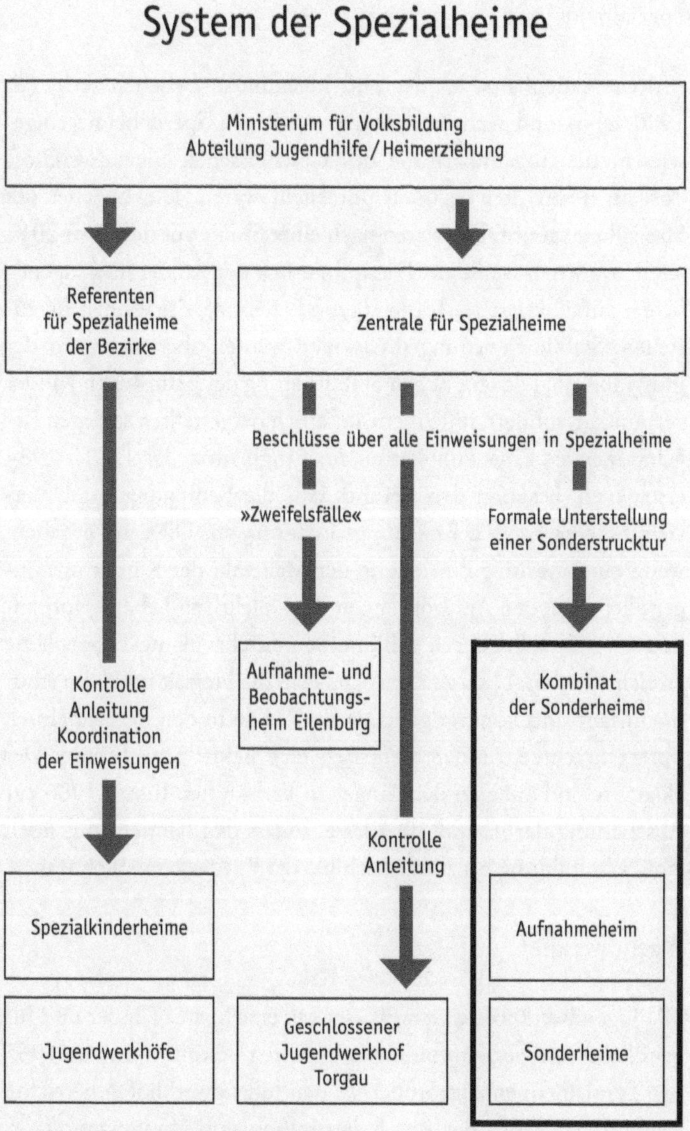

Abb. 1: System der Spezialheime

Spezialheim

»Schwer erziehbare« Kinder und Jugendliche zwischen sechs (ab 1980 zehn) und sechzehn Jahren wurden in Spezialheime eingewiesen, die, mit Ausnahme des Geschlossenen Jugendwerkhofs Torgau, direkt den Bezirken unterstellt waren. Die Erzieher der Spezialheime der DDR waren nach einer Studie aus dem Jahr 2012 »in besonderem Maße zur Disziplinierung der Kinder und Jugendlichen aufgefordert [...], um stabile Erziehungssituationen herzustellen. Stabile Erziehungssituationen werden aber nicht mit der individuellen, pädagogischen Stabilisierung der betroffenen Kinder verbunden, sondern mit einem äußerlich hergestellten strengen Regelrahmen.«[13] Eine Publikation im Originalton der DDR, 1984 erschienen, bestätigt den Befund, dass die Bedingung zur Umerziehung eine »stabile Erziehungssituation« sei. Diese sei gegeben, wenn eine »positive Einstellung der Mehrzahl der Kinder und Jugendlichen zu den Anforderungen des kollektiven Lebens« vorhanden sei.[14] Sie sollte durch vollkommen durchgeplante Tagesabläufe erreicht werden. Dazu zählte auch, »daß die Freizeit im Heim straff organisiert und konkret geplant« war.[15] Die in den Spezialheimen untergebrachten Kinder besuchten eine heimeigene Schule. Der eklatante und anhaltende Mangel an Fachkräften führte 1986 zur Abschaffung der 9. und 10. Klasse, sodass den Kindern nur noch eine Schulbildung bis zum Abschluss der 8. Klasse möglich war.

Jugendwerkhof

Die Jugendwerkhöfe waren für »schwer erziehbare« Kinder und Jugendliche von vierzehn bis zwanzig Jahren bestimmt und ab 1965 den Spezialheimen zugeordnet. In den Jugendwerkhöfen herrschte militärischer Drill, der durch Bestrafung und Zwangssport aufrechterhalten wurde. Bei der Einlieferung wurde den Kindern und Jugendlichen das Haar geschoren, und sie mussten sämtliche persönlichen Sachen abgeben. Zum Teil gab es sogenannte Paten, die sich um die Neuankömmlinge kümmern sollten. »Die Paten«, sagt eine ehemalige Insassin, »haben ihre Macht kräftig ausgenutzt. Einige waren schlimmer als die Erzieher, sie kuschten und schleimten sich [bei den Erziehern] ein.«[16] Die Jugendlichen mussten oft harte körperliche Arbeit leisten, wie die jungen Mädchen im Jugendwerkhof Crimmitschau, die im Volltuchwerk eingesetzt wurden. »Das war eine quälende Arbeit im beißenden Gestank der Imprägniermittel und Spülbäder«, erinnert sich Ines F. »Wir schufteten in drei Schichten und waren immer nur müde. […] Außerdem bekamen wir auf Arbeit nichts zu essen, nur im Jugendwerkhof. Mir hat der Magen manchmal so wehgetan, dass mir die Tränen gelaufen sind.«[17] War in den Jugendwerkhöfen anfangs noch eine breite handwerkliche Berufsausbildung möglich, reduzierte diese sich schnell auf zwei Berufe pro Jugendwerkhof. Meist war die Ausbildung an Industrie- und Produktionsauflagen gebunden. Mitte der 1950er Jahre rückte die sogenannte Arbeitserziehung mit dem Ziel der Refinanzierung der Einrichtung in den Mittelpunkt. Die Ausbildung verlor weiter an Bedeutung, die wöchentliche Schulzeit wurde auf 14 Stunden begrenzt. Ab 1956 erfolgte in den Jugendwerkhöfen keine vollwertige Berufsausbildung mehr. In den 1970er und 1980er Jahren war den Insassen der Abschluss mit der Qualifikation »Teilfacharbeiter« möglich. Dieser nach der Wiedervereinigung nicht anerkannte Abschluss hatte für die weitere berufliche Laufbahn dramatische Folgen. Das Lehrlingsgeld, das die Insassen erhielten, richtete sich nicht nur nach der Leistung, sondern auch nach politischem Wohlverhalten. 45 bis 80 Pfennige pro Stunde verdiente ein Jugendlicher im Jugendwerkhof, zehn Prozent davon musste er an die Sozialversicherung abgeben. Den Höchstsatz konnte er frühestens nach sechs Monaten und nur bei einer Leistung, die der eines Erwachsenen entsprach, erzielen.[18] Außerdem mussten sich die Jugendlichen mit 45 Mark an ihren Unterbringungskosten beteiligen, Hygieneartikel und Kleidung mussten sie selbst finanzieren.[19] Meist hatten sie schwere körperliche Arbeit in Brikettfabriken, im Tage- oder Gleisbau oder in Stahlwerken zu leisten. Nicht zuletzt die Zusicherung seitens des Ministeriums für Volksbildung an ortsansässige Betriebe über bestimmte Kontingente an Arbeitskräften ist ein Indiz für Zwangs- und Strafarbeit im Jugendwerkhof. Anfang der 1960er Jahre kam es in verschiedenen Jugendwerkhöfen vermehrt zu Arbeitsverweigerungen, kleinen Revolten und Entweichungen. Die interne und externe Kritik an der Arbeitsweise in den Einrichtungen wuchs und führte von Dezember 1963 bis Februar 1964 zu einer Inspektion.

Geschlossener Jugendwerkhof Torgau

Das System der Werkhöfe gipfelte in einem Jugendgefängnis, dem Geschlossenen Jugendwerkhof Torgau, der als »Disziplinareinrichtung im System der Spezialheime« eingerichtet wurde. »Torgau schwebte immer als unausgesprochene Drohung über allem«, erinnert sich Heike F. In Torgau ging es ausschließlich darum, die Jugendlichen zu brechen. Ein mehrtägiger Einzelarrest bei der Ankunft sowie schwere körperliche Züchtigung wie die Misshandlung mit einem schweren Schlüsselbund, Tritte und Schläge gehörten zum normalen Umgang. »Apathisch, ruhig, fast roboterhaft erledigten sie die ihnen auferlegten Aufgaben durch die Erzieher und die Antworten zu den Erziehern waren gebrochen und kurz. Sie waren keine Kinder mehr«, so beschreibt der ehemalige Heiminsasse Rebello die Jugendlichen, die aus Torgau zurückkehrten.[20]

Jugendhäuser

Die Jugendhäuser der DDR unterstanden nach Inkrafttreten des Jugendgerichtsgesetzes von 1952 direkt dem Ministerium des Innern, Abteilung Strafvollzug. Sie waren den Jugendwerkhöfen in der Art des Aufbaus und des Alltags ähnlich. Eingewiesen wurden nicht nur Jugendliche, die kriminell geworden waren, sondern auch solche, die gegen sozialistische Normen verstoßen oder eine Republikflucht gewagt hatten. Der Aufenthalt in einem Jugendhaus betrug mindestens zwölf Monate.

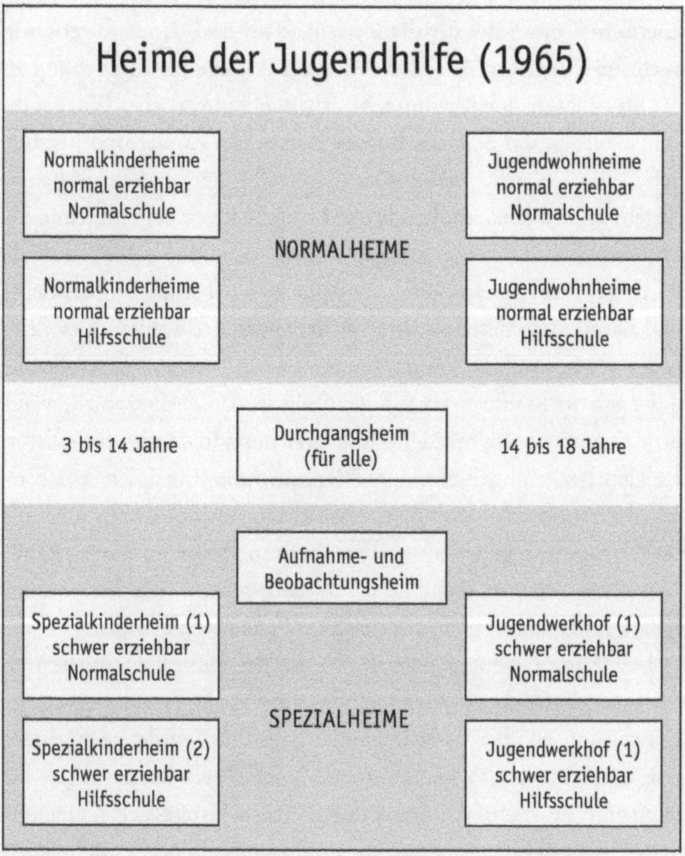

Abb. 1: Heime der Jugendhilfe, 1965

Zum Umdenken bewegen – den Willen brechen

In der sozialistischen Gesellschaft der DDR galt das Kollektiv als die beste aller Lebensformen, Kernpunkt dieser Ideologie war, dass jedes Individuum sich freiwillig und bewusst in das Kollektiv integrierte und das Beste für die Gemeinschaft und damit folgerichtig auch für sich selbst als Teil des Ganzen tat. Die Heimerziehung in der DDR folgte den Maximen marxistisch-leninistischer Pädagogik, denen zufolge das Sein das Bewusstsein präge. Kinder und Jugendliche, die sich nicht bewusst und freiwillig den gesellschaftlichen Regeln unterwarfen, sollten durch die Heimerziehung zum Umdenken bewegt und zur Einsicht gebracht werden. Hier sollte – notfalls durch gewaltsames Brechen ihres Willens – eine Änderung des Seins und damit auch des Bewusstseins herbeigeführt werden. Der Leitfaden der Jugendhilfekommissionen des Ministeriums für Volksbildung gab die Richtung vor: »Jugendhilfe ist dann erforderlich, wenn im Zusammenhang mit der Kindererziehung in den unmittelbaren sozialen Beziehungen einzelner Menschen die Prinzipien sozialistischen Zusammenlebens nicht verwirklicht werden können. Jugendhilfe hat Störungen der sozialen Beziehungen zum Gegenstand, Abweichungen vom Idealbild der sozialistischen Menschengemeinschaft, und das vor allem auf den Familienbereich bezogen.«[21]

Die Ängste, Sorgen oder Probleme des Einzelnen spielten in der Jugendhilfe ebenso wenig eine Rolle wie die Umstände, die zur Einweisung geführt hatten. Heidemarie Puls wurde nach einem Suizidversuch in das Kinderheim Müritz eingewiesen.[22] Dass ihr Stiefvater sie mehrfach missbraucht hatte, interessierte niemanden, Hilfe zur Überwindung dieses Traumas erhielt sie nie. Ursula Burkowski kam im Alter von zwei Jahren in ein Heim, nachdem ihre Mutter sie, ihren vierjährigen Bruder und ihre vier Monate alte Schwester verlassen hatte, um in den Westen zu fliehen. Erziehungsziel des Heimes war es, die Kinder und Jugendlichen kollektivfähig zu machen, statt sich ihrer Seelen anzunehmen. Sie waren Objekte einer Umerziehung, subjektive Bedürfnisse spielten keine, beziehungsweise allenfalls eine untergeordnete Rolle.

Jedoch gab es – das belegen zahlreiche Berichte ehemaliger Heimkinder – auch positive Lebenswege und Erfahrungen im Heim, freundliche Erzieher und menschliche Unterstützung. Die Strukturen, Regeln und Maßnahmen der (Um-)Erziehung, die auf der Basis von Betroffenenberichten, zeitgenössischen Kontrollberichten und Vorschriftenkatalogen nachgezeichnet werden können, zeigen jedoch das erschreckende Ausmaß der Dressur der Kinder und Jugendlichen. Die Missachtung der Individualität, die systematische Unterdrückung des Willens und der Persönlichkeit lassen ahnen, wie groß der Schaden ist, der den Kindern und Jugendlichen in Obhut der Heime in der DDR zugefügt wurde. Spezialheime und Jugendwerkhöfe waren Haupttatorte der Verbrechen an ihren Seelen.

Ein dramatisches Zeichen für die planmäßige Zerstörung von jungen Menschen ist der Fall des ehemaligen Leiters des Geschlossenen Jugendwerkhofs Torgau, der mehrfach Insassinnen sexuell missbrauchte – was der Staatssicherheit, so belegen es Dokumente, bekannt war.[23] Renate erinnert sich an ihren sechzehnten Geburtstag in der Arrestzelle in Torgau. In der Nacht wird sie vergewaltigt. Als sie am nächsten Morgen aus dem Arrest kommt, ist sie gebrochen: »Ich habe alles gemacht, was die wollten, ich habe überhaupt nicht mehr gemeckert, ich bin nicht mehr aufmüpfig gewesen, ich war die Arbeitsbeste, ich war die Wochenbeste, ich war Brigadeleiter nachher, also ich habe wirklich nur noch funktioniert.« Über die erschreckenden Zustände und Methoden im Geschlossenen Jugendwerkhof Torgau, der Endstation für alle, die sich im Heim, Spezialheim oder Jugendwerkhof nicht gefügig machen ließen, ist bereits vieles bekannt. Strafen wie das Einsperren im »Fuchsbau«, einem feuchten, kalten Kellerraum ohne Fenster, der so klein war, dass man dort nicht aufrecht stehen konnte, in dem die Jugendlichen zum Teil tagelang ohne Decke und nur mit einem Eimer für ihre Notdurft festgehalten wurden, dienten dazu, Jugendliche zum psychischen wie physischen Zusammenbruch zu führen und ihren Willen endgültig zu brechen. Heidemarie Puls wurde nach einem Selbstmordversuch mit Reinigungsmitteln in der 1,30 mal 1,30 Meter großen Zelle eingesperrt: »Ich hatte mit meinem Leben abgeschlossen«, erinnert sie sich. Aufgewacht ist sie Tage später auf der Krankenstation, mit gebrochener Seele, wie sie sagt: »Ich war seelisch tot, aber funktionierte.«[24]

Die Erziehung im Heim wie im Werkhof erfolgte auch durch das Kollektiv. Stets gab es eine Gruppe von Kindern beziehungsweise Jugendlichen, die, mit Privilegien ausgestattet, die Erzieher unterstützen sollte und die Organisation der alltäglichen Abläufe übernahm. Das Kollektiv wurde aber auch durch gemeinsames Erledigen der einzelnen Aufgaben beziehungsweise durch Bestrafung der gesamten Gruppe mit in die Erziehung einbezogen. Das führte mitunter zu Selbstjustiz und sollte verhindern, dass sich die Kinder und Jugendlichen untereinander befreundeten. Die Erinnerungen einer damals Sechzehnjährigen aus Torgau beschreiben dies: »Eigentlich sollte jede einmal an der Reihe sein. Aber hier galt eben: Nix soli, alle haben sich gegenseitig verpetzt, um Punkte auf der Bestentafel zu bekommen. Du konntest niemandem vertrauen. In der Hierarchie, in der Hackordnung untereinander, sollte die Erziehung der Gefangenen durch sie selbst erfolgen. Alles geschah im Kollektiv.«[25] Auch für die fehlende körperliche Leistung eines Einzelnen wurden alle bestraft. So musste die gesamte Gruppe Strafrunden drehen, weil ein Mädchen zu langsam gelaufen war. Abends folgte die Rache des Kollektivs: »Nachts hatten die anderen die Kleine, Kindliche, wehrlos unter ihrer Decke gefangengehalten und verprügelt. Das alles, weil sie der Erzieherin Bernecker zu langsam lief. Ich habe ihr nicht geholfen. Weder in der vergangenen noch in einer anderen Nacht. Nachdem sie endlich von ihr abgelassen hatten, wimmerte das Mädchen und schluchzte wie ein Kleinkind, allein und geprügelt lag sie in der Schwärze des Zischelns, der Seufzer, des Stöhnens.«[26]

Die Kollektiverziehung fand auch im normalen Kinderheim statt. Ursula Burkowski erzählt über den freitäglichen Appell im Kinderheim Königsheide: »Gab es Mängel, zum Beispiel Staub unter einem Bett, hieß es: ›In einer halben Stunde kommen wir wieder, bis dahin ist der Dreck weg!‹ Die Schuldige hatte nichts zu lachen, ein Schwall von Beschimpfungen brach über sie herein. Anschließend redete keine mehr ein Wort mit ihr. [...] Bis die Gruppe ›abgenommen‹ wurde, durfte kein Mädchen in den Ausgang, also nach Hause fahren. Wir verrichteten die Aufgaben ziemlich gründlich, niemand wollte an den Verboten Schuld haben. Lag die Verschiebung des Wochenendausgangs an einem unordentlichen Schrank, leerte ihn der Pionier vom Dienst mit einer Armbewegung aus. Obwohl die ›Schuldige‹ ihn wieder in Ordnung brachte, begann die Strafe nach dem zweiten Durchgang. Die Sachen wurden immer wieder ausgeräumt, bis das Mädchen weinend zusammenbrach. In ihrer Verzweiflung fand sie weder Schutz noch Trost bei den anderen.«[27]

Die Gruppenbestrafung für das Vergehen eines Einzelnen führte auch dort zu Gewalt: »Hielt ein Schüler dicht [zum Beispiel darüber, woher er Westliteratur hatte], schlossen ihn die Erzieher von besonderen Anlässen aus. Noch härter war die Kollektivstrafe, dann galt das Verbot, zum Beispiel ›Kino‹, für die gesamte Gruppe, bis der Schüler seine ›Schuld‹ gestand. Nicht selten rasteten die Mädchen darüber dermaßen aus, daß sie auf die Betreffende so lange einschlugen und sie anspuckten, bis sie alles gestand. Einmal kam ich dazu. Fünf Mädchen hielten Conny mit Gewalt fest, sie lag auf dem Boden und konnte sich nicht wehren. Zwei weitere Mädchen rissen ihr den Mund auf und spuckten mehrmals hinein. ›Ihr Schweine!‹, schrie ich. Augenblicklich ließen sie Conny los und drohten mir: ›Halt's Maul, sonst bist du dran!‹ Ich rannte davon und heulte. Allein kommt man gegen so viele nicht an.«[28] Eine andere Betroffene erinnert sich: »Unter den Mädchen gab es keinen Zusammenhalt, nur Streit, Prügeleien, Anschwärzen, Misshandlungen und häufige Gewalt.«[29]

Jeanette Harder berichtet über ihre Ankunft im Durchgangsheim Dresden I, nachdem ihre Großmutter das damals fünfzehnjährige Mädchen, das von ihrem Stiefvater missbraucht und grün und blau geschlagen worden war, beim Jugendamt abgegeben hatte, um sie zu schützen: »Dort angekommen, wurden mir erst mal die Haare geschnitten und dann wurde ich in den Waschraum dirigiert, wo ich mich entkleiden musste. Meine Sachen wurden weggenommen und dann wurde ich von den anderen im Durchgangsheim mit einer großen Scheuerbürste und Kernseife geschrubbt.«[30]

Die Einbeziehung des Kollektivs in die Bestrafung, entweder durch die Einbindung der anderen bei der Bestrafung des Einzelnen oder die Verhängung von Gruppenstrafen, unterband jede Solidarität untereinander und ist von den meisten Heimkindern als äußerst belastend und demütigend empfunden worden. Statt Schutz und Trost gab es Misstrauen und Angst.

Heike F. erinnert sich, dass die Ungerechtigkeit das Schlimmste für sie war: »Die Schwächsten mussten die Drecksarbeit machen. Dann gab's die Mitläuferinnen, mit denen man alles machen konnte, die sich angebiedert haben, um selbst Vorteile zu erlangen.«[31] Ralf Weber, als Sechsjähriger ins Kinderheim Erich Weinert in Magdeburg eingeliefert, beschreibt die doppelte Bestrafung von Kindern: »Diejenigen, die die Schularbeiten nicht schafften oder nicht begriffen, hatten in zweifacher Hinsicht das Nachsehen: Sie wurden in Form von zusätzlichen Putzarbeiten und einer schlechten Note bestraft, was zu einer besonderen Perfidie führte: Weil die Kinder von der Bestrafung ihres Kameraden wussten, machten sie dem Betreffenden sein Leben noch schwerer, indem sie mit Absicht die Toiletten oder den Flur beschmutzten.«[32]

Die Erzieher schufen eine Stimmung der Hoffnungs- und Ausweglosigkeit, die nur auf Aufgeben und Unterordnen zielte. Stundenlanger Strafsport brachte die jungen Menschen an den Rand ihrer Kräfte.

Theoretische Grundlagen der Erziehung: Das Idol Makarenko

Zum 25. Jahrestag der DDR legte die Akademie der Wissenschaften die Bilanz »DDR. Werden und Wachsen« vor. Die vom Zentralinstitut für Geschichte betreute Darstellung aus den Federn eines hochrangigen Autorenkollektivs beschrieb die Erfolge beim Aufbau eines sozialistischen Erziehungs- und Bildungswesens: »Die Herausbildung allseits gebildeter, geistig, moralisch und körperlich entwickelter Menschen, ihre Erziehung zu bewußten Erbauern des Sozialismus im Geiste des proletarischen Internationalismus und sozialistischen Patriotismus war der Hauptinhalt der Bildungskonzeption beim umfassenden Aufbau des Sozialismus.«

Den Weg in die Zukunft hatte zehn Jahre zuvor der Erste Sekretär des Zentralkomitees der SED und Vorsitzende des Staatsrats Walter Ulbricht in einer Rede im Frühjahr 1969 gewiesen: »Die sozialistische Menschengemeinschaft, die wir Schritt um Schritt verwirklichen, geht weit über das alte humanistische Ideal hinaus. Sie bedeutet nicht nur Hilfsbereitschaft, Güte, Brüderlichkeit, Liebe zu den Mitmenschen. Sie umfaßt sowohl die Entwicklung der einzelnen zu sozialistischen Persönlichkeiten als auch der vielen zur sozialistischen Gemeinschaft im Prozeß der gemeinsamen Arbeit, des Lernens, der Teilnahme an der Leitung und Planung der gesellschaftlichen Entwicklung, besonders auch in der Arbeit der Nationalen Front und an einem vielfältigen, inhaltsreichen und kulturvollen Leben.«

Einer der Leitsterne auf den Wegen der Erziehung zum sozialistischen Humanismus war Anton Semjonowitsch Makarenko (1888–1939). Über den ukrainisch-sowjetischen Pädagogen, der zehn Jahre vor der Gründung der DDR gestorben war, erfuhr man aus dem verbreitetsten Taschenlexikon des Volkseigenen Betriebs (VEB) Bibliographisches Institut Leipzig, dass er, »gestützt auf umfangreiche praktische Erfahrungen, eine wissenschaftlich fundierte Theorie der kommunistischen Erziehung« geschaffen habe. Makarenko habe »mit seinem gelungenen pädagogischen Experiment Weltgeltung« erreicht. Gepriesen wurden seine Werke »Der Weg ins Leben« (1933/35) und »Flaggen auf den Türmen« (1938).

Der Sohn eines Eisenbahnarbeiters und einer Soldatentochter adliger Herkunft galt als bedeutendster Pädagoge der Sowjetunion. Seiner Arbeit lag die Annahme zugrunde, dass – unter optimalen Bedingungen – dem Einzelnen das Allgemeinwohl ebenso am Herzen läge wie sein eigenes, es also keine Diskrepanz zwischen Allgemeinwohl und Wohl des Individuums gäbe. Auf Grundlage der Theorien von Jean-Jacques Rousseau, Johann Heinrich Pestalozzi und anderen humanistischen Denkern entwickelte er eine Form der Kollektiverziehung, die ohne Prügelstrafe und hierarchische Autorität der Erzieher auskommen sollte. Der Einzelne sollte im Kollektiv und nicht gegen es zu seiner Entfaltung kommen und an einer gemeinsamen Aufgabe arbeiten. Dabei sollte das Kollektiv sich selbst erziehen.

1920 begann er mit dem Aufbau eines Arbeitsheims für straffällig gewordene Jugendliche, später wurde dieses zur Gorki-Kolonie (1920–1928). Makarenkos Erziehungsprinzip lautete »Ich fordere dich, weil ich dich achte«. Junge Diebe, verwahrloste Kinder, Bandenmitglieder, Kindersoldaten und Kinderprostituierte gehörten zu seinen ersten Zöglingen. Statt der militärisch geführten Strafkolonie entstand unter seiner Führung eine koedukative pädagogische Einrichtung. Die Disziplin suchte er zu sichern, indem Neuankömmlinge einen Status ohne jede individuelle Freiheit einnahmen, aber durch ein Vollmitglied des Kollektivs betreut wurden. Durch Leistungsbereitschaft und Wohlverhalten gegenüber dem Kollektiv konnte man in der Hierarchie aufsteigen. Bei Fehlverhalten konnte das Kollektiv im Umkehrschluss jedoch auch Privilegien entziehen und den Betreffenden wieder in den Status des Neuankömmlings zurückversetzen. Regelmäßiger Schulunterricht, Arbeit in der Landwirtschaft und in Werkstätten der Kolonie gehörten zum Alltag. Alle Erzieher lebten mit in der Kolonie. In der Gorki-Kolonie und weiteren von Makarenko geführten Lagern verstärkte sich in der stalinistischen Zeit der militärische Drill extrem, sodass sich bereits in der Sowjetunion Kritik an Makarenkos Stil regte. Ihm wurde vorgeworfen, eine Kasernen- und Kommandeurspädagogik zu lehren. Bezeichnend ist sein Durchbruch in der Gorki-Kolonie, der ihm erst gelingt, als er den Anführer (der Markarenko bis dahin ebenso wenig wie seine Bande marodierender Jugendlicher ernst nimmt) niederschlägt. Insbesondere, wenn man die Realität der Kollektiverziehung in den Kinderheimen der DDR betrachtet, wird deutlich, wie groß die Divergenz zwischen Theorie und Praxis von Beginn an war.

In den 1950er Jahren wurde Makarenko die unbestrittene Autorität für die Heimerziehung der DDR. Eine eigene Erziehungstheorie für ihr Heimsystem stellte die DDR nicht vor. 1951 – unter dem an Makarenko angelehnten Titel »Den neuen Menschen muss man auf neue Weise schaffen« – wurde auf der ersten Zentralen Konferenz für Heimerzieher die Kollektiverziehung als pädagogisches Konzept für die Heimerziehung der DDR adaptiert. Die in Makarenkos Werken festgehaltenen Thesen und Postulate passten nicht nur gut zum Bestreben der Entnazifizierung, sondern wiesen auch den Weg für die Heimerziehung. Im Arbeiter- und Bauernstaat DDR hatte die »Erziehung zur Arbeit« oberste Priorität, sie stellte Ziel und Methode gleichermaßen dar. So sollte der sozialistische Mensch geschaffen werden, der sich durch Selbstlosigkeit auszeichnete, fröhlich, tatkräftig und gesund. In der Realität ging es allerdings um Unterordnung und Anpassung. Die Erziehung im und durch das Kollektiv führte dazu, dass Kinder und Jugendliche dort, wo sie Freundschaften und Trost hätten finden können, nämlich unter ihren Altersgenossen, oft nur Misstrauen und Konkurrenten antrafen. Das in der Theorie Makarenkos ursprünglich neu und respektvoll klingende Konzept der Kollektiverziehung mutierte für die Kinder und Jugendlichen in der Praxis des Heimsystems der DDR zum Martyrium. Das sich selbst erziehende Kollektiv, das in der DDR massiv von der führenden Rolle der Erzieher bestimmt wurde, sorgte nicht für das Erreichen der Ziele des Einzelnen, sondern artete in eine gewaltsam erzwungene Unterordnung aus.

Eberhard Mannschatz, Jahrgang 1927, geboren und aufgewachsen in Dresden, war von 1951 bis 1977 Leiter der Abteilung Jugendhilfe im Ministerium für Volksbildung der DDR und zuständig für die Spezialheime. Mitte der 1950er Jahre unterbrach er die Tätigkeit für ein Praktikum im Jugendwerkhof Römhild. 1957 promovierte er in Rostock. Nach seiner Habilitation 1968 wurde Mannschatz Honorarprofessor an der Humboldt-Universität zu Berlin. Von 1977 bis 1991 war er dort Inhaber des einzigen Lehrstuhls für Sozialpädagogik der DDR. Er setzte sich gegen die Einrichtung des Geschlossenen Jugendwerkhofs Torgau ein, empfand diesen als pädagogisch nicht sinnvoll, wie er auch in den Fachzeitschriften *Jugendhilfe* und *Pädagogik* argumentierte. Er wurde in dieser Frage jedoch vom Ministerrat überstimmt. Bis zum Ende der DDR war Mannschatz anderthalb Jahrzehnte Vizepräsident der Fédération Internationale des Communautés Educatives (FICE), einem weltweiten Netzwerk für Menschen und Organisationen, die mit alternativer Kinder- und Jugendbetreuung unter dem Dach der UNESCO arbeiten. 2018 erschien Mannschatz' letzte Publikation unter dem Titel »Makarenko für Neugierige«. Dem Buch geht ein Gespräch voran, in dem Mannschatz, auf die Kollektiverziehung angesprochen, sagt: »Ich räume ein, dass wir uns bei der Einschätzung und Interpretation seiner Aussagen mitunter ein wenig vergaloppiert haben, im Nachhinein fällt meine Bewertung dieser dezidierten Zuwendung zu Makarenko, der wirklich ein bedeutender Pädagoge war, widersprüchlich aus.« Auf die Frage nach den Erfahrungsberichten, die ein dramatisches Bild der Heimerziehung zeichnen, stellt er fest: »Ich bin weit davon entfernt, alle Berichte als unwahr zurückzuweisen. […] Tatsache bleibt: Nicht das Heim war das Unglück und der Schicksalsschlag, der das Leben eines jungen Menschen veränderte, sondern der Verlust der Eltern oder die dort erlebte Verwahrlosung, welche die Jugendämter zwang, die Kinder aus dieser Umgebung zu entfernen. Ein Heim, sosehr sich die Mitarbeiter dort auch mühten, konnte und kann nicht die Familie ersetzen, das war uns allen bewusst. Aber es war nicht die ›Hölle‹, als die die Einrichtungen heute mitunter dargestellt werden.« Bis Mitte der 1970er Jahre leitete Mannschatz die Zentralstelle für Spezialkinderheime. Eine Klage sei ihm nie auf den Schreibtisch gekommen, sagt er rückblickend. Er räumt jedoch ein, auch nicht über alles informiert gewesen zu sein: »Übergriffe, so es sie denn gab, wurden auf der örtlichen Ebene disziplinarisch verfolgt. Dafür waren die Kreis- und Bezirksschulräte mit ihren Referaten Jugendhilfe zuständig. Sofern etwas ruchbar wurde, ergriffen sie entsprechende Maßnahmen: Belehrungen, Verweise, Kündigungen.« Angesichts dessen, dass sich bereits in der DDR Kritik an den Umgangsformen im Heimsystem regte und zahlreiche Entweichungen, Revolten und Beschwerden zu Inspektionen und Umstrukturierungen führten, eine wenig glaubhafte Beteuerung. Sie wirkt wie ein Schlag ins Gesicht derer, die unter den »ruchbaren« Maßnahmen litten und die zeitlebens geschädigt sind, wie Dietmar R., der das Geschick der Heimkinder weniger bürokratisch resümiert: »Selbst die, die das Glück hatten, Menschen kennenzulernen, die sie gleich behandeln, […] weinen nachts in ihre Kissen, da der seelische Druck nie abgebaut wurde. Um nicht das Glück zu zerstören, ist man gehemmt, mit dem Ehepartner über die Kindheit zu reden, man erleidet Depressionen, man ist seelisch krank.«[33]

Gewalt als Erziehungsmethode: Das Heimpersonal

In den Bildungs- und Erziehungseinrichtungen der DDR herrschte zeit ihres Bestehens Mangel an Fachkräften. 1954 hatten sechzig bis achtzig Prozent der in Heimen tätigen Erzieherinnen und Erzieher keine pädagogische Ausbildung, die übrigen verfügten nur über eine kurze Schulung.[34] Das Regime bemühte sich, dem entgegenzuwirken: Ab 1953 war eine Vollausbildung (mit Abschluss Unterstufenlehrer/in) zur Heimerzieherin beziehungsweise zum Heimerzieher am Institut für Lehrerbildung möglich. Außerdem sollten Qualifizierungskurse mit einer Dauer von bis zu zwölf Monaten Abhilfe schaffen. Ab Mitte der 1960er Jahre gab es so eine ganze Generation von Erzieherinnen und Erziehern, die keine oder keine nennenswerte sozial- oder sonderpädagogische Qualifikation besaßen und kaum Spielraum für Individualität genossen. Bis in die 1970er Jahre konnten nicht alle Planstellen besetzt werden.[35] Dies änderte sich erst Anfang der 1980er Jahre, allerdings nur, weil Lehrerinnen und Lehrer nach der Ausbildung nun für zwölf Monate, Absolventen der Heimerzieherausbildung für 24 Monate abgeordnet wurden und Dienst im Heim leisten mussten. 1976 waren – im Kombinat der Sonderheime – 15 von 19 Erzieherinnen und Erziehern Absolventen, also Verpflichtete.

Die Erzieher waren teilweise selbst kaum älter als die Jugendlichen, die sie zu betreuen hatten. Der glaubhafte Bericht eines ehemaligen Erziehers zeigt, dass er praktisch auf sich allein gestellt war. Als frisch von der Ausbildung in den Jugendwerkhof versetzter Berufsanfänger hatte er einen schweren Stand bei den Jugendlichen, wurde ausgetrickst und musste sich erst Autorität erarbeiten. Neben einigen langjährigen Erziehern, von denen er berichtet, dass sie zum Teil einzelne Jugendliche mit Absicht quälten, beschreibt er eine große Fluktuation unter den Erzieherinnen und Erziehern.

Eine pädagogische Auseinandersetzung mit den Jugendlichen sei weder zeitlich möglich noch von der Leitung erwünscht gewesen.

Die Mehrheit des Erziehungspersonals arbeitete weniger als fünf Jahre im Beruf, die meisten fühlten sich überfordert. Die geringe Entlohnung, die Arbeit im Schichtsystem und die Arbeitszeiten am Wochenende machten den Beruf uninteressant.

Ein ehemaliger Erzieher, der im Jugendwerkhof Freital arbeitete, berichtet auch über die ihn überfordernde Anfangssituation. Er, der lieber Lehrer geworden wäre, dafür aber zu schlechte Noten hatte, war nicht viel älter als die Insassen des Jugendwerkhofes. Dort als Autoritätsperson aufzutreten und respektiert zu werden, stellte eine schwierige Aufgabe für ihn dar: Von oben erfährt er viel Druck, der Heimleitung ist er nicht streng genug, zu viele Jugendliche fliehen, seine Zeitpläne sind nicht detailliert genug. Ihm missfällt, dass es keine Zeit für die Jugendlichen gibt, eine pädagogische Arbeit, wie er sie gerne ausgeübt hätte, ist gar nicht möglich. Er erinnert sich daran, dass einige Erzieher sehr hart waren und bestimmte Jugendliche regelrecht mit Strafsport und ähnlichem malträtierten. Und daran, dass viele Kollegen sich nach kurzer Zeit wieder versetzen ließen, weil sie dem Druck und den Umständen nicht gewachsen waren. Bis auf kurze Übergabegespräche gab es kaum Austausch unter den Kollegen. Das fehlte ihm besonders.

Auch Berichte der Betroffenen vermitteln einen Einblick in die Welt der Erzieher, die über die reine Schikane und Gewalt weit hinausgeht. So berichtet beispielsweise Maik, der schlimme Erfahrungen in verschiedenen Einrichtungen machen musste und immer wieder heftige Misshandlungen durch Erzieher erfährt, auch Folgendes: »Also, ich kann Ihnen sagen, dass es in jeder Einrichtung einen Erzieher gab, der, wie soll ich das sagen, der einfach den Durchblick hatte und der nicht so aggressiv war. Aber ich habe dann auch ganz schnell gemerkt, dass die Leute ja so sein mussten, die mussten ja nach außen so sein, sonst hätten sie ihren Job verloren. […] Ja, also, als Erzieher in einer kommunistischen Diktatur konntest du nicht hintenrum oder dich dann da hinstellen und sagen: ›Die armen Kinder!‹ Das war nicht möglich.«

Oft mangelte es auch einfach an Zeit, wie sich Elke K., die im Kinderheim Anton S. Makarenko in der Berliner Königsheide lebte, erinnert: »Die Erzieher gaben sich viel Mühe, aber sie mussten sich um 20 Kinder in der Gruppe kümmern und haben meistens nicht bemerkt, wenn ein Kind Kummer hatte und traurig war. Das mussten wir mit uns allein ausmachen.«[36]

Vornehmliche Aufgabe der Erzieherinnen und Erzieher war es, die »fehlende Einflussnahme« der Ursprungsfamilien auszugleichen und Pläne, Regeln und Vorschriften um- und durchzusetzen sowie die engen Abläufe des Systems einzuhalten. Die Heimleitung hatte eine starke Stellung inne, sie entschied über Verlegungen, Entlassungen und Strafmaßnahmen. Die Heimordnung vom 10. Dezember 1969 verbot körperliche Züchtigung und sah offiziell als Strafmaßnahmen lediglich vor: 1. die Verwarnung vor der Gruppe, 2. den Tadel vor der Vollversammlung und 3. den Verweis vor der Vollversammlung. Trotzdem gehörten Übergriffe und körperliche Gewalt seitens der Erzieher nicht nur zum Alltag, sie erfolgten auch mit System.

Die Übergriffe und Züchtigungen in den Normalheimen hingen von der Stimmung oder Tagesform der einzelnen Erzieherinnen oder Erzieher ab. In den Jugendwerkhöfen – und an der Spitze dieses Erziehungssystems, im Geschlossenen Jugendwerkhof Torgau, – waren sie feste Praxis und Teil des Systems. Konrad Witt*, als Siebenjähriger ins Kinderheim in der Veste Heldburg eingeliefert, erinnert sich an einen Erzieher, »der hat uns immer die Brustwarzen rumgedreht«, bis diese blutunterlaufen gewesen seien. Er berichtet auch, dass Kinder beinahe von Erziehern erstickt wurden: »Kissen drauf, erst mal warten und dann ganz plötzlich das Kissen wieder wegnehmen. Und dann gleich noch mal.«[37]

Als gängige Bestrafung im Kinderheim Burg beschreibt Gert Meschke den Wasserbunker, der zum Beispiel angeordnet wurde, wenn die Schuhe abends nicht blank geputzt waren: »Wer nicht funktionierte, wurde sofort bestraft. […] Das war ein Keller, in dem Grundwasser stand, mal höher, mal niedriger. […] Das Klo war das Wasser, in dem du standest. Am Ende warst du blau und hast nur mit den Zähnen geklappert.«[38] Stundenlang, so erinnert er sich, mussten sie als Kinder dort stehen. »Im Klassenzimmer«, so Meschke weiter, »standen immer ein paar Weidenruten, schön in einem Wassereimer. […] Wir hatten eigentlich immerzu knüppeldicke Finger.«[39]

Die Kinder im Heim sollten überall und bei allem funktionieren. Auch beim Essen wurde absolute Disziplin erwartet. Fehlverhalten wie Sprechen bei Tisch wurde hart bestraft. Im Kinderheim Weiße Taube in Bollersdorf musste der achtjährige Ralf Weber erfahren, wie ihm die Erzieher seine Abneigung gegen Suppe »aberziehen« wollten: »Wer den Teller nicht leer aß, wurde erbarmungslos bestraft.«[40] Als er sich eines Tages vor lauter Ekel vor Grießbrei übergeben muss, zwingt sein Erzieher ihn, das Erbrochene zu essen. Der Junge übergab sich so lange, bis der Erzieher von ihm abließ. »Eine alltägliche Szene, die für die achtjährigen Kinder nichts Ungewöhnliches darstellte.«[41]

Im Geschlossenen Jugendwerkhof gipfelte die körperliche Gewalt gegen die Insassen. Ilona Dathe erinnert sich: »Die Erzieher [waren auf] körperliche Misshandlungen aus, und zwar in einem hohen Grade. […] Frau Engemann etwa, eine sehr korpulente Erzieherin, hatte immer einen Gummiknüppel in der Hand und drosch bei geringsten Anlässen auf uns ein.«[42] Sie erinnert sich noch an die erste Begegnung mit einem Erzieher. Lange hatte sie auf dem Flur stehend auf ihn warten müssen und sich an die Wand gelehnt: »Ich schätze, dass nach etwa einer Stunde ein Erzieher kam. Mit aggressiver Stimme fuhr er mich an, mich aufrecht hinzustellen, was ich nicht tat. Daraufhin trat er mir mit seinen Springerstiefeln mit voller Wucht gegen mein Schienbein. […] Nun, mit dieser Begegnung wusste ich, dass ich mich unterordnen musste. Zum ersten Mal war mein Widerstand gebrochen.«[43]

Den Erziehern oblag auch die Zensur der Post, sie zensierten oder beschlagnahmten die Briefe und Päckchen. Für die Heimkinder bedeutete dies, dass sie die Briefe als Entwurf vorzuschreiben hatten. Nach der Korrektur durch den jeweiligen Erzieher wurde er dann ins Reine geschrieben. Ralf Weber schildert die Tortur des Briefeschreibens: »Die Erzieher strichen Sätze, die ihrer Meinung nach nicht zulässig waren, rigoros durch. So wurde selbst meine privateste Angelegenheit eine öffentliche.«[44]

Ralf Weber hat noch immer einen Brief, den er als Zwölfjähriger aus dem Heim Werftpfuhl an seine Mutter schrieb und aus dem Heim schmuggelte. Neben seiner Beschreibung, dass er »von Herrn Schwabe mit dem Besenstiel bearbeitet« worden sei, ist Herrn Schwabes Kommentar zu lesen. Er stellt seinem Schützling die Frage, ob es nicht ein Schrubberstiel statt des Besenstiels gewesen sei. »Die Kontrollsucht meines Erziehers war wohl stärker als die Angst vor seiner Entlarvung. Anders ist es nicht zu erklären, warum er neben meinen Zeilen seine Gewaltexzesse zugegeben hat, ganz entgegen der Vertuschungspraxis, die bis heute anhält«,[45] kommentiert Ralf Weber diese Zeilen.

Alles für das Kollektiv – Demütigung und Verlust der Privatheit

Die Kinder und Jugendlichen hatten im Heim kaum Privatsphäre. Fast alles war für das Kollektiv durchorganisiert und in einem straffen Tagesplan festgelegt:

6.00 Uhr: Wecken, 6.30 Uhr: Morgenkreis mit »politischer Meinungsbildung«, 6.40 Uhr: Frühstück, 7.00 Uhr: Schulweg, 7.30–14.00 Uhr: Schule, 14.15 Uhr: Wechsel von Schul- in Freizeitkleidung, 14.30 Uhr: Hausaufgaben, Ranzen packen, Aufräumen, 16.30 Uhr: Kaffeepause, 17.00 Uhr: Freizeit (diverse Gruppen wie Sport, Chor etc.), 18.00 Uhr: Abendessen, 18.30 Uhr: Arbeit nach Plan und Ämterverteilung (Reinigungsarbeiten, Küchendienst, Putzen der Schuhe), 19.00 Uhr: gemeinsames Waschen, je nach Alter 19.30 Uhr (Klassen 1–4), 20.00 Uhr (Klassen 5–8), 21.00 Uhr (Klasse 9), 21.30 Uhr (Klasse 10 und Lehrlinge): Bettruhe.

Als besonders beschämend empfanden viele die fehlende Privatsphäre bei der Körperpflege und dem Verrichten der Notdurft. Besonders extrem war dies in den Jugendwerkhöfen und im Geschlossenen Jugendwerkhof Torgau: »Fertig machen in Vierergruppen! Wer muss pinkeln, vortreten. Wer muss, geht jetzt! Abkommandiert zum Pipimachen. Marsch, marsch, im Laufschritt, marsch! Es blieb keine Zeit, sich zu schämen. Kacken unter Aufsicht. Alles vor aller Augen. Ein offener Raum, keine Sichtblenden. Toilette stand neben Toilette, drei Kloschüsseln ohne Trennwand nebeneinander, die gleiche Reihe gegenüber. Da hockten wir. Dreimal am Tag. Alles lief nach Regeln, sogar die Darmentleerung und der Urinfluss hatten sich zu unterwerfen, nichts blieb einem mehr für sich allein.«[46]

Doch auch in einem Normalheim war es nicht selbstverständlich erlaubt, sich zu erleichtern, wenn man musste. So erinnert sich Ursula Burkowski an ihre Zeit im Vorschulhaus: »Als ich einmal dringend zur Toilette musste, fragte ich die Erzieherin, ob ich gehen dürfte, denn ohne ihre Erlaubnis durften wir die Gruppe nicht verlassen. Wir spielten auf dem Waldspielplatz, der fünf Minuten vom Haus entfernt lag. Sie sagte: ›Halt aus, bis wir hineingehen!‹ Ich bettelte so sehr, daß sie mich schließlich doch gehen ließ, aber auf der Treppe machte ich mir in die Hose. Den Rest des Tages lebte ich in Angst davor, daß es jemand merken könnte und ich dafür eine Strafe bekäme. Davor fürchtete ich mich am meisten, denn bestraft wurde immer im Kollektiv. Alle mussten sich um das ›böse‹ Kind stellen und auf das Kommando der Erzieherin ›Pfui, pfui!‹ rufen oder ähnliches. Mein Unglück war, daß ich die Sachen nie ordentlich auf den Stuhl legte. Ausgerechnet an diesem Abend hatte ich sie besonders sorgfältig zusammengelegt, den Schlüpfer ganz unten. Dadurch verriet ich mich. Ich stand nackt im Waschraum, als die Erzieherin mit meiner Hose in der Hand hereinkam und in drohendem Ton fragte: ›Hast du eingepullert?‹ Vor Schreck und Angst bekam ich kein Wort heraus. Da rief sie alle Kinder in den Waschraum. Sie standen um mich herum, starrten mich an und warteten auf ihren Einsatz. Und dann brüllten alle auf den Befehl der Erzieherin im Chor: ›Einpuscher, Einpuscher!‹«[47]

Diese Demütigung brachte sie dazu, sich in der nächsten Situation auf Kosten eines ihrer Heimbrüder zu schützen: »In dieser Nacht musste ich dringend auf die Toilette. [… Ich] erreichte die Klinke aber nicht, ich war zu klein. Langsam ging ich zum Bett zurück und überlegte, wie ich am besten aus dem Zimmer käme, da passierte es auch schon. Am liebsten hätte ich geweint, aber dann fiel mir ein: Vielleicht wird ein Kind davon wach und petzt? Die Strafe vom ersten Mal hatte ich nicht vergessen. Mit Mühe unterdrückte ich die aufkommenden Tränen, dachte an die Brause, die es am Morgen geben würde und auf die ich nicht verzichten wollte. In meinem Zimmer lag ein Junge, von dem ich wusste, daß er Bettnässer war. Schnell zog ich mein Laken ab, warf es auf das Bett des Jungen und hockte mich auf den Fußboden, um ihm das

Laken unter dem Körper wegzuziehen. Als ich es hatte, ohne daß er davon erwachte, freute ich mich, denn es fühlte sich noch warm und trocken an. Gerade als ich damit beschäftigt war, das geklaute Laken über meine Matratze zu ziehen, ging das Licht an, und die Nachtwache stand im Raum. ›Was machst du denn da?‹ ›Mein Bett ist so zerwühlt‹, antwortete ich, ›ich will es ordentlich machen‹. Bei dieser Lüge wagte ich es nicht, sie anzusehen. Glücklicherweise entdeckte sie das Laken auf dem Jungen, ich hatte es einfach über seinen Körper geworfen. Sie nahm es in die Hände, betrachtete es von allen Seiten und schimpfte dabei: ›Der hat ja schon wieder eingemacht!‹ Wütend faltete sie das Laken zusammen, legte den schlafenden Jungen darauf, löschte das Licht und verließ den Raum.«[48]

Ralf Weber erinnert sich an seine erste Nacht als damals Sechsjähriger im Kinderheim Erich Weinert in Magdeburg. Nach dem Kommando »Nachtruhe« hört er leises Tuscheln der anderen Kinder, kurz darauf erscheint ein Erzieher und befiehlt der linken Seite des Schlafsaals, sich draußen auf den Gang zu stellen. »Hastig sprangen drei Jungen aus dem Bett. Einer schafft es nicht mehr, in seine Hausschuhe zu schlüpfen, und hat doppeltes Pech. Der Erzieher erlaubte ihm nicht, seine Pantoffel zu holen. Barfuß musste er wie die Pechvögel draußen auf dem kalten Fußboden stehn.«[49]

Als der sechsjährige Ralf den psychischen Druck nicht mehr aushält und wieder zum Bettnässer wird, reagieren die Erzieher mit voller Härte. Vor versammelter Mannschaft wird er im Speisesaal bloßgestellt: »Wir haben einen Bettnässer. Weber, steh mal auf. Warum machst du ins Bett?«[50] Abends darf das Kind nichts mehr trinken. Es muss stundenlang in einer Schale mit kaltem Wasser stehen, bis es auf die Toilette muss. Als auch das nichts nützt, setzen sie auf Selbsterziehung durch die anderen: »Sie hofften, dass die Kinder Webers feuchte Ausrutscher wegprügelten.«[51] Wenn der Erzieher nun im Speisesaal ruft: »Wir haben weiterhin einen Bettnässer«, antworten die Kinder gemeinsam: »Kann ja nur der Weber sein.«[52] Hilfe konnten die Kinder weder bei Problemen noch bei persönlichen Angelegenheiten erwarten. Hier wurden Symptome bekämpft, nicht nach Ursachen gesucht.

Ilona Dahte, die im Jugendwerkhof Lilo Hermann war, empfand eine Situation als besonders beschämend und demütigend: »Problematisch fand ich es allerdings, dass wir uns während unserer Periode an die diensthabende Aufsichtsperson wenden und sie um eine Binde bitten mussten. War dies ein Mann, hatten wir Pech gehabt. Mich verstörte es weiterhin sehr, dass der jeweilige Erzieher oder die jeweilige Erzieherin uns grundsätzlich nur eine Binde überreichten, sodass wir gezwungen waren, immer wieder nach weiteren Einlagen zu fragen. […] Das empfand ich als sehr erniedrigend. […] Man muss sich vor Augen führen, dass ich zu diesem Zeitpunkt noch nicht wirklich aufgeklärt war und überhaupt nicht wusste, was in meinem Körper vorging.«[53]

Eine für sie peinliche Situation beschreibt Ursula Burkowski: »Eines Tages, als Frau Otto bei uns im Gruppenraum stand, sagte sie zu mir: ›Es wird Zeit, daß du einen BH trägst.‹ Mir war das vor den Mädchen peinlich, denn alle blickten plötzlich auf meine Brust. [… Bei der Wäschefrau] stotterte ich herum, bis sie wusste, was ich wollte. Da grapschte sie an meine Brust, tastete sie ab und sagte: ›Für diese kleinen Dinger brauchst du keinen BH.‹ Das Abtasten war mir unangenehm, aber noch mehr schämte ich mich, als sie mir trotzdem einen rosafarbenen BH in die Hand drückte. Sie vergaß allerdings, mir zu zeigen, wie man ihn anlegte. Mit dem Ding in meiner Hand rannte ich in meine Gruppe. […] Ich schlüpfte mit den Armen durch die Träger, und die Mädchen machten den Verschluß zu. Aber wie sah das aus. Der BH saß durchaus nicht dort, wo er hingehörte […]. Wie ein Sabberlatz hing er mir um den Hals. Wir zogen und schoben an ihm herum, bis er endlich dort saß, wo er sein sollte. Ich fühlte mich mit dem Ding wie in einer Zwangsjacke. Beim Versteckspielen rutschte er mir dann wieder über die Brust und um den Hals. […] Später erfuhr ich, daß die Träger verstellbar waren, aber ich hatte ihn ja ohne Gebrauchsanweisung erhalten!«[54]

Als erniedrigend empfand es Ursula Burkowski, als bei einem Sommerurlaub des Jugendwohnheims alle Mädchen gezwungen wurden, einer Einladung zu einem Tanzabend mit den Soldaten einer nahe gelegenen Kaserne zu folgen: »Wieder einmal erfuhr die in der Nähe stehende Kaserne ›rein zufällig‹ von unserem Aufenthalt. Unsere Heimleiterin mahnte uns eindringlich, am Abend auch vollzählig zu erscheinen. Widerstand zwecklos! Lustlos schminkten wir uns, einige Mädchen heulten, weil sie schon für den Abend Verabredungen mit ihren Jungs hatten. Mein Gott, was sind wir eigentlich, dachte ich wütend, Leihpuppen! Vor der Schule standen die Sommerlieben und buhten uns aus. Aufgetakelt stolzierten wir wie zum Schlachtfest an den Jungs vorbei. Mir war das sehr peinlich, ich schämte mich, wagte keinen anzusehen und schaute nur nach unten auf die Straße. Ich kam mir wie eine Nutte vor. Verkauft für eine Nacht zur Unterhaltung der Soldaten. Wir wurden nicht nach unserer Meinung zu dieser Einladung gefragt, wir hatten nichts zu melden.«[55]

Besonders kränkend war die Begründung, die die Pädagogen den Jugendlichen gaben: Sie sollten dankbar dafür sein, was der Staat ihnen alles ermöglichte und was den »armen Heimkindern« alles geboten würde. »Dagegen war doch so ein kleiner Tanzabend zur Aufmunterung der Friedenswächter gar nichts.«[56]

Eine andere Art der Fremdbestimmung ihres Lebens erfährt Ines F.: Als sie aus dem Jugendwerkhof Crimmitschau entlassen wird, lernt sie kurz darauf in Coswig einen jungen Mann kennen und beginnt eine Beziehung mit ihm. Zwei Jahre später eröffnen ihr eine Mitarbeiterin des Jugendamtes sowie zwei Stasi-Mitarbeiter, dass ihr jüngerer Bruder aus einem anderen Jugendwerkhof entlassen würde und sie keinesfalls Kontakt zu ihm aufnehmen solle. Sie stellen die junge Frau vor die Wahl: Entweder sie zieht nach Berlin oder sie muss ins Gefängnis. Sie darf nur kurz überlegen und ihren Freund nicht einweihen. Sie willigt aus Angst vor dem Gefängnis ein, lässt sich am nächsten Tag nach Berlin-Köpenick bringen. Als sie ein paar Monate später heimlich nach Coswig fährt, um ihrem Freund alles zu erklären, will dieser nichts mehr von ihr wissen. Die Stasi droht ihr erneut mit dem Gefängnis, sollte sie nochmals Kontakte nach Coswig aufnehmen. »Lange Zeit«, erinnert sie sich, »konnte ich nachts nicht schlafen – ich hätte einen Psychologen gebraucht, aber darum hat sich damals keiner gekümmert. Wenn du kein Herz aus Stahl hattest, hattest du eben Pech.«[57]

Das Leben nach dem Heim

Die Hürden für ehemalige Heimkinder, nach ihrer Karriere in der Jugendhilfe ein normales Leben zu führen, waren hoch und sind es bis heute geblieben. »Als ich endlich einen Tag vor meinem achtzehnten Geburtstag entlassen wurde, hatte ich Angst. […] Mein ganzes Leben bis dahin hatte ich ständig Druck bekommen, konnte nie selbst entscheiden, hatte überhaupt kein Selbstbewusstsein. […] Anfänglich hatte ich den Drill des Jugendwerkhofs quasi noch intus, konnte überhaupt nicht entspannen, war immer in Anspannung. Ich kann mich nur noch erinnern, dass ich arbeitete und arbeitete – das war das Einzige, was ich aus meiner Sicht gut konnte.«[58] Jahre später folgt dann der Zusammenbruch, Therapien und die lange qualvolle Phase der Aufarbeitung. Heute lebt die erwerbsunfähige Heike F. von ihrer bescheidenen Berufs- und einer kleinen SED-Opferrente.

Nicht nur, dass viele der ehemaligen Heimkinder schwere traumatische Erfahrungen machen mussten, sie wurden auch aller vertrauensvollen Bindungen beraubt. Allem voran fehlen ihnen Selbstbewusstsein, Vertrauen in andere und generell positive Erfahrungen mit anderen Menschen. Mit solchen sozialen Defiziten zu leben ist schwer genug. Zweitens fehlt es vielen von ihnen auch an einer Schulbildung sowie einer soliden Ausbildung. Oft wurden ihnen Zeugnisse und ähnliche Zertifikate vorenthalten. Soweit sie einen Beruf erlernt hatten, handelte es sich dabei im allerseltensten Fall um die Wunschprofession, vielmehr meist um sehr einfache Tätigkeitsfelder im niederen Lohnsegment. Die im Jugendwerkhof zum »Teilfacharbeiter« Ausgebildeten erfuhren mit der Wiedervereinigung die Degradierung zum ungelernten Hilfsarbeiter, da ihre Qualifikation nicht anerkannt wurde. Die Chance auf einen Studienplatz und damit den Zugang zu höherwertigen Berufen und Verdienstmöglichkeiten erhielten die Opfer der Jugendhilfe nicht oder nur in seltenen Ausnahmefällen.

Die meist über Jahre fehlende Zuwendung gepaart mit der strengen Behandlung und dem ihnen eingebläuten Bewusstsein, »nichts wert zu sein«, stellten für die meisten Heimkinder eine unüberwindbare Hürde bei der Bewältigung eines normalen Alltages dar. Viele von ihnen können bis heute nicht mit Autoritätspersonen umgehen, wie ein Ehemaliger beim Heimkindertreffen in Torgau erzählt. Er habe es kaum aushalten können, erzählt der Mann, eine Anzeige bei der Polizei zu machen, als er ausgeraubt worden war. Viele Zeitzeugen berichten Ähnliches – nicht zuletzt die Mitarbeiterinnen und Mitarbeiter der Beratungsstellen für den Heimkinderfonds bestätigen diese Erfahrung. Viele ehemalige Heimkinder sind in psychotherapeutischer Behandlung, leiden unter posttraumatischen Belastungsstörungen wie Schlaflosigkeit oder Angstzuständen: wie der 48-jährige Andreas Freund, der im Jugendwerkhof Torgau war, oder Elke Schmidt, die frühverrentet wurde, seit vielen Jahren psychologische Behandlung braucht und auch Aufenthalte in der Psychiatrie hinter sich hat.[59] Norda Krauel leidet nach all den Jahren noch immer unter den traumatischen Erlebnissen ihrer je zweijährigen Aufenthalte in den Heimen Bad Freienwalde, Burg und Alt-Stralau. »Wenn ich Bus fahre, denke ich, dass sie mich wieder wegbringen. Wenn ich außer Sichtweite meines Hauses spazieren gehe, habe ich Angst, dass sie mich einfangen.«[60]

Die Beispiele zeigen eindrücklich, wie nachhaltig das Leben der ehemaligen Heimkinder zerstört wurde und wie weit sie auch jetzt – Jahrzehnte nach dem Erlebten – von einem normalen Leben entfernt sind. Ralf Weber, der als Sechsjähriger in die Fänge der Jugendfürsorge geriet und nach einer Odyssee durch Kinderheime schließlich in den Jugendwerkhof Torgau eingewiesen wurde, formuliert dies so: »Fast alle, die das Heimsystem in der DDR durchlaufen haben, fühlen sich bis heute verloren und tragen sich mit Selbstmordgedanken. Für mich ist dies undenkbar, denn das ist es ja, was unsere früheren Erzieher wollten: Uns für immer zu zerbrechen. […] Denn es scheint mir viel belastender und geradezu unerträglich zu sein, wenn ich mich aufgeben und ziel- und willenlos dem Alltag ausliefern würde, genauso wie es damals im Geschlossenen Jugendwerkhof Torgau viel qualvoller gewesen wäre, statt der Schmerzen, die die ständigen Liegestützen verursachten und zu denen uns die Erzieher immer wieder gezwungen haben, die drohenden und wesentlich grausameren Schläge mit dem Schlüsselbund zu ertragen.«[61]

Nicht nachvollziehbar ist der Schmerz der andauernden Stigmatisierung als Heimkind. Nicht nur, dass die Opfer der Heimerziehung in keiner Familie, die sie bei den wichtigen Schritten vom Kind zum Erwachsenen unterstützt hätte, aufwachsen konnten. Sie sind auch immer wieder mit gesellschaftlicher Ablehnung konfrontiert, die sich in Sätzen wie »Ins Heim kam ja keiner grundlos, das waren schon die Schlimmen« manifestiert, oder durch skeptische Blicke, ausweichendes Verhalten oder Misstrauen ausdrückt. Das Resultat ist, dass auch die eigene Aufarbeitung der Heimerfahrung stark behindert ist. Viele der ehemaligen Heimkinder trauen sich bis heute nicht, offen mit ihrer Vergangenheit umzugehen. Oft wissen nicht einmal Familienmitglieder, Ehepartner oder Kinder von ihrer Geschichte – wie bei Konrad Witt,[62] dessen Frau nichts von den sexuellen Übergriffen und der körperlichen Gewalt wusste, die ihr Mann als Kind erlitten hatte.

Zu sehr wird die Vergangenheit als Makel empfunden und zu groß ist die Angst vor erneuter Demütigung – mit fatalen Folgen. Gesellschaft und Politik sind gleichermaßen gefragt: Nur wenn deutlich wird, dass Kindern und Jugendlichen in den Einrichtungen der sogenannten Jugendfürsorge der DDR systematisch Unrecht widerfahren ist, lässt sich die Grundlage schaffen, auf der sich die Opfer auf sich selbst besinnen und mit ihrer Vergangenheit offen umgehen können. Diese Basis zu schaffen ist unerlässlich. Sie kann das Leid nicht mindern, aber doch einen Beitrag dazu leisten, dass die Betroffenen in der Gegenwart und in Zukunft besser leben können.

Ein erster und wichtiger Schritt hierbei war die Einrichtung des Heimkinderfonds. Um die »massiven Beeinträchtigungen der Lebenschancen und Entwicklungspotenziale der Betroffenen, die bis heute nachwirken« zu entschädigen, wurde zum 1. Juli 2012 der Fond Heimerziehung in der DDR in den Jahren 1949 bis 1990 eingerichtet. Der Bund und die Länder richteten den mit 364 Millionen Euro gefüllten Fonds ein und erkannten damit an, »dass Kindern und Jugendlichen in Heimen der DDR Leid und Unrecht zugefügt worden ist«. Betroffene konnten hier bis zum 30. September 2014 ihre Ansprüche geltend machen, sofern »während der Fondslaufzeit noch Folgeschäden bestanden und diese nicht über die bestehenden sozialen Versorgungssysteme abgedeckt werden konnten«. Die Laufzeit des Fonds endete mit dem 31. Dezember 2018.

Berechtigte konnten nach erfolgreicher Antragstellung 10 000 Euro an Sachleistungen in Anspruch nehmen. Sehr bedauerlich ist es, dass die Antragsfrist bereits im September 2014 endete – zu einem Zeitpunkt, zu dem viele Betroffene noch gar nicht auf ihn aufmerksam geworden waren oder Gelegenheit hatten, einen Antrag zu stellen.

Wie schwierig dies im Einzelfall ist, zeigt sich jedoch immer wieder. Auf dem 13. Heimkindertreffen, organisiert durch die Gedenkstätte Geschlossener Jugendwerkhof Torgau, wird dies deutlich, als ein Betroffener sich bei einer Podiumsdiskussion zu Wort meldet. Er empfindet es als tiefe Demütigung, dass er, der vom Säuglingsalter bis zur Volljährigkeit diverse Heime durchlaufen hat und im Schnitt ein Taschengeld von zwei Mark fünfzig erhielt, sich heute rechtfertigen muss, warum er ein motorisiertes Fahrrad kaufen will, für das er erst einen Kostenvoranschlag einreichen und dann voraussichtlich zwölf Monate auf die Bewilligung warten muss, und am Ende wahrscheinlich draufzahlen wird, weil das Rad innerhalb eines Jahres im Preis steigen wird.

Alle Versuche seitens des Podiums zu erklären, warum es Sachleistungen statt Bargeld gibt, laufen ins Leere – und müssen ins Leere laufen. Das Beispiel zeigt im September 2015, wie tief das Misstrauen ehemaliger Heimkinder anderen (insbesondere Behörden) gegenüber ist und wie groß die Abscheu gegen jede Art von Bevormundung und Rechtfertigung ist. Zu Recht. Denn wenn Kinder dort, wo sie liebevoll an die Hand genommen werden müssten, alleine bleiben und die wichtigste Lektion in ihrem Leben lautet »Du bist allein und du bist nichts wert«, dann sind die Folgen dauerhaft und die Narben unauslöschlich.

SCHICKSALE UND LEIDENSORTE

»Von Natur aus bin ich nicht aggressiv«

Die unfreiwillige Karriere zum kriminellen Gewalttäter

Maik wird nächstes Jahr fünfzig, so erzählt er mir am Tag des Interviews. Kaum zu glauben. Er wirkt jugendlich mit seinen Turnschuhen, dem Basecap und dem hellen Pullover. Die Haare sind kurz geschnitten, Arme, Hals und Kopf sind tätowiert, er trägt einen dicken Nasenring. Sein Blick ist offen und geradeheraus – so wie er. Maik beschönigt nichts, druckst nicht herum, erzählt seine Geschichte klar und strukturiert. Es wird ein sehr spannendes Gespräch, bei dem ich an manchen Stellen überrascht werde. Das Bild, das Maik abgibt, so ruhig und souverän, freundlich und menschlich im besten Sinne, passt manchmal so gar nicht zu seinen Erzählungen. Es zeigt aber vielleicht umso deutlicher, was passiert, wenn Kindern, die ja nie im Kern schlecht sind, die nicht böse zur Welt kommen, das versagt bleibt, was sie zum Gedeihen brauchen: Liebe, Vertrauen, Geborgenheit.

Maik wird 1971 in Potsdam in, wie er sagt, recht ungünstige Umstände hineingeboren. Die Familie ist zerstritten, bereits im Krankenhaus gibt es eine zweiwöchige Trennung von der Mutter – ein erstes ungutes Erlebnis. Die ersten drei Jahre seiner Kindheit seien schön gewesen. Maik erlebt diese Zeit bei seinen Großeltern. Den Opa beschreibt er als sehr linientreu, der sei »beruflich gegen das Volk« und in »dieser kommunistischen Diktatur ein großes Licht« gewesen. Maik vermutet, er habe bei der Staatssicherheit gearbeitet. Seine Oma hingegen sei ein »lockerer Mensch« gewesen. Als er auf Anraten des Jugendamtes zur Mutter zurückkommt, ändert sich alles für ihn. »Ab dem Tag lief alles nur noch schief.« Sein Stiefvater ist gewalttätig, alkoholabhängig, es hagelt Schläge, die Wohnung ist oft verwüstet. Als Maik fünf Jahre alt ist, beginnt der sexuelle

Missbrauch durch den Stiefvater, der ihn auch an andere Männer verkauft, um seinen Suff zu bezahlen. »Das ist so die schlimmste Erfahrung, die ich in meiner Kindheit mitgemacht habe.« Der Junge muss mehrere Suizidversuche der Mutter mitansehen, wie sie sich die Pulsadern aufschneidet, den Gashahn aufdreht. Er ist fünf Jahre alt, als er anfängt, von zu Hause abzuhauen und sich herumzutreiben. Unterschlupf findet er zeitweise in einer russischen Kaserne – die Soldaten wissen, was er zu Hause erlebt und verstecken ihn. Er wird aggressiv, kommt zum ersten Mal mit Alkohol und Zigaretten in Berührung: »Also, ich habe Dinge getan, die ein Fünfjähriger nicht tut.«

Die Zustände im Elternhaus bleiben nicht ohne Folgen, Maik prügelt sich in der ersten Klasse heftig, ist auffällig und zunehmend gewalttätig. Schule und Jugendamt greifen ein – Maik wird in die Kinderpsychiatrie Brandenburg eingewiesen. Er erinnert sich, starke Medikamente erhalten zu haben. Er sei richtig benommen gewesen von der hohen Dosis. »Wir haben die damals Bunkerpillen genannt, wenn man davon eine Tablette genommen hat, dann hat man fast vierzehn Tage nur im Bett gelegen, ist nicht mehr hochgekommen, hat nur noch geschlafen, konnte kaum essen. Ich hatte manchmal das Gefühl, als ob die mir Drogen gegeben haben. Oder sowas, dass sie mich umpolen können.« Maik ging dort auch zur Schule, aber eine Verbesserung seines Zustandes, seiner Aggression sei nicht erfolgt. Nach sechs Monaten wird er entlassen und kehrt ins Elternhaus zurück. Seine Mutter trennt sich vom Stiefvater ihres Sohnes und heiratet einen anderen Mann, der zwei Söhne mit in die Ehe bringt. Maik prügelt sich nun mit den Stiefbrüdern, beklaut die Eltern. Er wird immer aggressiver, in der Schule attackiert er einen Mitschüler so heftig, dass dieser ins Krankenhaus muss. Es folgt die erneute Einweisung nach Brandenburg in die Kinderpsychiatrie – die Medikation wird nochmals verstärkt. Maik wird als schwer erziehbar eingestuft, er braucht eine besondere Behandlung, wird seiner Mutter gesagt. Er selbst erinnert sich nur noch, dass die Medikamente so stark waren, dass Monate vergingen, ehe er wieder klar denken konnte. 1982 wird Maik in das Kinderheim Mildenberg bei Gransee eingewiesen. Zunächst gefällt es dem Elfjährigen dort gut. Er ist der Spirale der Gewalt entflohen. »Ich habe mich die erste Zeit eigentlich ganz wohl gefühlt, dort gab es eben nicht diese Schläge unter Alkohol und was da so alles passiert ist. Und ich musste da auch nicht zugucken, wie meine Mutter immer versucht hat, sich umzubringen.« Nach sechs Monaten erfährt Maik dann am eigenen Leib die Bestrafungsriten der Erzieher – unter anderem den Arrest: »Es gab dort eine Arrestzelle, da wurde man eingesperrt, wenn man beim Zigaretterauchen erwischt wurde oder wenn man schlechte Noten geschrieben hat oder sich mit einem Mitinsassen geprügelt hat. Dann ist man schon als Sieben- oder Achtjähriger in die Arrestzelle gesperrt worden, für Tage. Das fand ich wirklich unheimlich damals und ich glaube auch, als ich da das erste Mal rausgekommen bin, da war bei mir psychisch alles dicht, also, ich habe wirklich nur noch aggressiv reagiert. Ich habe jeden Mitinsassen, der mir irgendwie in irgendeiner Art und Weise blöd gekommen ist, sofort angegriffen. Also, ich habe mich damals über mich selber gewundert, wie das geht, weil ich eigentlich nicht so bin, von Natur aus bin ich nicht aggressiv oder ein Schläger, das ist alles in dieser ganzen Zeit gewachsen. Und zwar so extrem, dass ich im Endeffekt mein ganzes Leben damit zu tun hatte.«

Maik erzählt, dass er sich im Kinderheim um die heimeigenen Hühner kümmerte und zitiert Schopenhauer: »Seit ich die Menschen kenne, liebe ich die Tiere.« Innerlich habe er sich von den Menschen zurückgezogen. Seine erste Lektion im Kinderheim lautete: »Ich musste ganz schnell einschätzen, wer mir Böses wollte und wer nicht.« Und er erzählt vom Prinzip des Stärkeren, das schon im Kinderheim galt: »Wenn man da nicht fit war und nicht gleich zugehauen hat, war man der Fußlappen für jeden. Dann konnte jeder machen mit einem, was er wollte. Ob es nun sexueller Missbrauch war oder ob man für den die Wäsche waschen musste.«

Er wehrt sich heftig und genau diese Wehrhaftigkeit ist es, die ihn immer tiefer in die Erziehungsmaßnahmen treibt: »Ich habe mich grundsätzlich immer gewehrt. Und das sind auch die Vorfälle, die mich dann in dieser Heim- und Jugendwerkhofhierarchie immer höhergetrieben haben, das heißt vom Kinderheim ins Spezialheim für Schwererziehbare, in den offenen Jugendwerkhof, in den Geschlossenen Jugendwerkhof und im Endeffekt dann Knast. Das hat sich alles nacheinander aufgebaut, eben auf dieser Grundlage des Rechts des Stärkeren in diesen Einrichtungen. Das ist so extrem rausgekommen, dass ich eigentlich gar keine andere Lebensweise mehr kannte oder gar keine andere Art und Weise, mich mit Menschen auseinanderzusetzen.«

Ohne Vorwarnung, ohne ein Wort der Erklärung kommt ein Auto der Jugendhilfe, holt ihn ab und bringt ihn ins Spezialkinderheim Plau am See. Für ihn ist das ein Schock, denn im Spezialkinderheim weht ein anderer Wind als im Normalkinderheim. Alles ist dort durchorganisiert: »Jede Minute wurde dir vorgeschrieben und alles, was du zu tun hast, was du zu lassen hast. Das wurde dir eingebläut, ob nun mit Worten oder Schlägen oder dass man dich wochenlang eingesperrt hat in den Arrest.« Maik hält es dort nicht aus, sein Freiheitsdrang siegt immer wieder und gemeinsam mit Gleichgesinnten flieht er mehrmals aus dem Heim: Zwei, drei Wochen seien sie dann draußen gewesen, hätten sich mit Diebstählen und Einbrüchen mit allem versorgt, was sie brauchten, und wurden dann jedes Mal von der Polizei aufgegriffen, zunächst in ein Durchgangsheim und dann wieder zurück in die Stammeinrichtung gebracht.

Als Maik vierzehn Jahre alt wird, erfolgt seine Überstellung in den Jugendwerkhof nach Bützow. »Das erste, was dort passiert ist, als ich angekommen bin: Arrestzelle und Dresche. Warum, weiß ich nicht, wahrscheinlich haben die sich gedacht, dem werden wir mal zeigen, wo der Hammer hängt. Es sind ja auch Begleitakten mitgegangen, da stand alles drin über mich.« Maiks Ausbildung im

Jugendwerkhof erfolgt in der Landwirtschaft. »Wir mussten riesige Ackerflächen bestellen, jäten, Unkraut zupfen und das alles auf Akkord. Und wenn du das nicht geschafft hast, hast du erstens kein Geld bekommen und zweitens war der Abend für dich gelaufen. Dann gab es Gruppenkeile – vom Erzieher angeordnet.« Maik erinnert sich, dass jeder Erzieher sich einen besonders großen, starken Jungen ausgesucht hat, den er zum Anführer machte und der große Freiheiten genoss. »Die konnten mit dir machen, was sie wollten, die konnten mit dir in die Ecke gehen, konnten dich verprügeln, ohne dass ein Erzieher was sagte.« Im Jugendwerkhof Bützow, so erinnert sich Maik, »habe ich diesen letzten Kick bekommen«. Er begehrt auf, zerreißt seinen Ausweis und seinen Lehrvertrag, schreit herum, dass er in den Westen gehen will, und haut ab. Als er wieder aufgegriffen wird, gilt er als politischer Gegner, als Staatsfeind. In seiner Stasiakte liest Maik später, dass er als Terrorist eingestuft worden war. Angeblich hätte er einen Anschlag auf die Einrichtung geplant. Als »unbelehrbar« wird er in den geschlossenen Jugendwerkhof Torgau eingewiesen.

»Schlimmere Gewalt als in Torgau habe ich nirgendwo kennengelernt.« Maik schildert den extrem militärischen Drill, spricht von Essensentzug, von Arrest und von einem sehr einprägsamen fünfzehnten Geburtstag, den er im Arrest bei zwei dünn beschmierten Margarinestullen und einem wässrigen Malzkaffee verbringt. Nach sechs Wochen Torgau wird er ins Elternhaus entlassen. Drei Wochen später erfolgt für ihn ohne Vorwarnung die Überstellung in den Jugendwerkhof Gerswalde bei Prenzlau. »Wegen meiner Erfahrungen aus Torgau war ich in diesem Werkhof ein Sonderling, das heißt für die Erzieher und für die Angestellten dort war ich ein Alarmsignal. Das hat man mir von Anfang an gesagt, dass ich als höchst aggressiv und schwerstbeherrschbar eingestuft werde.« Maik stand unter besonderer Beobachtung. »Ich konnte mich nicht frei bewegen. Hatte ständig irgendein Anhängsel hinter mir. Das war ganz schlimm – wirklich ganz schlimm.« Maik bleibt widerspenstig und verweigert die politische Bildung. Als Folge verbringt er viel Zeit im Arrest. Doch sobald sich eine Gelegenheit ergibt, bricht er aus, flieht aus dem Jugendwerkhof. Die Straftaten nehmen an Schwere zu. »Man hat mit der Zeit mehr und mehr Schaden angerichtet, weil man sich auch gesagt hat: Was wollen die von mir? Ich mach', was ich will.« Er und die mit ihm entflohenen Jugendlichen steigen in Supermärkte ein, betrinken sich, brechen Garagen auf, stehlen Autos und fahren sie zu Schrott. »Das haben wir – da bin ich ehrlich – gemacht. Eigentlich hätte man sich bloß ein Auto oder Motorrad klauen müssen, um durch die DDR zu fahren, so groß war sie ja nicht. Aber wir haben dann in jeder Stadt ein anderes Auto geklaut. Wir haben uns gesagt: Wir machen jetzt genau das, was die nicht wollen. Dass ich mir mein Leben damit immer mehr verbaue, das habe ich mir früher gar nicht so vorstellen können.«

Strafen und Drangsalierungen nimmt Maik in Kauf: »Wehtun konnte mir schon lange keiner mehr – ob körperlich oder seelisch.« Das provoziert die Erzieher, ihn immer härter anzufassen, worauf er wiederum heftig reagiert. Die Spirale der Gewalt schraubt sich weiter hoch, bis er eines Tages einen Erzieher verprügelt. Als er in der Arrestzelle sitzt und der Erzieher ihm sein Abendbrot bringt, zieht Maik ihn in die Zelle und schlägt immer wieder zu. »Das war meine letzte Aktion in diesem Werkhof, das war ganz schlimm.« Als Maik von diesem Erzieher, einem besonders brutalen Mann, der seinerseits die Jugendlichen oft verprügelt und seine Machtposition gnadenlos ausnutzt, erzählt, wird er zunehmend emotional. Als er die Episode zu Ende erzählt hat, muss er erst mal eine rauchen gehen und sich etwas beruhigen.

Maik wird zu zehn Monaten Jugendhaft verurteilt. Er verbüßt sie in Wriezen. »In diesem Jugendknast hat man mir den Rest beigebracht, den ich als Gewalttäter brauchte«, erinnert sich Maik. Er berichtet von heftigem Missbrauch durch die Jugendlichen selbst, von Demütigung und Unterwerfung. Er berichtet von der Hierarchie, die besagte, dass der größte und stärkste Jugendliche machen konnte, was er wollte, wer schwach war, hatte zu gehorchen. Als Maik und ein Mitinhaftierter, mit dem er sich gut versteht, abends bei der Nachrichtensendung *Aktuelle Kamera*, die zum Pflichtprogramm gehörte, lachen müssen, spürt er plötzlich einen stechenden Schmerz im Kreuz. Ein Wärter hatte ihm den Gummiknüppel quer übers Kreuz geschlagen. Maik kann sich wochenlang kaum bewegen – außerdem erhält er »dreimal sieben und eine Decke«: drei Wochen Arrest.

Als er sich das Gesicht tätowiert, erfährt er die nächste heftige Züchtigung: Ein Wärter schlägt ihm den Gummiknüppel über die frischen Tätowierungen: »Ich hatte auf der Wange und auf dem Auge eine, da wurde dann draufgeschlagen, egal ob das aufgeplatzt ist oder nicht. Und dann bist du blutenderweise wieder in den Arrest geschmissen worden.« Er erinnert sich auch an betrunkene Wärter, die sich einen Spaß daraus machten, die Jugendlichen nachts aus den Schlafsälen zu holen und Sport treiben zu lassen. Einen von ihnen sieht er noch genau vor sich: »Das war ein Riese von Mensch, der ist da nachts immer mit einem Riesenschnauzer durchs Haus gelaufen und wenn er in irgendeinem Schlafraum Stimmen gehört hat, hat der den Köter in den Schlafraum reingehetzt und der hat dadrinnen erstmal Bambule gemacht. Der hat zwar keinen großartig gebissen, ist aber aufs Bett gesprungen, hat überall gegen gepisst.«

Als Maik entlassen wird, ist er zu einem normalen Sozialleben gar nicht mehr fähig. Er kennt keinen normalen, freundlichen Kontakt, keinen gesunden Umgang mit Regeln, kann mit der Welt »draußen« nichts anfangen. Über die Straße gehen bei Grün, einkaufen, Fahrstuhl fahren – all diese vermeintlich einfachen Dinge des alltäglichen Lebens sind für ihn schwer zu meistern. Er kann sich nicht in engen Räumen aufhalten oder die öffentlichen Verkehrsmittel benutzen, reagiert mit Panikattacken auf die neuen Eindrücke. Seine Unsicherheit und Angst führen zu schwerer Aggression.

»Als ich dort entlassen wurde, war ich haltlos. Ich hatte keine Gefühle mehr, ich habe über nichts mehr nachgedacht, ich bin einfach nur noch meinem Instinkt gefolgt und der hat mir gesagt: Tu alles nur für dich. Alles, was du tust, ist nur noch für dich.« Danach handelt er auch, und so steuert er auf seine erneute Inhaftierung zu. Nur drei Wochen nachdem er entlassen wurde, erfolgt seine Festnahme. Diesmal muss Maik ins Jugendhaus Halle, wo er eine Strafe von anderthalb Jahren zu verbüßen hat. Auf der Zugangsstation schwört sich Maik, nie wieder eine so schlimme Haftzeit wie in Wriezen zu verleben, wo er als einer der Schwachen viel aushalten musste und die gnadenlose Hierarchie unter den Insassen zu spüren bekam. So beschließt er, sich sofort auf extreme Weise Respekt zu verschaffen. »Ich habe mir dann gesagt: Also pass auf, du hast jetzt anderthalb Jahre, jetzt nimmst du dir den Vogel dahinten und zeigst dem mal richtig, wo die Harke hängt, damit du die nächsten Jahre oder damit du die Zeit, die du jetzt hier verbringst, deine Ruhe hast. Ja, damit du schon von der Zugangsstation den Ruf hast, der Typ, der lässt sich nichts gefallen, der haut zu und mit dem kannst du keinen Spaß machen.« Wegen schwerer Körperverletzung erhält Maik weitere anderthalb Jahre, muss insgesamt drei Jahre absitzen. Das erste Jahr verbringt er isoliert, das bedeutet 23 Stunden Einschluss am Tag, eine Stunde Ausgang, allein auf dem Hof. Zu groß ist die Angst vor seiner Gewaltbereitschaft. Dann wird er auf eine normale Station verlegt, wird sogar stellvertretender Stationsordner, ist zuständig für siebzig Jugendliche. Den Aufstieg in der Hierarchie hat er geschafft. Seine Haft endet nach der Wende im August 1990. »Der Nachteil an der Position [des Stationsordners] war, wenn man dann entlassen wurde, konnte man aus diesem Leben, das man dort zwei Jahre geführt hat, so schnell nicht raus, also das heißt, du hast dich draußen genauso aufgeführt wie drinnen.« Seine erste Straftat nach der Haft verübt Maik zwei Stunden nach seiner Entlassung. Eine schwere Körperverletzung, weil ein Mann seinen Platz im Speisewagen der Mitropa (Mitteleuropäische

Schlafwagen- und Speisewagen-Aktien-Gesellschaft) nicht für ihn räumen will. Er fährt nach Berlin, wo er Leute aus der Haftzeit kennt. Er schließt sich dem rechtsradikalen Lager an, lebt im Weitlingkiez, einem von Rechtsextremisten dominierten Teil Lichtenbergs. »Alkohol, Schlägereien, Gewalt waren an der Tagesordnung. Der Bahnhof Lichtenberg war unser Revier, da haben wir unsere Gewalttaten ausgelebt, also wirklich bis aufs Messer.«

Gewalt ist Maiks tägliches Brot, bis er eines Nachts bei einer Schlägerei einen Mann totschlägt. Ein Vierteljahr ist er auf der Flucht, nach ihm wird wegen »Verdeckungsmordes« gefahndet. Im Februar 1991 wird er verhaftet. Aufgrund seiner schweren Alkoholsucht wird ihm verminderte Schuldfähigkeit attestiert und er erhält eine Haftstrafe von drei Jahren. Er verbüßt sie in der Justizvollzugsanstalt Plötzensee. Dort arbeitet er in einer chemischen Reinigung. Der Totschlag belastet ihn schwer. »Daran habe ich heute noch zu tun, ich habe Albträume. Nicht direkt zu diesem Fall, sondern von Messerstechereien, die sind nicht unblutig. Das sind meine ganz eigenen Horrorfilme.« Um seinen Lebensunterhalt zu finanzieren, verkauft Maik Drogen im großen Stil: »Ich bin im kriminellen Milieu großgeworden und konnte mir eigentlich auch nichts anderes vorstellen.«

Als 2009 sein Sohn geboren wird, beschließt er, aus der Kriminalität auszusteigen und ein normales Leben zu führen. »Da habe ich begriffen: Jetzt muss ich ein anderes Leben einschlagen und mal versuchen, ohne Gewalt zu leben.« Maik schafft den Absprung aus Gewalt und Kriminalität. Er lebt von einer bescheidenen Rente – aufgrund seiner psychischen und physischen Leiden ist Maik frühverrentet.

Maik konsumiert heute keine harten Drogen mehr, aber er nutzt Marihuana, um aggressionsfrei zu sein und keine Albträume zu haben. Wirbelsäule, Knie, Bandscheibe machen ihm zu schaffen: »Das ist alles so aus dieser Zeit übriggeblieben. Als Konsequenz ein Krüppel, seelisch wie körperlich. Das wird sich auch nicht mehr ändern. Seelisch definitiv nicht, körperlich – ich sage mal, ich kann noch laufen, kann mich noch frei bewegen. Wenn auch unter Schmerzen. Zur Ruhe komme ich innerlich überhaupt nicht, das ist jeden Tag ein neuer Kampf, um nicht den Mut zu verlieren. Aufgeben ist keine Option, aber man hat schon öfters im Freundeskreis gesehen, dass willensstarke Leute einfach aufgegeben haben, ja, sich ermordet haben.« Schon allein, weil er seit zehn Jahren Vater ist, ist dies keine Option für Maik. Sein Kind darf er nicht sehen – aufgrund seiner Vergangenheit will die Mutter das nicht. Er kämpft vor dem Familiengericht, möchte endlich Vater sein dürfen. Und auch seiner Mutter wegen möchte er nicht aufgeben. Nach Jahrzehnten ohne Kontakt ist sie ihm heute wichtig. Er sagt, sie habe auch gelitten unter ihrem Leben, und so hat er sich mit ihr versöhnt.

Heute erinnert Maik sich an seinen damaligen Gefühlszustand, an die innere Anspannung und die ständige Bereitschaft, gewalttätig zu reagieren. »Das war eine Erfahrung, die ich nicht noch mal machen möchte. So ein Leben fordert mehr von dir, als man sich vorstellen kann, also innerliche Energie und auch, dass man nach außen immer bereit sein muss, sein Leben und sein Gesicht zu verteidigen, ob mit Worten oder mit Schlägen.« Andererseits resümiert er, dass es ihm vielleicht noch schlechter ergangen wäre, wenn er nicht so aggressiv geworden wäre. »Es gibt ja Dinge, die weitaus schlimmer sind als aggressiv zu sein. Ich kann mir auch sehr gut vorstellen, dass es Leute gab, die nicht aggressiv geworden sind, sondern die sich dann an Kindern ausgelassen haben oder sowas. Ich denke mal, dass es viele solche Sachen gab, ja, also, auch von den Inhaftierten nachher, wenn die entlassen wurden, dass die so gestört waren in ihrer eigenen Psyche, dass die sich auch an anderen Menschen vergriffen haben, an Kindern und sowas, das habe ich alles schon mitbekommen. Ich habe ja auch Leute wiedergetroffen in der Haft, als ich das zweite Mal in die Haft gegangen bin im Osten. Die waren dann auf der Vergewaltiger-Station und die haben auch zu mir gesagt: ›Du, frag mich nicht, warum und weshalb, ich weiß es nicht. Ich hab es einfach getan.‹ Ich denke, das ist alles aufgrund dieser Gewalt und dieser Erniedrigung und was man da so erleben musste als Jugendlicher und als Kind.« Bei Maik haben diese Erfahrung zu absoluter Gewaltbereitschaft und Aggression geführt. Das hat sein ganzes Leben geprägt. Maik formuliert das heute so: »Ich habe dafür auch einen passenden Begriff gefunden: ›meinen inneren Faschismus ausleben‹. Das würde ich mal so als große Umschreibung für alle Sachen, die ich getan habe in meinem Erwachsenenleben und auch in meinem jugendlichen Leben, alles, was mit Gewalt und Straftaten zu tun hatte, nehmen. Das würde ich alles so unter dieses Pseudonym verpacken, denn was anderes war es ja nicht.«

Abb. 3: Maik Z. am Tag seiner Entlassung

Richtig gute Erfahrungen mit Menschen hat Maik kaum gemacht. Er erzählt von einem guten Bewährungshelfer, einer tollen Betreuerin (»dank der Caritas kann ich leben«) und von seiner Mitbewohnerin und besten Freundin. Sonst, so sagt er, braucht er sehr lange, ehe er jemandem vertraut. »Ich versuche, das, was ich habe, zu genießen, also ich lebe noch, meine Sucht hat mich nicht umgebracht, es gab keinen anderen, der mich umgebracht hat, in diesem kriminellen Milieu.«

Sehr nachdenklich fahre ich nach dem Gespräch nach Hause, kann kaum glauben, dass dieser freundliche und offene Mensch jahrzehntelang ein schwerer Gewalttäter gewesen ist. Besonders hallt in mir nach, dass er berichtete, es habe in jeder Einrichtung (bis auf Torgau) auch immer Personal gegeben, das es gut gemeint und mit den Kindern mitgelitten habe. Seinen Ausbilder in der Landwirtschaft habe er mehrfach weinen sehen über die Zustände und die Behandlung der Jugendlichen. Solche Leute hätten aber schnell ihren Job verloren – und auch die Erzieher hätten gar keine Möglichkeit zur Freundlichkeit gehabt.

Was wäre aus Maik geworden, wenn er in einer freundlichen Umgebung hätte aufwachsen dürfen?

Das Jugendhaus Wriezen: Ein Gefängnis für junge Menschen

Die Jugendhäuser der DDR waren den Jugendwerkhöfen ähnlich. Sie unterstanden aber nach Inkrafttreten des Jugendgerichtsgesetzes von 1952 direkt dem Ministerium des Innern, Abteilung Strafvollzug. Unter dem irreführend freundlich klingenden Namen Jugendhaus verbargen sich Haftanstalten für Jugendliche ab vierzehn Jahren. Neben mitunter schwer kriminellen Jugendlichen wurden auch solche eingewiesen, die gegen geltende sozialistische Normen verstoßen hatten, einen unerwünschten Lebensstil führten, sich negativ über die DDR und die herrschenden Verhältnisse geäußert hatten. Ein weiteres Delikt war versuchte Republikflucht. 1968 regelte das neue Strafgesetzbuch, dass die Einweisung erfolgen konnte, »wenn das verletzte Gesetz Freiheitsstrafe androht, es die Schwere der Tat erfordert, die Persönlichkeit des Jugendlichen eine erhebliche soziale Fehlentwicklung offenbart und bisherige Maßnahmen der staatlichen oder gesellschaftlichen Erziehung erfolglos waren«. Die Aufenthaltsdauer im Jugendhaus betrug mindestens ein Jahr und war darüber hinaus »vom Erziehungserfolg abhängig«.

Mittel der Umerziehung in den Jugendhäusern waren »gesellschaftlich nützliche Arbeit«, kulturelle und sportliche Betätigung, staatsbürgerliche Erziehung und eiserne Disziplin. Mit Vorträgen, Wandzeitungen und persönlichen Aussprachen wurde die staatliche Einflussnahme auf die Jugendlichen praktiziert. Im Unterschied zum Geschlossenen Jugendwerkhof Torgau, wo eine ständige Überwachung durch Erzieher praktiziert wurde, waren die Jugendlichen in den Jugendhäusern weniger flächendeckend überwacht, was zu einer starken Hierarchie und massivem Machtmissbrauch unter den Insassen führte. Die Unterordnung von Schwächeren zu Hilfsdiensten, aber auch deren Nötigung zu sexuellen Handlungen gehörten zum Alltag.

In Wriezen, einer Kleinstadt am westlichen Rand des Oderbruchs an der Alten Oder im brandenburgischen Landkreis Märkisch-Oderland, befand sich eines der Jugendhäuser der DDR. In Wriezen waren Gewalt und Sexualität in extremer Weise miteinander verknüpft. Maik erinnert sich an die straffe Hierarchie unter den Jugendlichen und an die hohe Gewaltbereitschaft. Jugendliche verprügelten andere ohne Grund, aber auch auf Anweisung der Erzieher. »In diesem Jugendknast, würde ich sagen, hat man mir den Rest beigebracht, den ich brauchte als Gewalttäter.«

Eine 2017 veröffentlichte Studie bestätigt, woran sich Maik erinnert: dass Schwächere, von anderen Gefangenen als »Ali« bezeichnet, zum Oralsex gezwungen wurden. »In den Schlafsälen, was dort abgegangen ist, das möchte man eigentlich gar keinem erzählen, ja diese ganzen Missbrauchsgeschichten, die dort gelaufen sind unter den Jugendlichen selber. Immer der Hierarchie folgend, der oberste Jugendliche oder der größte und stärkste Jugendliche, der konnte dort machen, was er wollte.«[1]

Heute steht direkt neben dem ehemaligen Jugendhaus eine moderne Jugendvollzugsanstalt – die einzige für jugendliche Straftäter in Brandenburg. 2004 fertiggestellt, bietet sie Platz für knapp zweihundert Jugendliche im geschlossenen und dreißig im offenen Vollzug. Die Jugendlichen haben die Möglichkeit, ihren Schulabschluss (Regelschule 10. Klasse) zu erwerben. Auch berufsvorbereitende Maßnahmen und Ausbildungen können absolviert werden, darunter Maler/Lackierer, Tischler oder Garten- und Landschaftsbauer.

»Das hätte sie gar nicht sehen sollen«

Die lebenslange Suche nach der Schwester

Sanny und ich treffen uns an der Bushaltestelle. Vor »solchen Treffen« ist sie immer etwas aufgeregt, und damit sie den Weg zum Interviewort, der Humboldt-Universität in Berlin-Mitte, gut findet, hole ich sie ab. Tags zuvor schrieb sie mir, sie habe blaue Haare und blaue Schuhe, so kann ich sie schnell finden. Sie ist eine sympathische, aufgeschlossene Frau, mit der ich mich auf Anhieb gut verstehe. Sie ist etwas nervös, aber wir wechseln auf ihren Wunsch zum Du und schon geht es viel leichter. Auf dem Weg zu den Räumlichkeiten der Uni erzählt mir die examinierte Krankenpflegerin ein bisschen über ihre Arbeit und ihre Familie – das Eis ist gebrochen.

Kindheit und Jugend hat sie – mit einer kurzen Unterbrechung, die aber nicht minder schrecklich verlief – im Heimsystem der DDR verbracht. Ihre Mutter war schwanger, als sie mit ihrem Mann versuchte, die DDR zu verlassen. Der Fluchtversuch scheiterte, der Vater wurde inhaftiert, die Mutter durfte ihre Zwillinge noch zur Welt bringen, kam dann ebenfalls ins Gefängnis. Sanny wurde in ein Säuglingsheim eingeliefert. Ihre Zwillingsschwester ist bis heute verschollen. Sanny vermutet, dass sie zwangsadoptiert wurde.

Das erste, woran Sanny sich erinnert, ist, wie sie mit etwa zweieinhalb Jahren am Fenster eines Heimes steht und zusieht, wie ein Mädchen weggebracht wird. Sie ist außer sich, weint, schreit, will nicht, dass das Mädchen fortgebracht wird. Dann Chaos und aufgebrachte Erzieherinnen, ein Satz, den sie bis heute im Kopf hat: »Das hätte sie gar nicht sehen sollen.« Sanny erhält eine Spritze, fällt daraufhin in einen Dämmerzustand. Heute vermutet sie, dass es ihre Zwillingsschwester war, die von ihr getrennt wurde. Bis heute sucht sie nach dieser verschollenen Schwester.

Mit etwa drei Jahren wird sie ins Vorschulheim verlegt. Sie erinnert sich an die Perfektion, die bereits den Kleinsten abverlangt wurde. Die Kinder mussten sich selbst korrekt anziehen, die Tische decken, Betten machen und in der Freizeit das vorgesehene Spielgerät holen und wieder aufräumen. Bei Spaziergängen saßen die Allerkleinsten in einem Wagen, die anderen Kinder mussten sich daran festhalten. Wenn etwas nicht zur Zufriedenheit der Erzieherinnen war, hieß es: »Stell dich nicht so an.« Dies galt auch bei Aufgaben, die einfach zu schwer waren. Sanny erinnert sich, dass es immer laut war, dass es nie ein wenig Ruhe und Entspannung gab. Ein Erzieher ist besonders brutal, er schlägt die Kinder auch mit der Faust ins Gesicht. Sanny ist fünf Jahre alt, als sie von diesem Erzieher gegen die Wand geschleudert wird und sich die Nase bricht. Zur Strafe bei Widerworten oder unerwünschtem Verhalten wird sie manchmal in den Keller in eine Arrestzelle gesperrt. Dort retten sie ihre Tagträume. Sie stellt sich vor, wie sie mit etwas Schönem spielt.

Eines Tages wirft sie einen Gummiring in den Pool des Kinderheimes, springt dann selbst hinein und ertrinkt fast, weil sie den Ring verfehlt. Die Erzieherin, die sie rettet, verprügelt sie. Sanny hält kurz inne, sagt dann: »Vermutlich hatte die auch einen großen Schreck, dass ich ertrinke. Aber es ist trotzdem hart. Da ertrinkt man fast, hat Todesangst und dann wird man verprügelt.« Trost, Liebe, Hilfe erfährt sie im Heim nicht. Aber sie findet in Marcel, einem Jungen, dessen Mutter ebenfalls wegen versuchter Republikflucht in die Gewalt der Staatsmacht geraten war, einen Vertrauten. Eines Tages will der brutale Erzieher sie wieder in den Keller werfen, da lenkt ihr Freund ihn ab, beide rennen weg, die Treppen hinauf. Der Erzieher kommt wutentbrannt hinterher und stürzt auf der Treppe. Es sind Sekunden der Überwindung, aber Sanny dreht sich um, hilft dem Mann, der ihr so viel Leid angetan hat. Sie stockt in ihrer Erzählung, beginnt zu weinen. Dann erzählt sie weiter. Sie wurde zu seiner Retterin, denn er hatte tatsächlich einen Herzinfarkt. Nach diesem Ereignis, so erinnert sie sich, lässt er sie in Ruhe. Bis heute ist es für sie ein bewegendes Ereignis, und es zeigt, dass sie anders ist als die Menschen, die ihre Kindheit und Jugend prägten.

Nur bruchstückhafte Erinnerungen sind ihr an eine seltsame Begegnung geblieben. Einmal seien sie mit der Erzieherin in ein Geschäft gefahren, dort erinnert sie sich an ein Bild. Sie zupft einen Mann am Ärmel, sagt: »Papa, ich will ein Plüschtier.« Die Erzieherin greift wütend ein, schreit sie an und stellt dem Mann gegenüber klar: »Diese Kinder haben keine Eltern.« Sanny ruft dem Mann noch hinterher: »Ich will den dunkelbraunen!« Eine Woche später bekommen alle Kinder des Heimes ein Kuscheltier, Sanny einen dunkelbraunen Teddy. Erst viel später erfährt sie, es ist tatsächlich ihr Vater gewesen. Auch eine ältere Frau besucht sie im Vorschulheim, liest ihr vor, bringt ihr Sachen mit. Als Sanny sie eines Tages fragt: »Bist du meine Oma?«, legt die Frau nur den Finger an die Lippen. Auch hier erfährt sie erst Jahre später, dass es sich tatsächlich um ihre Großmutter handelte.

Mit sechs Jahren kommt Sanny ins Kinderheim, zum Glück für sie gemeinsam mit ihrem Freund Marcel. Da sie mit ihren langen Zöpfen niedlich aussieht, kümmert sich ein älteres Mädchen fürsorglich um sie. Auch hier muss alles sehr ordentlich sein. Die Betten müssen akkurat auf Linie gefaltet, die Kleidung exakt zusammengelegt werden. Ein Schüler und der Erzieher vom Dienst kontrollieren penibel, ob alles korrekt ist. Bei der kleinsten Abweichung gibt es Punktabzug für die ganze Gruppe. Darauf erfolgte fast immer »Gruppenkloppe« durch die anderen Mädchen. Wenn die Mädchen nach der Bettruhe noch lachten, sich unterhielten oder gar eine Kissenschlacht veranstalteten, mussten sie Strafe stehen – manchmal über Stunden.

An die Schule hat Sanny gute Erinnerungen. Die Lehrer seien verständnisvoll gewesen, hätten die Heimkinder sogar manchmal im Unterricht schlafen lassen, wenn diese zum Beispiel wegen nächtlichen Strafestehens übermüdet zur Schule gekommen waren. Freizeit gab es im Heim wenig. Neben der Mithilfe beim Tischdecken und Abräumen war der Tag angefüllt mit Hausaufgaben und Arbeiten im Heim, die die Kinder verrichten mussten. Dazu gehörte Gartenarbeit, wie die Pflege des Parks rund um das Kinderheim. Wege mussten gesäubert, Laub geharkt, schwere Äste geschleppt und zersägt werden. Auch Kohleschippen im Winter zählte zu den Aufgaben. Im Haus mussten die Kinder außer den Zimmern auch die Flure, Treppenhäuser, Aufenthaltsräume, Waschräume und Toiletten putzen.

Die Bedingungen ändern sich massiv, als 1982 ein neuer Leiter das Kinderheim übernimmt. Von da an müssen die Kinder keine schweren Arbeiten mehr verrichten, die Kontrollen werden deutlich lockerer. So finden zum Beispiel die Putzkontrollen nicht mehr wie zuvor mit einem weißen Handschuh statt. Der wohl gravierendste Unterschied ist jedoch, dass die sexuellen Übergriffe der männlichen Nachtwache aufhören. Davor hatten zwei Erzieher sich nachts systematisch Mädchen oder Jungen aus den Zimmern geholt und missbraucht. Sanny erinnert sich an einen Zwischenfall während des Heimleiterwechsels: Alle Kinder wehren sich gemeinsam gegen diese Übergriffe und prügeln einen der Erzieher aus dem Haus und ins Dorf. Da die Kinder zusammenhalten, hat ihre Tat keine Konsequenz.

Mit sieben Jahren wird Sanny zum ersten Mal in die Psychiatrie eingewiesen. Der Grund ist ihre Weigerung, sich adoptieren zu lassen. In der Psychiatrie versucht man sie zunächst zu locken mit Sätzen wie: »Sei froh, im Heim geht es dir schlecht. Du könntest eine richtige Familie haben. Dort würdest du Liebe bekommen.« Sanny weigert sich, sie will nicht zu fremden Leuten ziehen. Es folgt neben Gummizelle und Medikamentengabe auch eine Elektrokrampftherapie, die schwere Folgen hinterlässt. Sprach- und Motorikprobleme begleiten Sanny fast ein Jahr. Sie kommt zuerst kurz ins Heim, dann zu den Adoptiveltern, die sie fortan Mutti und Vati nennen soll. Ihr erster Eindruck ist schlecht. Nichts ist für sie als Kind vorbereitet, keine Kindersachen, kein Spielzeug, sie spürt keine Herzenswärme. Inge und Lothar, die neuen Eltern, werden wütend, wenn Sanny sie mit ihren Namen anspricht, aber Mutti und Vati, das kann sie einfach nicht sagen. In der Schule wird sie nun mit einem anderen Nachnamen angesprochen – sie versteht die Welt nicht mehr.

Der sexuelle Missbrauch durch ihren Adoptivvater beginnt, als sie acht Jahre alt ist. Sanny bittet die Adoptivmutter um Hilfe, rennt sogar in deren Großraumbüro bei der Reichsbahn und schreit und weint dort. Doch ihr Hilferuf bleibt ungehört. So beginnt sie die Schule zu schwänzen, trifft Jugendliche auf dem Spielplatz, hängt herum. Zu Hause versucht sie den Adoptivvater mit Spülmittel zu vergiften, gibt bei Gelegenheit etwas davon in sein Essen. Als dies ohne Wirkung bleibt, bricht sie den Wohnzimmerschrank auf, in dem er seine Dienstwaffe aufbewahrt, er ist bei der NVA. Doch er lacht sie aus, als sie damit vor ihm steht – hat er doch die Patronen auf seiner Dienststelle gelassen. Sie flieht aus der Wohnung, schlägt sich bis ins Heim durch. Als ihre Adoptivmutter mit dem Referatsleiter der Jugendhilfe dort auftaucht, erzählt sie, was passiert war. Sie ist erleichtert, der Jugendhelfer glaubt ihr und sie muss nicht mehr zurück in die Adoptivfamilie. Kurz darauf folgt ihre zweite Einweisung in die Psychiatrie. Ganz offen wird ihr dort gesagt: »Wenn du aufhörst, darüber [den Missbrauch] zu sprechen, lassen wir dich in Ruhe.« Es folgen wieder Elektrokrampftherapie und andere Grausamkeiten. Mit zwölfeinhalb kommt Sanny ins Kinderheim zurück.

Sanny bleibt bis zu ihrer Volljährigkeit in der Obhut der Jugendhilfe. Ihre Entlassung erfolgt im November 1989. Als in Berlin die Mauer fällt, bringt sie in Gardelegen ihren ersten Sohn zur Welt und darf kurz darauf ihre erste eigene Wohnung beziehen.

Nur wenige Wochen später wird ihr Leben erneut auf den Kopf gestellt: Ihr leiblicher Vater steht plötzlich vor der Tür. Sie hört zum ersten Mal vom gescheiterten Fluchtversuch und der Haft ihrer Eltern. Sanny überlegt nicht lange, zieht wenige Tage nach der Wiedervereinigung zu ihrer Familie. Sie lernt ihre Mutter und ihre Halbgeschwister kennen. Obgleich es voller Hoffnung beginnt, verläuft das neue Familienleben nicht so harmonisch, wie sie es sich gewünscht hat. Eifersucht und Befindlichkeiten nehmen zu, es stehen zunehmend Vorwürfe im Raum. Sanny nimmt einen Job als Reinigungskraft an und beschließt, von nun an auf eigenen Füßen zu stehen. Sie absolviert eine Ausbildung zur Krankenpflegerin. Der Beruf gefällt ihr. Doch auch hier gibt es immer wieder Schwierigkeiten: Die Arbeit im Schichtdienst bringt die alleinerziehende Mutter an ihre Grenzen. Es kommt zu Streitigkeiten mit ihren Vorgesetzten, die aus ihrer Sicht nicht immer das Patientenwohl im Auge haben. Sie fühlt sich ausgenutzt und ungerecht behandelt. Sie ist unnachgiebig mit ihrer Kritik und stolz darauf, sich nichts sagen zu lassen. Arbeitgeber und Wohnorte wechseln, die Konflikte kehren immer wieder, die Probleme wiederholen sich. Erst als sie ihren Ehemann kennenlernt, findet sie zur Ruhe. Sie fühlt sich zugehörig und als Teil einer Familie – zum ersten Mal in ihrem Leben.

Als ihr Sohn zehn Jahre alt ist, nimmt sie ihn mit auf eine Reise an die Orte ihrer Kindheit. Dort angekommen, bringt sie kein Wort heraus. Ihre Erinnerungen holen sie ein und machen sie sprachlos. Diese Reise ändert alles. Sanny beginnt, sich mit ihrer Vergangenheit auseinanderzusetzen. Wenig später muss sie aus gesundheitlichen Gründen ihren Beruf aufgeben.

Heute lebt Sanny als Teil einer großen und glücklichen Patchworkfamilie in Berlin. An den Folgen ihrer Erlebnisse im Heimsystem der DDR leidet sie bis heute. Sie ist körperlich schwer angeschlagen, kann nachts kaum schlafen. Dennoch hat sie Freude am Leben, genießt alles, was sie erreicht hat. Sie engagiert sich für die Aufarbeitung der DDR-Heimgeschichte und ist nach wie vor unermüdlich auf der Suche nach ihrer Zwillingsschwester.

Sannys Schicksal ist ein Beispiel dafür, dass bei Weitem nicht alle Kinder, die in ein Heim der DDR eingewiesen wurden, aus schlechten Familienverhältnissen stammten noch eine Geschichte aufwiesen, die zumindest die Herausnahme aus der Herkunftsfamilie als Akt der Fürsorge und Menschlichkeit gerechtfertigt hätte. Auch Kinder, deren Eltern politisch auffällig waren, eine Republikflucht planten oder dabei erwischt wurden, sind ins Heimsystem gesteckt worden.

Abb. 4: Sanny und ihre Zwillingsschwester

Der Geschlossene Jugendwerkhof Torgau: Endstation der DDR-Jugendhilfe

Torgau, einst Residenz der Kurfürsten von Sachsen, hat eine tausendjährige Vergangenheit und gilt als besterhaltene Renaissancestadt Deutschlands. Ein historischer Stadtkern, das Schloss Hartenfels, die Katharina-Luther-Stube und zahlreiche Denkmäler charakterisieren die kleine Stadt an der Elbe. Die Regentschaften unter Friedrich dem Weisen, Johann dem Beständigen und Johann Friedrich dem Großmütigen erheben die Stadt zum politischen Zentrum der Reformation in Deutschland. Martin Luther weilt oft hier, zahlreiche Spuren zeugen davon. Friedrich der Große besiegt in der Schlacht von Torgau die Österreicher. Napoleon baut die Stadt zur Festung aus, 1815 wird Torgau preußisch. Ab 1939 ist Torgau Standort der berüchtigten Wehrmachtsgefängnisse Fort Zinna und Brückenkopf. Zehntausende Soldaten sind dort als Fahnenflüchtige inhaftiert, viele von ihnen werden hingerichtet. 1943 wird das Reichskriegsgericht aus Berlin nach Torgau evakuiert. Im April 1945 wird in Torgau Weltgeschichte geschrieben: Zwei Wochen vor der bedingungslosen Kapitulation Hitlerdeutschlands reichen sich auf den Trümmern der Torgauer Elbbrücke US-Soldaten und Rotarmisten die Hände. Das Foto geht um die Welt.

Im geschichtsträchtigen Torgau befand sich vom 1. Mai 1964 bis zum 11. November 1989 auch der einzige geschlossene Jugendwerkhof des DDR-Heimsystems. Diese Disziplinierungsanstalt der Jugendhilfe unterstand direkt dem Ministerium für Volksbildung und damit Margot Honecker. Über viertausend Jugendliche im Alter zwischen vierzehn und achtzehn Jahren durchliefen hier im zentralen DDR-Gefängnis für Jugendliche ein Martyrium. Sie wurden von anderen staatlichen Erziehungseinrichtungen eingewiesen, weil sie dort negativ aufgefallen waren. Die Hauptgründe waren wiederholte Flucht aus der Stammeinrichtung oder Widerstand gegen die Umerziehung. Eine richterliche Anweisung für die Einweisung in Torgau gab es nicht. 2004 erklärte das Kammergericht Berlin die Einlieferung in den Geschlossenen Jugendwerkhof Torgau wegen der haftähnlichen Bedingungen als grundsätzlich rechtswidrig, da ihr keine rechtskräftige Verurteilung vorausging. Für ehemalige Insassen bedeutet dies, dass sie Anspruch auf Entschädigung haben.

Mit brutaler Disziplin und militärischem Drill sollte in Torgau eine Veränderung des Verhaltens Jugendlicher erzwungen werden. Die Einweisungsdauer betrug bis zu sechs Monaten. Bereits die Aufnahmeprozedur zielte auf Erniedrigung: Den Ankommenden wurde das Haar geschoren; es folgte eine sämtliche Körperöffnungen umfassende Leibesvisitation. Die Jugendlichen erhielten sodann Anstaltskleidung und wurden für drei Tage in die Zuführungszelle gesperrt. In dieser befanden sich neben der tagsüber an die Wand geklappten Pritsche lediglich ein Eimer für die Notdurft und ein Schemel. Die Jugendlichen mussten die mehrseitige Hausordnung auswendig lernen und Meldung machen, sobald ein Erzieher kam. Das bedeutete, sie mussten aufspringen, sich gerade hinstellen, ihren Namen und den Einweisungsgrund nennen. Jede Tätigkeit erfolgte in Torgau im Laufschritt, Kommunikation bestand in gebrüllten Befehlen. Bei der kleinsten Verfehlung wurden Gruppenstrafen verhängt, wie das Schrubben der Böden mit Zahnbürsten oder Strafsport bis zur körperlichen Kapitulation. Ilona Dathe, die als junges Mädchen in den Jugendwerkhof Torgau zur Umerziehung eingewiesen wurde, berichtet, dass den Jugendlichen im »Sport« Eimer, die mit Sand oder Beton gefüllt waren, oder andere Gewichte an die Arme gehängt wurden. Dann wurden Kniebeugen befohlen oder Dauerlaufen, bis zum Zusammenbruch. Als Strafe wurde der berüchtigte »Torgauer Dreier« kommandiert. Die Übung bestand aus Liegestütz, Hocke und Strecksprung; sie wurde auch bei strömendem Regen oder brütender Hitze bis zur totalen Erschöpfung der Jugendlichen angeordnet.

Abb. 5: Geschlossener Jugendwerkhof Torgau

Abb. 6: Zuführungszelle im Geschlossenen Jugendwerkhof Torgau

Beliebt bei den Erziehern war auch die Schikane »Entengang dreißigmal treppauf, treppab«. Den damit Bestraften, erinnert sich Ilona Dahte, »war klar, dass wir dies nicht schafften. So lieferten wir den Grund für eine erneute Bestrafung. Zur Abwechslung mussten wir dann mit einer Fingernagelbürste den Flur putzen. Ein Teufelskreis, der uns sämtliche Kräfte abforderte und uns oftmals zusammenklappen ließ«.[2]

Es gab keine Privatsphäre in Torgau. Selbst der Toilettengang erfolgte im Kollektiv. Die Bedingungen der Unterbringung erfüllen nach den internationalen Konventionen den Tatbestand der Folter.

Mit seinen hohen Mauern, den Wachtürmen, den Diensthunden und den vergitterten Fenstern wirkte der Geschlossene Jugendwerkhof Torgau schon äußerlich wie ein Gefängnis. Tatsächlich hatte der 1901 erbaute und später mehrfach veränderte Gebäudekomplex bis zur Übernahme durch die DDR-Jugendhilfe auch als Haftanstalt und als Gerichtsgebäude gedient.

Das ab 1990 leerstehende Gebäude wurde 1996 von der Treuhand-Liegenschaftsverwaltung an einen privaten Investor verkauft. Der Charakter des Gebäudes wurde beim Umbau zur Wohnanlage vollständig verändert, lediglich Bausubstanz blieb erhalten.

Seit März 1998 gibt es im ehemaligen Verwaltungsgebäude die Erinnerungs- und Begegnungsstätte im ehemaligen Geschlossenen Jugendwerkhof Torgau, die seit 2009 Gedenkstätte Geschlossener Jugendwerkhof Torgau heißt und heute der einschlägige Ort für interessierte Bürgerinnen und Bürger, vor allem aber für ehemalige Heimkinder geworden ist. Mit dem jährlichen Heimkindertreffen, zahlreichen Publikationen in der Schriftenreihe *Auf Biegen und Brechen* und vielen Bildungsveranstaltungen ist die Gedenkstätte der wichtigste Ort der Erinnerung an das Heimsystem der DDR.

»Weil wir uns alle geschämt haben dafür«

Im Heim wegen versuchter Republikflucht der Eltern

Auf dem Heimkindertreffen in Torgau komme ich mit einer attraktiven, zierlichen Frau Anfang fünfzig ins Gespräch. Regina* ist sehr modebewusst gekleidet, perfekt geschminkt und trägt Schuhe mit hohen Absätzen. Etwas nervös ist sie, fährt sich oft mit der Hand über das Gesicht, schiebt ständig ihren karierten Hut in die Stirn und wieder zurück. Als wir in kleiner Runde zusammensitzen, berichtet sie ganz offen von ihrer Sportsucht, davon, dass sie lange alles zwanghaft sofort sauber wischte, auch die Kaffeetasse, wenn jemand zu Besuch kam. Regina erzählt mir, dass sie drogensüchtig war, und fragt mich schließlich in einer Sache um Rat, die sie sehr bewegt: In ihrem Haus wohne ein Paar mit Kindern. Die Eltern seien drogenabhängig und die Kinder verwahrlost. Regina ist bestürzt über die Zustände, traut sich aber ob ihrer eigenen Erfahrungen in Heimen nicht, das Jugendamt zu verständigen. Sie möchte das Beste für diese Kinder, würde sie gerne beschützen und ihnen helfen, kindgerecht groß zu werden. Ich antworte ehrlich, dass ich die Situation aus der Ferne schwer einschätzen kann, aber doch davon ausgehe, dass die Jugendämter tatsächlich um das Kindswohl bemüht sind und dass die Eltern, wenn die Behörden eingreifen, auch nicht jeden Kontakt zu ihren Kindern verlieren, sofern sie dies nicht möchten.

Regina springt von einem Thema zum nächsten. Als ich sie frage, ob sie zu einem Interview bereit wäre, sagt sie sofort zu. Einige Monate später treffe ich sie in Torgau wieder. Auch jetzt ist Regina wieder nervös, sie lacht viel, um ihre Unsicherheit zu überwinden.

Regina wird im Mai 1966 als drittes Kind geboren. Ihr Bruder ist ein Jahr älter, die Schwester zwei. Sie lacht. Ihre Mutter habe sich beeilt mit dem Kinderkriegen, alle seien im Frühjahr zur Welt gekommen. Dann wird sie nachdenklich, beschreibt sich selbst als trauriges, stilles Kind, das schon immer Minderwertigkeitskomplexe gehabt habe. »Ich war immer still, hab viel verstanden, was ich gesehen und gehört hab, hab mich aber nie geäußert. Außer man hat mich beleidigt, dann bin ich aggressiv geworden.« Die drei Geschwister leben allein bei der Mutter, die tagsüber im Leunawerk arbeitet, nachmittags noch beim Entladen von Güterwaggons hilft und nachts in der Gaststätte »Heiterer Blick« kellnert. Regina erinnert sich, dass sie sich einmal einen Tennisschläger vor das Gesicht hält, worauf jemand sagt: »Ach, schau, die Regina wird ihrem Vater immer ähnlicher.« Sie fragt nach, was das bedeute – den Vater hat sie bislang gar nicht als Gefangenen wahrgenommen und erfährt, dass er wegen versuchter Republikflucht im Gefängnis sitzt. Reginas Vater ist Bauingenieur, er hat Kontakte nach Westdeutschland und möchte die DDR unbedingt verlassen.

Bevor der Vater in Haft kommt, gehören zu Reginas Alltag Besuche der Polizei und der Staatssicherheit, die den Vater suchen oder abholen. Es kommt auch vor, dass ihre Mutter zu Verhören mitgenommen wird. Mehrfach versucht ihr Vater, mit der Familie in den Westen zu fliehen, doch er scheitert jedes Mal. Regina erinnert sich daran, dass sie im Auto saßen, angehalten wurden und dass ihre Eltern ins Gefängnis mussten. Regina und ihre Geschwister müssen dann für ein, zwei Tage in ein Kinderheim. Ihr Vater schafft es aber immer, ihre Mutter so weit herauszuhalten, dass sie schnell wieder entlassen wird und zu den Kindern darf. Regina erinnert sich an ihre Mutter, die abends in der Küche saß und weinte, wenn die Kinder im Bett waren; an eine Erzieherin im Hort, die ihr immer die Ohren umgedreht hat, sodass sie ganz blau wurden. Sie erinnert sich, dass die Nachbarstochter ihr beim Spielen erzählt, ihre Mutter würde immer mit einem umgedrehten Glas an der Wand horchen. Erst viel später versteht sie, dass die Nachbarin ihre Familie im staatlichen Auftrag ausspionierte.

»Ich war eine gute Schülerin. Gott sei Dank hatte ich eine Lehrerin, die irgendwie Sympathie für mich hatte. Wir waren die Kinder, die schmutzig waren, die keine schönen Sachen hatten, die kein ordentliches Schulzeug hatten. Aber die hat mich nie schlecht behandelt, die Lehrerin. Das war wahrscheinlich auch wichtig in der Zeit – für mich. Das weiß ich heute.« Obwohl Regina ein kluges Kind und, wenn sie sich beteiligt, eine gute Schülerin ist, schwänzt sie oft die Schule. Sie bleibt sitzen. Schließlich muss sie eine Lehre zur Wirtschaftsgehilfin beginnen. Aber sie strebt diesen Beruf überhaupt nicht an.

Als Regina in der fünften Klasse ist, spielen sie das Theaterstück »Des Kaisers neue Kleider«. Sie erinnert sich, dass sie dabei völlig durchdrehte. »Ich war dann so drin, dass ich plötzlich alle gespielt habe. Ich war das Kind, ich war der König, ich war die Leute ringsherum. Ich bin dann weg gewesen, hab die ganze Geschichte gespielt.« Kurz darauf hospitieren drei Männer in der Klasse. Ihre Lehrerin verrät ihr zuvor, dass sie ihretwegen da seien, Regina solle sich schön konzentrieren und gut mitarbeiten. Der Deutschlehrer beginnt wieder mit dem Theaterstück und die gleiche Szene wiederholt sich: Regina übernimmt alle Rollen. Wer die Männer genau waren, weiß Regina nicht. Aber sie sei häufiger aufgefallen, erinnert sie sich, sie habe viele seltsame Ticks gehabt: Mit einem Lineal habe sie z. B. immer den Schultisch abgemessen und in der Mitte zwischen sich und der Sitznachbarin einen Strich gezogen.

»Ich erinnere mich, dass ich mir immer minderwertig vorkam wegen der Äußerlichkeiten und wegen der Erwachsenen, die sich nicht geschämt haben, fünf-, sechs-, sieben-, achtjährige Kinder zu demütigen und niederzumachen.«

Immer wieder erinnert sich Regina auch an ihre Mutter, beschreibt sie als überfordert und ist dann doch sehr gerührt, als ihr Kleinigkeiten einfallen, bei denen ihre Mutter sie unterstützt hat. Eigentlich sei ihre Mutter immer stolz gewesen auf ihre Kinder. Wenn Regina einen Blumenstrauß pflückt, eine Drei nach Hause bringt oder ein Bild auf das Straßenpflaster malt. Sie muss weinen, als sie erkennt, wie stark ihre Mutter war, wie sehr sie sich gekümmert hat – war sie doch jahrelang wütend und enttäuscht von ihr. Regina wischt sich die Tränen aus den Augen, ergänzt: »Die Erinnerung freut mich gerade. Sie tut mir weh, aber sie freut mich trotzdem.«

Als Vierzehnjährige sitzt Regina für vier Monate in Untersuchungshaft, warum, möchte sie mir nicht erzählen. Im Teenageralter beginnt auch ihr Lebenshunger, sie will etwas erleben, raus aus dem Alltag. Als sie nachts mit einer Freundin trampt, werden die beiden Mädchen von der Polizei aufgegriffen. Ihre Freundin wird zurück nach Leuna gefahren, Regina wird noch in der Nacht ins Durchgangsheim Goldberg nach Halle gebracht. Zuvor wird sie allerdings einer gynäkologischen Untersuchung wider Willen unterzogen. Obwohl sie wiederholt sagt, sie sei noch nie beim Frauenarzt gewesen und habe auch noch nie mit einem Mann geschlafen, wird sie auf den Stuhl geschnallt.

Beim Gespräch wird sie plötzlich still, denkt nach, fährt sich nervös ins Gesicht und erzählt mir dann, was sie selbst schon wieder verdrängt hatte: Dass eine Freundin ihr vor einigen Jahren von einer Vergewaltigung berichtete. Und dass ihre, Reginas, Reaktion darauf heftig gewesen sei: »Sie erzählt mir ihre Geschichte und ich habe da gesessen – bummbumm, bummbumm, der Kopf. Und ich habe die ganze Zeit gedacht: Woher kennst du das, woher kennst du das? Da war ich achtunddreißig Jahre. Und dann fiel es mir ein: Als ich dort auf diesem Stuhl lag, die haben mich angeschnallt und gesagt, sie müssen einen Abstrich machen. Und ich habe geschrien. Und der hat dann ein Glasrohr genommen. Ich habe das eiskalte Glasrohr gemerkt, und dann ab dem Moment hab ich nur noch Lichter gesehen. Einen Zug wegfahren hören. Ein hohler Raum, Schritte, Stimmen, wie im Echo. Wummwumm. Und nichts mehr.«

Regina weint, als sie mir das erzählt, sie ist verunsichert, weil sie sich bis heute nicht daran erinnern kann, was genau passiert ist. Nur daran, dass sie danach nicht gut laufen konnte, das Gefühl hatte, das Glasrohr sei noch da. Sie hat keine klare Erinnerung an die Situation. Aber die Folgen kann sie beschreiben: »Ich und meine Sexualität – ich habe ja mitgekriegt, dass ich anders bin als andere. Dass mich niemand anfassen darf, dass ich mindestens ein halbes Jahr gebraucht habe, ehe ich mit jemandem körperlich geworden bin.« Es ist eine seltsame und gespenstische Situation. Sie schweigt einen Augenblick, fragt mich dann, ob ich denke, sie sei vergewaltigt worden, wiederholt noch einige Male, wie seltsam es war, und wie sehr sie die Erinnerung verdrängt hat.

Das Leben im Heimsystem bestand für Regina durchaus auch aus positiven Dingen. »Ja, ich war still, ich habe das immer alles als gegeben hingenommen, egal, was passierte. Das war eben so und fertig. Und ich hab dann auch nicht nachgedacht, was kommt jetzt. In erster Linie habe ich mich wohlgefühlt, weil ich dort immer geduscht habe, weil ich saubere Sachen angekriegt habe, weil es Frühstück, Mittag und Abendbrot, also all diese geregelten Sachen gab.«

Regina erzählt mir, dass sie die strikten Regeln gar nicht gestört haben, sondern dass sie sich – im Kontrast zum Elternhaus – damit gut fühlte. Regeln und ein geregeltes Leben habe sie sich zu Hause immer gewünscht. Im Kinderheim bleibt sie weiterhin still und abwartend, schwimmt mit dem Strom. Sie sagt aber auch, dass diese Durchgangsheime für sie nicht so schlimm waren, weil, »als ich fuffzehn war, war meine ganze Angst schon verbrannt«. Reginas Erzählung ist also durchaus ambivalent und zeigt, wie sehr ihre Einschätzung schon von heftigen Erfahrungen und Schrecken geprägt ist. Es gibt neben der stillen Regina auch eine voller Widerstand und Kampfgeist: Wenn es Ungerechtigkeiten gibt, wenn sie sich schlecht behandelt fühlt, wird sie laut, wehrt sich. Und das passiert nicht selten. »Ich hab mich immer angegriffen gefühlt, egal, ob die das lieb gemeint haben oder nicht, das ist bis heute so. Immer fühl ich mich angegriffen.«

Manche Erinnerungen, gerade die heftigen, kann sie nicht genau zuordnen. Es sind Erinnerungsfetzen, die sich aneinanderreihen: wie die an eine Aufnahmeprozedur, bei der sie mit einem starken Reinigungsmittel gegen Krätze abgeschrubbt und mit einem Wasserschlauch abgespült wurde; an politische Schulungen, die ihr ein Graus waren.

Aus dem Jugendwerkhof Moritzburg flieht Regina, auch sonst gibt es immer wieder Probleme mit den Erziehern. So wird sie mit sechzehn Jahren nach Torgau eingewiesen. Im Antrag des Stammjugendwerkhofs Moritzburg auf »Einweisung der Jugendlichen Regina Greiner in den geschlossenen Jugendwerkhof Torgau« vom 25. Februar 1983 heißt es: »Ihr Verhalten war aggressiv, aufsässig und gewalttätig.« Sie erinnert sich anders an den Grund der Einweisung: Es sei wegen eines Fluchtversuchs gewesen. Regina erinnert sich auch an eine Erzieherin aus dem Jugendwerkhof, eine der wenigen Erwachsenen, die ihr wohlgesonnen waren. Diese Erzieherin weinte, als sie erfuhr, dass Regina nach Torgau eingewiesen wurde.

Nach vier Monaten wird Regina wieder in den Jugendwerkhof Moritzburg entlassen. Sie beendet dort ihre Teilausbildung zur Wirtschaftsgehilfin und darf zwei Monate vor ihrem achtzehnten Geburtstag zurück zu ihrer Mutter. Regina hat sich fest vorgenommen, ihr Leben selbst in die Hand zu nehmen. Ihr Vater arrangiert eine Verlobung. Er bezahlt einen Österreicher, der als ältester Sohn Hoferbe werden wird, dafür, seine Tochter zu heiraten, damit diese ausreisen kann. Fortan muss sie jeden Montag ins Ministerium für Inneres und soll dort berichten. Bis sie ausreisen darf, wird Regina bei der Post eingesetzt. Das macht ihr Spaß und sie geht in der neuen Tätigkeit auf. Das bleibt nicht unbemerkt, ihr wird eine Ausbildung angeboten und sie darf am Schalter sitzen. Zum ersten Mal erlebt sie Wertschätzung und geht der Arbeit gerne nach. Dann lernt sie einen jungen Mann kennen und verliebt sich. Sie löst die zweckmäßige Verlobung mit dem Österreicher und nimmt Abstand von den Ausreiseplänen. Kurz darauf wird sie schwanger, bekommt einen Sohn. In der Volkshochschule holt sie die Schulbildung nach, studiert sogar Post- und Fernmeldewesen in Halle. Allerdings beendet sie das Studium nicht – die Wende kommt dazwischen. Dreimal die Woche geht sie abends zur Volkshochschule und holt ihre Schulabschlüsse nach. Nur für sich. Denn für keine der Arbeiten, die sie ausgeübt hat, so sagt sie, habe sie Bewerbungen geschrieben oder Zeugnisse vorgelegt. Das funktionierte bei ihr immer aufgrund ihrer Ausstrahlung und durch Zufälle. Im April 1990 kommt ihr zweiter Sohn zur Welt.

Sie ist neunundreißig, als ihr selbstbestimmtes und erfolgreiches Leben von ihrer Drogensucht überschattet wird. Auch Sportsucht und Bulimie halten sie fest im Griff. Die Spätfolgen ihrer traumatischen Kindheit und Jugend werfen sie aus der Bahn. Regina hat schwere psychische und körperliche Schäden davongetragen.

Auf meine Frage, wann und wem sie zum ersten Mal von ihrer Heimgeschichte erzählt hat, stockt sie kurz, erzählt dann, dass ihr Sohn eine Reportage über Torgau gesehen hat, als das Thema DDR in der Schule behandelt wurde. Die Kinder sollten ihre Eltern fragen, woran diese sich noch erinnern können. Als der Sohn von der Reportage erzählt, sieht er seiner Mutter sofort an, dass etwas im Argen ist, und fragt nach. Regina erinnert sich an die Reaktion ihres Sohnes, als sie ihm erzählt, dass ich mich sehr für die Auswirkungen der Heimerfahrungen auf die Betroffenen und ihre Familien interessiere: »Er saß dann ganz still da und sagte: Mami, seit ich klein bin, denke ich darüber nach. Warum bist du so anders als die anderen, warum bist du so, wie du bist, warum bin ich so, wie ich bin?«

Regina erzählte mir schon bei unserem ersten Treffen, dass ihre beiden Söhne bei der Bundeswehr tätig sind. Und dass einer auf die Frage, ob sie dort gut zurechtkämen, sagte: »Naja, den Ton kennen wir ja von dir, Mutti.« Sie lacht, als sie mir das erzählt, aber ihre Augen sind traurig und sie fügt hinzu, sie habe immer da sein wollen für die Jungs. Und sie sei das auch gewesen, sie habe sie nie geschlagen, aber den Ton, ja, den habe sie wohl weitergegeben.

Regina hat heute noch Kontakt zu anderen ehemaligen Heimkindern, die schwer unter ihrer Vergangenheit leiden. »Die, die nicht mehr aus der Drogensucht oder aus dieser Alkoholsucht rauskommen. Alle, die ich kenne, sind schwere Alkoholiker, im Pflegeheim schon, zwei besuche ich ja immer noch.«

Für mich ist das Interview mit Regina ein ganz besonderes. Vor allem die Momente, in denen sie sich plötzlich durch das Erzählen an etwas erinnert, im Positiven an die Stärke und Leistung ihrer Mutter und im Negativen an traumatische Episoden. Die Szenen, die sie schildert, sind gleichermaßen aufschlussreich wie erschreckend. Und auch das Spannungsfeld zwischen ihren Aussagen, zwischen dem immer gut gelaunten Kind und der verlorenen Jugendlichen, die sie beide beschreibt und verkörpert, ist außergewöhnlich anrührend.

Das Spezialkinderheim Ernst Schneller in Eilenburg: Jugendwerkhof, Aufnahmeheim, Durchgangsheim

Eilenburg, im Nordwesten Sachsens zwanzig Kilometer von Leipzig entfernt an der Mulde gelegen, war mit zahlreichen Fabriken ein bedeutendes Zentrum der preußischen Textilproduktion. Zu Beginn der Nazidiktatur war Eilenburg eine Hochburg des Widerstands der Kommunistischen Partei.

1928 war am Eilenburger Stadtrand ein Heim für sozial gefährdete schulentlassene Mädchen gegründet worden, betrieben von der evangelischen Kirchenprovinz Sachsen. Die 160 Mädchen zwischen vierzehn und achtzehn Jahren stammten zumeist aus prekären sozialen Verhältnissen, sie erlebten im Heim einen geregelten Tagesablauf und erhielten eine Ausbildung in der Land- oder Hauswirtschaft. In der NS-Zeit wurden sowohl die Zöglinge als auch die Erzieherinnen des Heimes zunehmend angefeindet. Die soziale Verwahrlosung der Mädchen wurde auf »minderwertige Erbanlagen« zurückgeführt. Einundzwanzig Mädchen fielen durch das Gesetz »zur Verhütung erbkranken Nachwuchses« der nationalsozialistischen Rassenhygiene zum Opfer, sie wurden zwangssterilisiert.

Mit Beginn des Zweiten Weltkrieges übernahm die Wehrmacht das Areal, fünfundsiebzig Mädchen verblieben als Arbeitskräfte auf dem nunmehr militärischen Gelände, alle anderen wurden verlegt. Nach Kriegsende zogen zeitweise städtische Einrichtungen in die Gebäude. 1947 übernahm das Land Sachsen den Komplex und nutzte ihn als Aufnahme- und Beobachtungsheim für verwahrloste weibliche Jugendliche, die wieder in die Gesellschaft eingegliedert werden sollten.

Nach Gründung der DDR erhielt der Komplex den Namen Ernst Schneller nach einem KPD-Politiker und antifaschistischen

Widerstandskämpfer, der 1944 im KZ Sachsenhausen ermordet worden war. Im Heim wurden Kinder und Jugendliche, die als sozial gefährdet oder verhaltensauffällig eingestuft worden waren, unter staatlicher Regie erzogen. Eilenburg stellte auch innerhalb der DDR einen einzigartigen Heimkomplex dar: Es war Spezialkinderheim für als schwer erziehbar eingestufte Kinder und Jugendliche, Jugendwerkhof für Mädchen und zentrales Aufnahmeheim der DDR in einem.

Das Spezialkinderheim Ernst Schneller war mit hundertachtzig Plätzen die größte Einrichtung dieser Art im Raum Leipzig. Der Alltag war wie in allen Spezialkinderheimen von Anweisungen im Befehlston, strikten Regeln, militärischem Drill, Appellen und Überwachung geprägt. Disziplin und Ordnung galten als oberste Gebote. Deren Einhaltung wurde penibel kontrolliert und dokumentiert. Das Prinzip der Kollektiverziehung, das bei Regelverstößen die Bestrafung der ganzen Gruppe vorsah, führte oft zu Gewalt untereinander, da die Kinder und Jugendlichen sich an den Verursachern ihrer Strafe rächten.

Im Jugendwerkhof Ernst Schneller waren in zwei Häusern vier Gruppen, insgesamt sechzig sogenannte schwer erziehbare Mädchen zwischen vierzehn und achtzehn Jahren untergebracht. Durch produktive Arbeit, strikte Regeln und ideologische Schulung sollten sie »umerzogen« werden. Sie stellten billige Arbeitskräfte dar, die in der Produktion des Eilenburger Getränkekombinats und in der Landwirtschaft eingesetzt wurden. 1975 übernahm der Jugendwerkhof eine ganze Halle des Getränkekombinats, in dem die Mädchen eigenverantwortlich Getränke abfüllten. Gearbeitet wurde hier bei enormem Leistungsdruck in zwei Schichten. Das Getränkekombinat bezahlte den Lohn für vollwertige Arbeitskräfte, die Mädchen erhielten vom Heim als Lehrlinge jedoch nur ein Taschengeld. Sie absolvierten eine Teilfacharbeiterausbildung zur Anlagenfahrerin für alkoholfreie Getränke. Auch zu Putzarbeiten im benachbarten Spezialkinderheim wurden sie herangezogen.

Ab 1964 fungierte das Heim Ernst Schneller auch als zentrales Aufnahmeheim des Ministeriums für Volksbildung. Dort wurden bis 1990 alle Anträge auf Erziehung in einem Spezialheim bearbeitet. Die Kinder und Jugendlichen, für die diese Prozedur vorgesehen war, kamen zunächst für einige Wochen nach Eilenburg, um dort begutachtet zu werden. Kam das Personal zu dem Schluss, ein Spezialheim sei der richtige Ort, wurde das Kind in ein entsprechendes Heim verlegt. Dieses Verfahren stellte sich schnell als zu aufwendig und wenig praktikabel heraus, sodass fortan meist nur nach Aktenlage entschieden wurde. Nur sogenannte Zweifelsfälle wurden zur Begutachtung nach Eilenburg verlegt. Um 1970 waren es zwei- bis dreitausend Fälle, über die hier entschieden wurde.

Heute ist in dem Gebäude das Kinderheim St. Martin untergebracht. Träger ist seit 1994 die Caritas. Eine kleine Ausstellung informiert über die Geschichte des Hauses und die Umerziehung zu DDR-Zeiten. Die Betroffeneninitiative Missbrauch in DDR-Heimen, in der auch ehemalige Insassinnen aus Eilenburg vertreten sind, hat eine Patenschaft für die heute dort untergebrachten Heimkinder übernommen. Ziel der Initiative ist es, gemeinsam mit den zuständigen Erziehern den Heimalltag der Kinder und Jugendlichen zu bereichern und Ausflüge oder Aktivitäten zu unterstützen.

Abb. 7: Jugendwerkhof und Spezialkinderheim Eilenburg

»Dresche wollte ich nicht kriegen, bin lieber stiften gegangen«

Erziehungsziel erreicht. Im Heim missbraucht. Lebenslang beschädigt

Im Jahr 1953, als Volkmars Mutter mit ihm schwanger ist, haben die Behörden seine Familie bereits im Blick. In einer Akte liest er später, die Jugendfürsorge habe dem Jugendamt geraten, der überforderten Mutter die Kinder abzunehmen. Volkmar ist das neunte Kind und wird in einen Alltag aus Gewalt hineingeboren. Er ist sechs Jahre alt, als er anfängt, von zu Hause auszureißen, bei Freunden Unterschlupf zu suchen oder notfalls »in den Büschen zu pennen«. Die Kreis-Psychiaterin sorgt für seine Einweisung in die Kinderpsychiatrie, als er siebeneinhalb ist. Ohne Befund wird er entlassen, das Jugendamt entscheidet, er sei in einem Heim besser aufgehoben als bei den Eltern, und weist ihn in das Normalkinderheim Hanno Günther in Walda, einem Ortsteil von Großenhain, ein. Obgleich Volkmar immer wieder von zu Hause ausgerissen war, vermisst er seine Mutter und die Geschwister, kann sich mit der neuen Unterbringung im Heim nicht anfreunden. So nutzt er jede Gelegenheit, aus dem Heim zu fliehen und sich nach Hause durchzuschlagen. Die Mitarbeiter der Jugendhilfe sammeln ihn immer wieder ein, haben aber große Probleme bei der Rückführung, da der Junge sich mit Händen und Füßen wehrt. Das Jugendamt verfügt, Volkmar weiter weg von zu Hause im Spezialkinderheim Elsa Flenske in Hainewalde unterzubringen.

Das Spezialkinderheim macht Volkmar sehr zu schaffen. Alles muss in der Gruppe erledigt werden, alles ist streng durchorganisiert. Alleine spielen, etwas Zeit für sich haben und in Ruhe seinen Gedanken nachgehen kann er dort nicht. In Hainewalde wird Volkmar das erste Mal von einem größeren Jungen missbraucht. Er vertraut sich einem Erzieher an. Doch er erfährt weder Zuspruch noch erhält er Hilfe. Zumindest sieht er den Jungen nicht wieder, ob dieser seinetwegen verlegt wurde oder es Konsequenzen gab, weiß er nicht.

Volkmar erinnert sich an die knappen Essensrationen und den Machtmissbrauch der Erzieherin bei der Verteilung. »Die Erzieherin saß da am Tisch. Die hatte natürlich ihr Zeug, was sie sich gekauft hat, Butter und alles, vor sich stehen. Und dann ist ein Junge runtergegangen zur Küche, hat einen Teller hochgebracht, wo geschmierte Schnitten drauflagen. Ich habe immer Hunger gehabt. Ich bin ein Vielfraß. Da hat sie dann jeden gefragt, wie viele Stullen er haben will.« Obwohl er drei oder vier haben möchte, erhält Volkmar meist nur eine halbe. Er wird nie richtig satt. Nur morgens, wenn es Milchsuppe gibt und er sich nachnehmen kann, reicht es für ihn. Generell aber sei es »zum Sterben zu viel, zum Leben zu wenig« gewesen.

Nach der vierten Klasse kommt er ins Kinderheim Groß Leuthen. Dort gefällt es Volkmar viel besser. Zuweilen sogar besser als in seinem Elternhaus. Vor allem genießt der Junge, dass sich die Kinder dort frei bewegen dürfen. Hier findet er Ruhe und Zeit, etwas allein zu unternehmen, es gibt weder dauernd Gemeinschaftsaktivitäten, noch wird ständig kontrolliert, wer was tut. Auch die unverschlossenen Türen geben ihm ein gutes Gefühl. Im Sumpf baut Volkmar mit anderen Kindern kleine Unterschlüpfe. Dort rauchen sie heimlich oder lassen den Nachmittag an sich vorbeiziehen. Nur das Gelände dürfen die Kinder nicht verlassen, sonst droht Arrest. Volkmar lernt diese Strafe in Groß Leuthen nicht kennen, es fällt ihm leicht, sich an die Regeln zu halten. »Aber«, so erinnert er sich und seufzt, »auch die beste Zeit geht einmal zu Ende«.

1965 wird Volkmar entlassen. Seine Mutter hat sich mittlerweile scheiden lassen und lebt mit einem neuen Mann zusammen. Mit seinem Stiefvater kommt Volkmar gar nicht zurecht. Das Zusammenleben geht deshalb nicht lange gut, Volkmar kommt Anfang 1966 mit zwölf Jahren zunächst ins Durchgangsheim in Dresden und von dort ins Spezialkinderheim Plau am See. »Da ging das Martyrium eigentlich erst richtig los.« Volkmar wird zum Außenseiter; sein seelischer Zustand macht sich durch Bettnässerei bemerkbar. Schikanen und Drangsalierungen folgen. Volkmar leidet sehr, hat seine ersten Suizidgedanken. »Das hat mich damals schon fertiggemacht. Da habe ich schon gesagt: Ich steige aus dem Leben aus. Und da bin ich auch relativ kurze Zeit danach abgehauen und habe mich von einem Zug überrollen lassen. Aber im letzten Moment muss ich Angst gekriegt haben, sodass er bloß noch mein Bein erwischt hat. Also, da wollte ich mir schon das erste Mal das Leben nehmen.« Volkmar kommt ins Krankenhaus nach Pritzwalk, findet dort in einer Krankenschwester einen vertrauensvollen Menschen, der sich seiner annimmt. Nach einem Monat wird er wieder ins Kinderheim zurückgebracht. Als er dort ankommt, werden ihm die Haare geschoren und er darf nur in Turnhosen herumlaufen – die übliche Art, »Ausreißer« zu brandmarken.

Ein einschneidendes Erlebnis ist für ihn der Tod seines Freundes während eines Arbeitseinsatzes. Beim Eintreiben eines Pfahles in den Boden halten er und sein Freund den Pfahl, während ein Erzieher ihn mit Hammerschlägen in den Boden treibt. Der Erzieher rutscht ab, trifft den Freund tödlich am Kopf. Am nächsten Tag ist Volkmar in der Schule unaufmerksam, kann sich nicht konzentrieren. Der Lehrer teilt dies dem Erzieher mit und Volkmar muss dreihundert Kniebeugen machen. Für die Hausaufgabenzeit darf er die Strafe unterbrechen, danach muss er weitermachen. Er ist erst nach dem Abendessen fertig und muss hungrig ins Bett. An den Erzieher, der ihm diese Strafe aufdrückte, erinnert er sich noch gut: »Das war so ein kleiner – ja, ein bisschen sadistisch war er veranlagt. Der hat immer solch hohe Strafen ausgesprochen, die ein normaler Mensch gar nicht schaffen kann.« Manchmal, sagt Volkmar, war das Strafmaß so hoch, dass man am nächsten Tag weitermachen musste, weil die Zeit gar nicht ausreichte, um es zu erfüllen.

Volkmar findet etwas, das ihm Freude bereitet: Angeln. Er kauft sich eine Angel, und so oft das Wetter es zulässt, setzt er sich ans Wasser und geht seinem neuen Hobby nach. Er genießt die Ruhe, das Alleinsein – ob er einen Fisch fängt oder nicht, ist ihm dabei einerlei.

Die Kinder müssen für die Erzieher oft unentgeltlich Hilfsdienste leisten. So müssen sie Kohlen schleppen, wenn ein Erzieher eine private Lieferung bekommt. Nach der Schule laufen die Kinder die zweieinhalb Kilometer durch den Wald vom Kinderheim zur Stadt, schleppen die Kohlen in den Keller und laufen wieder zurück. Volkmar erinnert sich an einen Erzieher, der ein Haus baute. »Da habe ich von der Grundsteinlegung bis zur Fertigstellung mitgebaut und nicht eine Mark dafür gesehen. Das war auch ein Stück harte Arbeit. Da war schon Frost, da mussten wir das Dach eindecken und die Ziegel hochgeben [...] Von Anfang bis Ende war ich dabei. Außer bei der Einweihungsfeier. Da waren wir ungelegen.« Und dennoch ist es eine nicht unwillkommene Abwechslung. »Ich meine, gut, für uns war es auch eine Abwechslung, wenn wir herausgekommen sind aus dem Heim. Muss man sagen, so wie es ist. Es war eine Abwechslung. Man war nicht in der Gruppe, fühlte sich ein Stückchen freier.«

Im Herbst 1967 stellt Volkmar beim Heim den Antrag, Henriette, die Krankenschwester, die ihn nach seinem Unfall gepflegt hatte, besuchen zu dürfen. Er hat zu ihr und ihrem Sohn Briefkontakt gehalten. Das Heim, so liest er später in den Akten, fragt daraufhin das Jugendamt, welches dem Antrag stattgibt. Volkmar darf vier Tage Urlaub bei Schwester Henriette machen, erhält vom Heim sogar Verpflegungsgeld für sie. »Das war eine schöne Zeit. Es fiel mir auch schwer, in den Zug zu steigen und wieder zurückzufahren.«

Nach der Jugendweihe darf Volkmar vierzehn Tage Urlaub zu Hause machen. In dieser Zeit bemüht er sich um eine Lehrstelle. Im Betrieb des Stiefvaters kann er als Anstreicher anfangen, die

Vorstufe zum Maler. Wohlgemut macht Volkmar sich auf die Rückreise, er weiß: »Jetzt hast du noch drei, vier Monate, dann geht es nach Hause, dann bist du raus aus dem Heim«. Doch es kommt anders. Kurz vor seiner Entlassung vergewaltigt ihn ein Erzieher. Dieser hatte ihn vorher schon zu sexuellen Handlungen gezwungen. Schmerz, Schreck und Scham sind so groß, dass er sofort aus dem Heim flieht. Nie wieder will er in die Gewalt dieses Mannes kommen. Er wird bald wieder aufgegriffen. Seine Panik vor der Anstalt und den Übergriffen durch den Erzieher sind so groß, dass es zu einer dramatischen Situation kommt: Bei der Autofahrt zurück ins Heim greift Volkmar dem Fahrer ins Lenkrad, steuert den Wagen in den Gegenverkehr. Der Fahrer bremst und als der Wagen zum Stehen kommt, reißt Volkmar die Tür auf und flieht erneut. Doch auch diesmal währt die Freiheit nicht lange. Über die Durchgangsheime Schwerin und Potsdam wird Volkmar zurück in seine Stammeinrichtung gebracht. Wieder wird ihm das Haar geschoren und er darf nur die Turnhose tragen. Der Heimleiter fragt Volkmar zwar, warum er geflohen ist, aber als dieser ihm die ganze Geschichte erzählt, antwortet er: »Du lügst.« Den Erzieher sieht Volkmar aber nicht wieder.

Später liest Volkmar in seiner Akte, dass es zu diesem Zeitpunkt bereits einen Erziehungsbericht gab, der ihm bestätigte, das Erziehungsziel erreicht zu haben. Die Freiheit stand unmittelbar bevor. Doch aufgrund seiner Flucht und wegen der verheerenden Rückführung wird der Bericht revidiert: Das Erziehungsziel ist verfehlt. Die Einweisung in den Jugendwerkhof wird beschlossen.

Kurz darauf wird Volkmar in den Jugendwerkhof Burg bei Magdeburg verlegt, wo er eine Malerlehre beginnt. »Und dann ging die Tortur wieder los. Als Vierzehnjähriger in einer Gruppe, wo welche drin sind, die sechzehn, siebzehn sind. Nur Schikane.« Auch der Lehrausbilder ist für Volkmar eine Katastrophe. Er hat kein Vertrauen in die Fähigkeiten des Jungen, sieht alles negativ und macht den Jungen nur herunter.

Volkmar erinnert sich aber auch an Schönes: 1967 fuhr die Malerkolonne an die Ostsee. Auf der Insel Rügen hatte der Jugendwerkhof ein Urlaubsobjekt. Die Malerkolonne wird hingeschickt, um die Bungalows und alle Gebäude zu renovieren. »Das war schön, vielleicht hundert Meter vom Strand weg.« Nach Abschluss der Arbeiten verbringt Volkmar mit den anderen zwei Wochen Jahresurlaub dort. Das betraf alle Jugendlichen, die keinen Urlaub zu Hause machen durften oder konnten. Volkmar erinnert sich an das Verhalten der Erzieher und dass dieses dort im Urlaub ganz anders war. Viel freundlicher und gelassener gingen sie mit ihren Zöglingen um.

Während die Erzieher in den neu renovierten Bungalows übernachteten, wurden für die Jugendlichen Zelte aufgebaut. Volkmar gefiel das Zwanzig-Mann-Zelt gut, denn die Jugendlichen nutzten die unbefestigte Behausung und schlüpften bei Dunkelheit unter der Zeltbahn durch. Auch auf die sonst strikte Trennung zwischen den Geschlechtern wurde im Urlaub nicht so sehr geachtet. Die Erzieher sagten zwar am ersten Tag, die Jungen sollten links, die Mädchen rechts an den Strand gehen, aber die Trennung hielt nicht lange vor. Volkmar genoß die Zeit sehr, erinnert sich gerne an seine erste Freundin und den ersten Kuss zurück. »Und mit den Erziehern in den Urlaub zu fahren, ist ganz anders als mit Erziehern in einem Heim oder in einer Werkhofgruppe. Das ist ein Unterschied wie Tag und Nacht.«

Bei einem Außeneinsatz der Maler in einem Schloss, das zum Kinderheim umgebaut werden sollte, unternimmt Volkmar wieder einen Fluchtversuch. Er wird strafversetzt in eine Landwirtschaftliche Produktionsgenossenschaft. Ihm gefällt es in der LPG jedoch besser, denn die ihm nun zugeteilten Arbeiten sind an der frischen Luft und deutlich freier als in der Malerkolonne. Besonders genießt er, dass er für sich alleine arbeiten kann.

Als er 1970 aus dem Jugendwerkhof entlassen wird, zieht Volkmar zunächst zu seiner Mutter und dem Stiefvater. Doch dies geht nicht lange gut. Volkmar hat Glück und wird von seiner Großmutter aufgenommen. Er beginnt in einem Betrieb als Dreher zu arbeiten. Er erinnert sich noch, dass das Jugendamt beim Kadergespräch dabei war. Alle im Betrieb wussten von seiner Heimzeit, aber er wurde darauf nicht angesprochen. Mit seinem Ausbilder kommt er gut zurecht.

Von 1970 bis 1987 sitzt Volkmar mit einer kurzzeitigen Unterbrechung im Gefängnis, warum, erzählt er mir nicht, deutet lediglich kurz an: »Da gab es dann Grenzterror, Hetze, Verleumdung – so Sachen.« Das sei eine andere Geschichte und würde vielleicht auch mal ein Buch. 1988 heiratet er, doch die Ehe hat nicht lange Bestand. 1997 heiratet er zum zweiten Mal, aus dieser Ehe gehen zwei Töchter hervor. Volkmar und seine Frau sind noch immer verheiratet. Seine Frau lernt seine ganze Geschichte erst nach fünfzehn gemeinsamen Jahren kennen, als sie seine Autobiografie lektorieren soll. Davor kannte sie lediglich ein paar Rahmendaten, aber nicht die ganzen Schrecken und Erinnerungen, die auf Volkmar lasten.

Auf Spätfolgen seiner Kindheitserinnerungen angesprochen, erzählt Volkmar, dass er es nicht aushalten kann, wenn jemand hinter ihm geht oder eine schnelle Bewegung in seinem Rücken macht. »Also, das würde ich auch jedem abraten – hinter mir zu gehen und irgendeine hastige Bewegung zu machen. Das könnte ich missverstehen. Und jetzt kommt noch dazu, jetzt sehe ich ein bisschen schlechter, höre ein bisschen schlechter, kann sowieso schlecht laufen, also der Effekt ist bei mir ziemlich stark ausgeprägt.« Nach einer kurzen Pause fügt Volkmar hinzu: »Manchmal bereue ich das, dass ich die Aufarbeitung mache.« Auf meine Nachfrage erzählt er, dass er zwar heute anders darüber sprechen kann, aber dass ihn das Gespräch noch lange beschäftigen und »sehr runterziehen« wird. Zwei, drei Mal im Jahr spricht Volkmar auch vor Schulklassen über seine Erlebnisse. Das hilft ihm, die Schrecken seiner Jugend zu verarbeiten. Vorher geht es, aber danach mit seinen Gedanken allein zu sein, ist hart für ihn. »Ich sage immer, eine Verarbeitung kann nur gelingen, wenn man darüber spricht. Aber sie birgt eben immer die Gefahr des Rückschlages in sich.«

Volkmar hat mir seine im Selbstverlag publizierte Lebensgeschichte mitgebracht.[3] Es ist der eindrucksvolle Versuch, traumatische Jugenderfahrungen unter dem Zugriff des Staates und den Missbrauch durch unfähige, bösartige, sadistische, machtbesessene Erzieher zu verarbeiten. Volkmars Ehefrau hat ihn dabei begleitet und geholfen, dem Buch Gestalt zu geben. Sie wartet unten auf ihn; das gibt mir das gute Gefühl: Endlich hat er jemanden, der sich um ihn kümmert, der da ist, dem er voll vertrauen und mit dem er gemeinsam durchs Leben gehen kann. Es ist eine kleine Bemerkung aus dem Interview, die mir noch länger nachhängt. Seiner Frau habe er erst nichts von dem sexuellen Übergriff erzählt – aus Sorge, sie könnte sich abwenden. Erst durch das Buch hat sie sein volles Leid erfahren. Ich nehme es als Bestätigung dessen, was ich in vielen Interviews erlebe: Selbstzweifel und das Gefühl, nicht gut zu sein oder selbst Schuld zu haben, sind übermächtig bei denen, die ihr frühes Leben in der Obhut der Jugendhilfe verbringen mussten.

Der Jugendwerkhof Neues Leben in Wolfersdorf

Das Wasserschloss Wolfersdorf im thüringischen Holzland ist heute ein beliebtes Ausflugsziel. Kurfürst Johann Friedrich I., auch Friedrich der Großmütige genannt, ein Förderer der Reformation und Martin Luthers, ließ das Jagdschloss Mitte des 16. Jahrhunderts errichten. Er nannte es »Zur fröhlichen Wiederkunft«. Im Schmalkaldischen Religionskrieg war Johann Friedrich an der Spitze der protestantischen Fürsten vernichtend geschlagen, gefangen genommen und zum Tode verurteilt worden. Als er nach fünf Jahren Haft 1552 freikam, traf er in Wolfersdorf seine Gemahlin wieder, daher der Name des Schlosses. Johann Friedrich verlor die Kurwürde und große Teile seines Landes, durfte aber als Herzog von Sachsen in Weimar weiter regieren.

Schloss Wolfersdorf steht in Trockenborn bei Stadtroda als architektonisches Juwel auf einer Insel in einem kleinen See. Auch in der Geschichte der DDR ist der Ort einzigartig. Denn der letzte Schlossherr, Herzog Ernst II. von Sachsen-Altenburg, wurde unter sowjetischer Besatzung nach dem Zweiten Weltkrieg zwar enteignet, behielt aber lebenslanges Wohnrecht in Wolfersdorf. Er starb 1955 als Bürger der DDR. Das Schloss war Volkseigentum und beherbergte ab 1961 einen Jugendwerkhof mit bis zu 200 Bewohnern. Er zählte damit zu den größeren Einrichtungen. Ein Tagesablaufplan aus den 1970er Jahren zeigt das straffe Programm:

Montag bis Freitag 5.30 Uhr: Wecken, Frühsport, Dusche, Reinigung des Reviers, Abnahme der Reviere, Frühstück. 7–16 Uhr: Schule bzw. Arbeit, 17 Uhr: Je nach Wochentag *Aktuelle Kamera*, Bildungsstunde, Problemdiskussion, Arbeitsgemeinschaften, FDJ-Arbeit, Arztbesuch, Post- und Zeitungsausgabe. Danach Abendessen. Nach einem siebzehnstündigen durchgetakteten Tag begann um 22 Uhr die Nachtruhe. Freizeit gab es zweimal die Woche, mittwochs ab 19.30 Uhr und freitags ab 20 Uhr.

Einen hohen Stellenwert nahm die vormilitärische Ausbildung ein: »Alle Jugendlichen nehmen aktiv an der vormilitärischen Ausbildung teil und stellen ihre Bereitschaft, die sozialistische Heimat zu verteidigen, unter Beweis«. So sah es der Jahresarbeitsplan für Wolfersdorf vor.[4] Zwei Stunden pro Woche war für die vormilitärische Ausbildung vorgesehen. Nach der Wende wurde die Einrichtung in Jugendlernhof umbenannt.

Im Frühjahr 1987 erhielt der Fotograf Thomas Sandberg einen spektakulären Auftrag: Im Auftrag des Ministeriums für Volksbildung sollte er für einen Artikel unter dem Titel »Hilfe für draußen«, der zum hundertzehnten Geburtstag des sowjetischen Pädagogen Anton Makarenko in der *Neuen Berliner Illustrierten* erschien, eine Fotoreihe im Jugendwerkhof Wolfersdorf aufnehmen. Der Fotograf wusste nicht, was ihn erwartete; er war überrascht und beeindruckt, erinnert er sich heute. »Wie Wildpferde, die domestiziert werden sollten«, seien ihm die Jugendlichen vorgekommen. Während seines Aufenthaltes kam es zu einem heftigen Disput zwischen einem Erzieher und einem Jugendlichen, der sich vor aller Augen nackt ausziehen und seine Sachen packen musste. Er kam in die Arrestzelle, um dort auf seine Verlegung nach Torgau zu warten. Der Fotograf hielt den Moment der Entkleidung fest. In diesem Moment, so sagte er später, war ihm klar, dass hier nichts inszeniert war, er war Zeuge einer »normalen« Begebenheit.

Der Artikel in der *Neuen Berliner Illustrierten* wird mit einem Makarenko-Zitat eingeleitet: »Nicht nur, was ihr werdet, ist wichtig, sondern wie ihr werdet: standhaft oder wankelmütig, besonnen oder leichtfertig, einsatzbereit oder nur auf den eigenen Vorteil bedacht. Daran wird sich zeigen, wie unser Kollektiv tatsächlich gearbeitet hat.« Der Artikel beschreibt die vierzehnjährige Manuela, die mit »verhaltenem Trotz« auftritt, die aus schlechten Familienverhältnissen stammt und sich nirgends mehr einfügt. Der Artikel schildert den Jugendwerkhof als »Wohnheim, Schule und Lehrwerkstatt für die, die Hilfe brauchen – Lebenshilfe«.

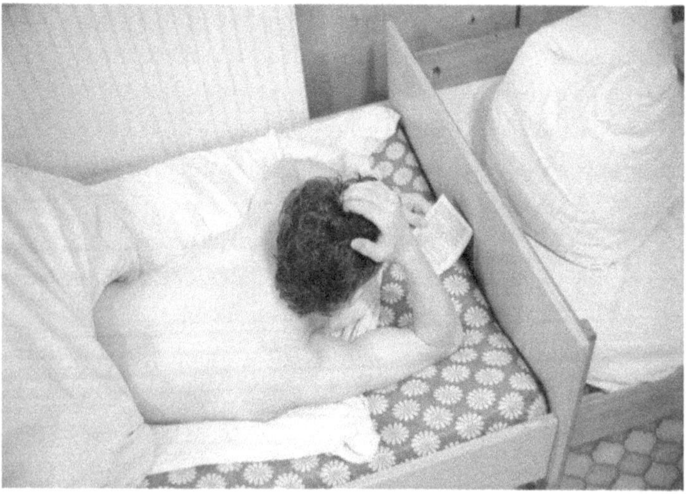

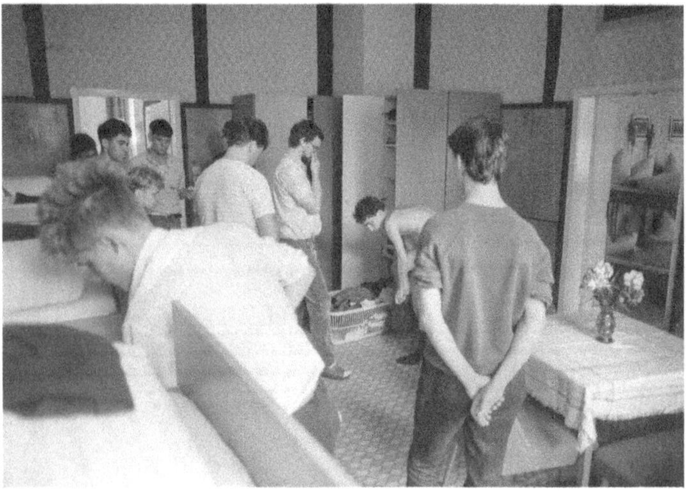

Abb. 8–15: Fotos von Thomas Sandberg

Die äußeren Umstände sind in leuchtenden Farben beschrieben: »Der Jugendwerkhof Wolfersdorf befindet sich in einem ehemaligen Fürstenschloß, mitten im Naturschutzgebiet. Nur lichter Mischwald umgibt ihn, kein Gitter, nicht mal ein Zaun. Fenster und Türen nach ›draußen‹ stehen offen.« Auch der Bericht über den Alltag im Jugendwerkhof erweckt den Eindruck einer friedvollen Welt: »Die Jugendlichen hier mögen Besuch. Keine Angst vor der Kamera«. Doch der Artikel schildert auch den »straffen Tagesrhythmus« und den militärischen Drill. Am deutlichsten wird die Divergenz zwischen Theorie bzw. Darstellung und Praxis bzw. Resultat bei einem Bild, das Jugendliche zeigt, wie sie Zuckertüten (im Westen Schultüte genannt) von einem Baum pflücken, und der Bildbeschreibung, die da lautet: »Für manchen hier ist es die erste Zuckertüte seines Lebens, die er zum Lehrbeginn von seinem Erzieher erhält. Gleich bei ihrer Ankunft haben die Mädchen und Jungen einen Lehrvertrag unterschrieben. Zur Auswahl stehen sechs Berufe: Möbelbauer, Vordreher, Wirtschaftspfleger, Maurer, Maler oder Klempner.«

Die im Schloss Fröhliche Wiederkunft praktizierte Jugendhilfe hat nach der Wende auch akademisches Interesse geweckt. An der Humboldt-Universität zu Berlin entstand 2008 eine Staatsexamensarbeit, die 2010 auch als Buch erschien. Darin ist zu lesen, dass das System der offenen Bewertungen und Kollektivstrafen, das wiederum die Bestrafung des Einzelnen durch die Gruppe nach sich zog, auch in Wolfersdorf zu dramatischen Szenen führte. So versuchte sich ein Jugendlicher, der Leitungsmitglied der FDJ war, 1963 das Leben zu nehmen, »weil er die dauernden Repressalien von Seiten der Brigademitglieder nicht mehr ertragen konnte«.[5]

»Nie wieder mit dem Vater allein«

Vom Versagen des Elternhauses

Ihre frühe Kindheit sei gut gewesen, erzählt Renate. Zu Hause gab es allerdings auch Prügel mit der Pferdepeitsche. Als sie ungefähr elf ist, beginnt der Missbrauch durch ihren Vater. Sie wird auffällig, klaut, schreit auf ihre Art um Hilfe. Die Jugendhilfe, durch die Schule verständigt, greift ein und bringt sie im Kinderheim Bonnewitz unter, wo Renate die siebte und achte Klasse einer normalen Schule besucht.

»Meine Eltern brachten mich dahin, meine Mutter, ich glaube, die hat mich nochmal gedrückt und dann ging sie. Die haben sich auch beide – es war ein langer Weg nach unten, durch einen Park bis runter, wo man eben auch vom Fenster aus gucken konnte – die haben sich nicht einmal umgedreht. Ich gehe mal von meiner heutigen Gedankenwelt aus, ich glaube, ich war erleichtert, meinen Vater nicht mehr zu sehen, bei meiner Mutter war das vielleicht noch ein bisschen anders.«

Renate lernt in den nächsten Tagen die Welt des Kinderheims kennen, die Hierarchie, den Umgang untereinander: »Die ersten Tage hatten wir so gut wie keinen Kontakt zu anderen Kindern, weil das dauert ja alles ein bisschen. Wir hatten ein, zwei Größere, die auch schon sehr lange da waren. Die hatten dann alles, was du als Kind einer kinderreichen Familie nicht hattest, und dann hast du von der mal das Parfum geklaut oder mal das Deo, da hast du eine Tracht Prügel gekriegt, ja, aber das hat sich dann ganz schnell eingepegelt.«

Das Kinderheim tut Renate gut, sie beschreibt die geregelte Ordnung, das tägliche Zähneputzen und die Sauberkeit als wohltuend. »Die Kinderheimzeit war super, also die ersten zwei Jahre. Ich habe Ordnung und Sauberkeit gelernt, kannten wir nicht. Wir hatten eine riesengroße Küche mit einer Zinkbadewanne, samstags dann gingen alle, wie die Orgelpfeifen, einer nach dem anderen hinein. Da kam mal ein bisschen Wasser raus, neues heißes dazu, der letzte kam dreckiger raus als er reingegangen ist.«

Dann wird Renate wieder ins Elternhaus entlassen. Zu ihrer Überraschung und Enttäuschung darf sie die neunte und zehnte Klasse nicht an der alten Schule absolvieren, muss stattdessen ohne Ausbildung anfangen, voll zu arbeiten. »Meine Mutter hat im FDGB-Ferienheim gearbeitet und die hat dann dafür gesorgt, dass ich dort in der Küche arbeite. Also ohne Lehre gleich voll anfangen. Jeden Morgen bin ich in die Küche gekommen, mein Küchenchef hat gesagt: ›Da stehen zehn Kilo Zwiebeln, die musst du machen, hinten auf dem Hof, dann zwanzig Kilo Kartoffeln, das ist deine erste Aufgabe.‹ Also, ich bin nach einer Woche rumgerannt, als ob ich nur noch heulen würde.« Mit der ungewohnten harten Arbeit überfordert und erneut den sexuellen Übergriffen ihres Vaters ausgesetzt, rebelliert Renate. Sie bleibt der Arbeit fern, reißt immer wieder von zu Hause aus, treibt sich herum. Erneut greift die Jugendhilfe ein, bringt die mittlerweile Vierzehnjährige im Jugendwerkhof Lilo Hermann in Rödern, einem Ortsteil von Ebersbach nordwestlich von Dresden, unter.

»Als ich das erste Mal nach Rödern gekommen bin, hat man mich in einen Gruppenraum gesetzt, da wurde mir ein Mädchen zur Seite gesetzt, das hieß Gudrun.« Das Mädchen erzählt ihr von den strengen Regeln, dass man bei Regelverletzungen in den Arrest muss. Renate wird es flau. Die Gitter vor den Fenstern erschrecken sie und keine zwei Stunden nach ihrer Einweisung ergreift sie die erste sich bietende Gelegenheit zur Flucht. Sie klettert aus dem Klofenster, als sie entdeckt, dass dieses nicht vergittert ist. Renate rennt über den Hof, klettert über den Zaun und zieht sich kurzerhand bis auf die Unterhose aus, als sie vor einem Bach steht. Das Kleiderbündel wirft sie auf die andere Seite, durchquert den Bach und rennt ohne Kenntnis der Gegend quer über die Felder. Nur weg von diesem Ort, ist ihr Gedanke. Doch die Flucht währt nur kurz, Renate wird aufgegriffen und erhält sofort drei Tage Arrest. Danach lernt sie den Alltag im Jugendwerkhof kennen. Es gibt kleine Cliquen, die sich gegenseitig bekriegen, einen richtigen Zusammenhalt gibt es nicht. Auf meine Frage nach dem Verhalten der Jugendlichen untereinander zieht sie scharf die Luft ein und sagt: »Zickig. Ganz, ganz zickig. Also, Weiber untereinander.« Bis heute, sagt sie, arbeitet sie lieber mit fünfzehn Männern als mit einer Frau.

Sie wird zur Lehre in die Druckerei Völkerfreundschaft nach Dresden geschickt, einen Abschluss erhält sie nicht. Vermutlich, so sagt sie, war sie zu selten da. Die Jugendlichen arbeiten in drei Schichten, früh, spät und nachts. Ein Bus kommt auf den Hof gefahren, erst, wenn alle eingestiegen sind und die Tür geschlossen ist, öffnet sich das Tor. Renate erinnert sich, dass sie schon um vier aufstehen musste, wenn sie Frühschicht hatte. »Man duscht schnell oder wäscht sich, Zähneputzen, dann geht man runter in den Speisesaal zum Frühstück, da waren schon so fertige Tabletts, da stand eine Tasse drauf, ein Teller und Besteck, und dann bist du ans Buffet rangegangen und hast dir dein Zeug genommen und musstest dran denken, dass du ja auch Brote brauchtest, also für die Arbeit. Dann hast du deine Brote schnell geschmiert, hast deinen Kaffee geschlürft, deine Bemme gegessen und dann hat schon der Bus gehupt.«

Nach der Arbeit gab es etwas Warmes zu essen. Dann konnten die Mädchen im Gruppenraum fernsehen, lesen oder spielen. Auch Aktivitäten wie Basteln oder Malen waren möglich. Diese Zeit ist etwas freier gestaltet, sodass die Mädchen, wenn sie wollen, auch einfach im Bett liegen und reden können. Wer gut arbeitet und sein Pensum schafft, erhält ab und zu Ausgang in die Stadt. Wer sich nicht an die Regeln hält oder negativ auffällt, bekommt Rauchverbot, darf nicht an den Filmvorführungen teilnehmen oder muss in den Arrest. Einmal im Monat musste Renate einen Brief an das Jugendamt schreiben. Zum Inhalt gehörten ein Bericht über den

Tagesablauf, über ihre Verfehlungen, die Versicherung, dass sie sich bessern wolle. Ihren Eltern schreibt sie nicht.

Renate flieht mehrmals aus Rödern, landet schließlich mit fünfzehn Jahren für viereinhalb Monate im Geschlossenen Jugendwerkhof Torgau. Torgau kennt sie bis dahin nur vom Hörensagen, erinnert sich, dass man manchmal ein Mädchen gesehen hat, das ganz still war, und dann gefragt hat: »›Was ist denn mit der? Warum redet die nicht?‹ Und dann hat man immer bloß so hinter vorgehaltener Hand geflüstert ›Die war in Torgau.‹ Torgau war für mich ein unbekanntes Land. Deswegen habe ich auch gedacht: ›Naja, gut, dann kommst du in den nächsten Werkhof, da haust du wieder ab.‹ Ja, als ich dann natürlich diese vier Meter hohen Mauern mit Glassplittern und Stacheldraht obendrauf gesehen hab und die Eisentore hinter mir zugingen, war mir klar, dass ich da nicht abhauen kann, es gab keinen Weg. Ich war aber immer der Meinung, die brechen mich nicht, die überstehst du, die viereinhalb Monate, die packst du und dann gehst du wieder zurück. Hat auch so funktioniert, also, nach den viereinhalb Monaten bin ich wieder zurück in meinen Stammjugendwerkhof.«

In Torgau erlebt Renate die Gruppenbestrafungen und die Aggressionen untereinander: »Wir hatten eine Mädchengruppe, waren aufgeteilt in zwei Schlafräume, da war man nachts eingeschlossen, und wenn du neu warst oder deine Arbeitsleistung nicht so gut war, dann hast du nachts zuerst mal Keile gekriegt im Schlafraum.« Renate beschreibt, dass Kleine und Schwache besonders drangsaliert wurden: »Mir selber ist es nicht passiert, bin ich ehrlich, vielleicht konnte ich mich irgendwie einfach immer durchsetzen oder ich habe alles mit Fäusten geregelt. Aber nach mir gab's mal eine, die war auch so klein und zierlich und die kam ganz neu in die Gruppe, in unseren Schlafraum. Die war richtig eingeschüchtert, der haben sie abends als Bestrafung den Pisskübel ins Bett gekippt.« Renate erinnert sich an die Schikanen beim Putzen, wenn die Mädchen den Fußboden mit Zahnbürsten scheuern mussten: »Dadurch, dass man diese schwarzen Arbeitsschuhe hatte, waren sofort wieder schwarze Striemen auf dem Boden. Also, wenn da zweie übern Gang gelaufen sind, nachdem du geputzt hattest, und dann kam der Erzieher, sagte der: ›Du hast es nicht richtig gemacht. Du fängst noch mal an.‹« Auch an die Bestrafungen durch Sport erinnert sich Renate mit Schrecken: »Du hast Hanteln in der Hand gehabt und musstest rennen, rennen, rennen, egal, ob es geregnet hat, ob es geschneit hat, ob 40 Grad draußen waren im Hof, du bist gerannt. Und wehe dem, einer hat nicht mitgezogen, dann hat die ganze Gruppe Strafe gekriegt. Je nachdem, was für ein Erzieher da war, hat der dich dann noch einzeln bestraft. Das heißt, du bist im Entengang drei Etagen hoch, drei Etagen runter, Wand und Geländer rechts und links durftest du nicht berühren, wenn's ging, noch die Hände hinterm Kopf verschränkt und dann im Entengang mit deinen schweren Arbeitsschuhen ohne Schnürsenkel.«

Mehrmals muss Renate in den Arrest. Sie erinnert sich, wie sie auf dem nackten Fußboden lag, denn die Pritsche war tagsüber an die Wand geklappt. Außer einem Kübel und einem Hocker war die Zelle leer. Sie singt, schreit, redet mit sich selbst oder dem in der Zelle daneben, wenn sie belegt ist. Wenn die Tür aufgeschlossen wird, muss sie sofort strammstehen und Meldung machen: »Jugendliche X, vier Tage Arrest wegen Blablabla, zwei Tage vergangen.« Nicht selten wird der Arrest verlängert, weil sie verbotenerweise gesungen oder geschrien hat. Einmal spielt sie so lange mit ihrem Hosenknopf, bis dieser sich löst. Sie nutzt ihn als Malwerkzeug und ritzt Liedtexte in die Zellenwand. Als die Erzieherin kommt, macht sie wie immer ihre Meldung. Der Erzieherin fällt auf, dass der Knopf ab ist und bringt Renate Faden und Nadel. Renate näht den Knopf an und schiebt sich die Nadel anschließend unter die Haut. Als die Erzieherin wiederkommt, sucht sie erfolglos die Nadel. Renate muss sich sogar nackt ausziehen – doch die Nadel bleibt verschwunden. »Dann haben sie mich zum Doktor geschickt, haben röntgen lassen.« Beim Röntgen ist nichts zu sehen. Daraufhin erhält sie vierzehn Tage lang nur Sauerkraut zu essen, die Erzieher befürchten, sie habe die Nadel verschluckt. Nachdem sie aus dem Arrest entlassen wurde, versucht Renate, die Nadel wieder zu entfernen, ritzt sich immer wieder die Haut auf, doch die Nadel steckt fest, sie kann sie nicht mehr rausholen. Die Haut entzündet sich und letztlich muss sie zu einem Arzt, der die Nadel entfernen kann. Die Narbe hat sie heute noch, Renate zeigt sie mir. Ein anderes Mal bricht sie einen Aluminiumlöffel in kleine Teile und schluckt diese. Sie hofft, so eine Aluminiumvergiftung zu bekommen und vorzeitig aus dem Arrest entlassen zu werden. Doch dieser Plan schlägt fehl, die Vergiftung bleibt aus.

Als besonders beschämend hat sie die fehlende Privatsphäre in Erinnerung. Dass männliche Erzieher den Mädchen bei Toilettengängen und beim Duschen zusehen und dass die Mädchen einzeln nach Binden fragen müssen, wenn sie ihre Periode haben. »In Rödern war das okay, in der Toilette oder im Waschraum stand ein Schrank, wo die Damenbinden drin waren, da konntest du dich bedienen. In Torgau musstest du jedes Mal den Erzieher ansprechen ›Ich brauch bitte eine neue Binde‹. Dann hat er dir eine gegeben. Irgendwo war das Selbstwertgefühl nicht mehr da, man war wirklich nichts wert.«

Renate übersteht die viereinhalb Monate und kehrt in ihren Stammjugendwerkhof Rödern zurück. Ein Jahr später wird sie noch einmal für sechs Monate nach Torgau eingewiesen. »Ich war Wiederholungstäter, also war alles strenger, schärfer, die Bestrafungen waren härter oder länger. Während meines Aufenthalts wurde ich siebzehn. Zu meinem Geburtstag war ich im Arrest und da habe ich nächtlichen Besuch gekriegt, [ein Erzieher] stand direkt bei mir in der Zelle, hat mich sexuell missbraucht. Am nächsten Morgen hab ich ganz normal mein Morgenritual vollzogen und als [ein anderer] Erzieher Frühstück brachte, hab ich mir erlaubt, dem das zu erzählen. Dann habe ich zwei Tage Arrestverlängerung bekommen wegen ›Belügen des Erziehers‹.«

Sie kommt gebrochen aus dem Arrest, ab diesem Zeitpunkt, so sagt sie, habe sie nur noch funktioniert. »Ich habe alles gemacht, was die wollten, ich habe überhaupt nicht mehr gemeckert, ich bin nicht mehr aufmüpfig gewesen, ich war die Arbeitsbeste, ich war die Wochenbeste, ich war Brigadeleiter nachher, also, ich habe wirklich nur noch funktioniert. Nur mit dem Gedanken ›Du schaffst die sechs Monate und dann hast du nicht mehr lange, bis du achtzehn bist‹«.

Zurück im Jugendwerkhof Rödern flieht Renate dann aber doch noch einmal, wird schwanger. Beim gemeinsamen Duschen spricht die Erzieherin sie auf ihre letzte Periode an: »›Renate, nach dem Duschen kommst du bitte mal […]‹ Ich sage: ›Was ist denn jetzt?‹ Man ist als Jugendliche ja so pampig und vorlaut und ich sage: ›Nee, warum? Was habe ich denn jetzt schon wieder gemacht?‹ Man hat ja immer gleich gedacht, man kriegt die nächste Strafe.« Die Erzieherin spricht sie direkt an, ob sie schwanger sein könnte und geht diesem Verdacht nach. Ein Frauenarzt bestätigt die Schwangerschaft und Renate wird in ein Mutter-Kind-Heim nach Güstrow überstellt. Dort bekommt sie dann ihr Baby.

Die Zeit im Mutter-Kind-Heim genießt sie. Der Kontakt zum Kindsvater ist bereits abgebrochen – das Letzte, was sie von ihm weiß, ist, dass er einen Kinderwagen bei ihren Eltern abgegeben hat und sagte, er müsse in Haft. Ihr Vater bringt den Kinderwagen im Mutter-Kind-Heim vorbei, will den Enkel kurz ansehen. »Natürlich habe ich mich gefreut, ohne an irgendwelche vergangenen Situationen zu denken, die Eltern waren die Eltern, ich meine, das sind sie heute noch, egal, was war. Ich habe mich bedankt und dann hat er nur gesagt: ›Dann musst du eben wieder heimkommen.‹« Damit ist das Thema für das Jugendamt erledigt, Renate kehrt ins Elternhaus zurück. Sie bekommt vom Jugendamt eine Arbeit bei der Deutschen Reichsbahn als Weichenreinigerin zugewiesen, das

Kind erhält einen Krippenplatz »Ich habe immer versucht, nie alleine zu sein mit meinem Vater, ich habe mir sofort wieder einen neuen Freund gesucht, der kam dann regelmäßig. Also ich war eigentlich nie wieder mit meinem Vater allein.«

1978 bekommt Renate noch einen Sohn. Der nächste Schicksalsschlag erfasst sie, als ihr großer Sohn Simon drei Jahre alt ist. Die Schwester in der Wochenkrippe, in der ihre beiden Kinder betreut werden, sagt ihr, Simon solle zur besseren Betreuung in der Krippe bleiben. Das wäre auch wegen der Ansteckungsgefahr für ihren anderen Sohn und sie selbst sicherer. Als sie nach drei Wochen nach ihrem Sohn fragt, ist eine neue Schwester in der Krippe und teilt ihr mit, dass Simon schon seit drei Wochen nicht mehr da ist. Er lebe mittlerweile bei einer Pflegefamilie. Renate wird nach Hause geschickt. Völlig außer sich, angesichts der Erkenntnis, dass ihr ihr Kind weggenommen wurde, fährt sie mit ihrem Vater zum Amt für Jugendhilfe nach Pirna. »Das mein Vater mit dem LKW nicht in das Gebäude reingeknallt ist, das war aber auch alles. Da haben wir Hausverbot gekriegt. Und wie gesagt, ich weiß bis heute noch nicht, wie das alles zustandekommt. Im Nachhinein hat's irgendwo geheißen, ich hätte eine Adoption unterschrieben.« Wie sie die ersten Jahre danach übersteht, weiß Renate heute selbst nicht mehr. »Die Liebe zum Kleinen wahrscheinlich«, sagt sie. Sie unternimmt immer wieder Versuche, ihren Sohn zu finden, alle bleiben erfolglos. Erst viele Jahre später, als ihr Sohn bereits erwachsen ist, findet sie ihn durch einen Zufall wieder. Er fällt aus allen Wolken, wusste nichts von seiner Adoption. Ein klärendes Gespräch mit den Adoptiveltern erfolgt nie, dem Sohn zuliebe verzichtet Renate darauf. Heute haben die beiden guten Kontakt.

1989 zieht sie in den Westen, nach Baden-Württemberg. Zunächst putzt sie in einer Massagepraxis, später arbeitet sie in einer Druckerei. Die Atmosphäre dort gefällt ihr gut. Man wird akzeptiert – für sie eine neue Erfahrung. 1993 holt sie ihre Eltern nach. »Immer noch in dem Glauben, du hast was gutzumachen an den

Eltern. Also, ich meine, ich war ja nun schon dreißig, aber immer noch in dem Glauben, deine Eltern haben so viel Geld für dich bezahlt während deiner Kindheit. Weil mein Vater immer erzählt hat: ›Ja, für dich habe ich ein Haus und ein Auto verkauft.‹ Was ich so sinnbildlich immer verstanden habe, jedes Mal, wenn er mich von der Polizei hat suchen lassen müssen, kostet das Geld, aber die waren kinderreich, die haben nie einen Cent für mich bezahlt, das habe ich hinterher erst erfahren.«

Zu einer Aussprache mit den Eltern kommt es nie: »Meine Eltern haben mich nie gefragt, wirklich nie gefragt: ›Wie war es im Kinderheim? Was hast du erlebt?‹ oder ›Wie war es im Werkhof?‹ Genauso habe ich nie die Möglichkeit beim Schopf gepackt.« Die eigene Geschichte mit den Eltern, den Missbrauch durch den Vater verdrängt sie lange Zeit, fühlt sich selbst auch schuldig an der ganzen Sache. »Weil ich hätte ja keinen Minirock anziehen brauchen. Der Gedanke, dass das unverschuldet geschehen ist, den habe ich erst, seit ich mit der Aufarbeitungskommission gesprochen habe, und das war 2017.«

In der Gedenkstätte Geschlossener Jugendwerkhof Torgau nimmt Renate an Gesprächen der Betroffeneninitiative teil. Ihren ersten Weg dorthin hat sie noch vor Augen: »Ich habe ja fast vierzig Jahre gebraucht, ehe ich das Haus überhaupt wieder betreten konnte. Ja, also, und da ging mir, auf Deutsch gesagt, der Arsch auf Grundeis. Weil ich wirklich nicht gewusst habe, was erwartet mich hinter den Türen, und ich habe die erste Zeit, wo ich das Haus betreten habe, gute drei Stunden in meinem Sessel gesessen und habe mir nur die Leute angeguckt, ich habe mit keinem ein Wort geredet, bis dann so meine innerliche Ruhe kam. Schon auf dem Weg dorthin, ich wurde immer unruhiger, ja, ich habe in dem Auto gesessen und die da gefahren ist, die hat dann gefragt: ›Geht's dir gut? Wollen wir eine Pause machen?‹ Ich sage, ja, ich würde eine rauchen. Dann alle fünf Kilometer haben wir eine Pause gemacht, also, wir haben, wo ich heute zwei Stunden bis Torgau fahre, vier Stunden gebraucht an dem Tag, ja, auf jeden Parkplatz, wo wir über die Autobahn gefahren sind, sind wir rausgefahren, rauchen. Und das wurde immer schlimmer, je näher man dem Torgau kam, und dann hat man auch wirklich an mir selber gemerkt, dass ich die Unruhe in Person bin, das war irgendwo, mir geht's aber heute noch so, ja also, wenn ich heute nach Torgau fahre, das ist immer so ein, so ein beklemmendes Gefühl. Ich weiß, dass da nichts mehr ist, aber [...]«

Renate ist psychisch wie physisch schwer geschädigt, sie leidet an Depressionen, Schlaflosigkeit, Beklemmungen. Sie hat Schwierigkeiten, mit einem Fahrstuhl zu fahren. Als ein Lift einmal steckenbleibt, gerät sie in Panik. Bei nächtlichen Geräuschen jeder Art kontrolliert sie die Tür, die ohnehin alarmgesichert ist.

Als Renate 2013 auf den von der Bundesregierung eingerichteten Fonds zur Entschädigung ehemaliger Heimkinder aufmerksam wird, beginnt sie zum ersten Mal wirklich zu erzählen. Ihr erster Mann wusste, dass sie im Kinderheim und im Jugendwerkhof war, sprach ihr immer Mut zu, »den anderen« zu beweisen, dass sie doch »gar nicht so sei«. Die zehntausend Euro aus dem Fond hat sie erhalten, aber ein Trost ist es nicht: »Was man an einer Kinderseele kaputtmacht, das kann man mit keiner Million, mit keinen fünf Millionen gutmachen. Nicht nur das Seelische, sondern auch, dass man ja wirklich nichts mehr war, man hat sich selber zeitweise gefühlt wie ein Stück Dreck.«

Renate ist heute Mitglied in der Betroffeneninitiative Missbrauch in DDR-Heimen e.V. Sie spricht vor Schülern über ihre Heimzeit und beteiligt sich damit aktiv an der Aufarbeitung dieses düsteren Kapitels der DDR-Jugendhilfe.

Der Jugendwerkhof August Bebel in Burg bei Magdeburg

Im Jahr 1913 errichtete der Provinzialverband der preußischen Provinz Sachsen das Gut Lüben bei Burg als Landeserziehungsanstalt. Hier waren in den 1920er Jahren bis zu vierhundert männliche Jugendliche evangelischer Konfession untergebracht. Einweisungsgründe waren vornehmlich Diebstahlsdelikte und häusliche Verwahrlosung. Im Gut Lüben sollten sie nach dem Leitsatz »Bete und arbeite« zu Tätigkeiten in der Landwirtschaft ausgebildet werden. Etwa fünfhundert Morgen Land standen zur Selbstversorgung zur Verfügung. Die Jugendlichen wurden in anstaltseigenen Betrieben eingesetzt. Ein Gebäude, das Feste Haus, diente als Arrest zur haftähnlichen Unterbringung sogenannter schwer erziehbarer Jugendlicher.

1933 wurden die konfessionelle Leitung und das Personal durch Mitglieder der NSDAP ersetzt und das Gut als Landeserziehungsheim Gut Lüben bei Burg weiterbetrieben. An die Stelle der kirchlichen Ausrichtung traten militärische Geländespiele, Appelle und körperliche Ertüchtigung. Eine unbekannte Zahl an Insassen wurde gemäß dem Diktat der NS-Rassenhygiene zwangssterilisiert. Ab Mai 1945 diente das Gut als Kaserne und Lazarett der Roten Armee mit einer Heilanstalt für Tuberkulosekranke. Parallel lebten noch einige Jugendliche in den Häusern. Als die Rote Armee 1948 abzog, diente die Liegenschaft wieder als Landeserziehungsheim Gut Lüben. 1949 wurde daraus ein Jugendwerkhof. Als Namenspatron wurde der SPD-Vorsitzende August Bebel (1840–1913), einer der Gründerväter der Arbeiterbewegung, missbraucht.

Mit 240 Plätzen war die Einrichtung der größte Jugendwerkhof der DDR. Jeweils fünfzehn bis zwanzig Jungen oder Mädchen lebten in einer Gruppe zusammen. Die durchschnittliche Aufenthaltsdauer betrug zwei bis vier Jahre. Die Jugendlichen waren neben der Landwirtschaft auch in der Gärtnerei, Tischlerei, Stellmacherei oder Klempnerei beschäftigt.

Arbeit und Kollektiverziehung prägten das Leben im Jugendwerkhof. »Das Schlimmste«, so erinnert sich Volkmar Jenig, der 1968 für eineinhalb Jahre nach Burg in den Jugendwerkhof eingewiesen wurde, »war die Angst vor der Bestrafung durch die Gruppe. Es kann sich keiner vorstellen, wie schlimm das war«.[6] Die Jugendlichen mussten neben ihrer produktiven Arbeit in Betriebsstätten auch im Jugendwerkhof helfen. Sie putzten, hatten Küchendienst und verrichteten weitere ähnliche Arbeiten.

Insbesondere in den 1950er und 1960er Jahren unterhielt der Jugendwerkhof Burg viele Außenstellen in der Nähe von Ausbildungsbetrieben, z. B. in Gerwisch, Iden und Rogätz. Die Kapazität steigerte sich nach und nach. Durch häufige Umstrukturierungen und nach Problemen mit einzelnen Betrieben wurden immer wieder Außenstellen geschlossen und neue eröffnet. Die Berufsausbildung erfolgte nur in benötigten Berufszweigen des Handwerks und der Landwirtschaft.

1981 erreichte ein Brief zweier geflüchteter Jugendlicher an Margot Honecker den Rat des Bezirkes Halle, Referat Jugendhilfe. Die beiden waren ein Paar und erwarteten ein Kind; das Mädchen war im vierten Monat schwanger. Sie baten die Ministerin um Hilfe. Sie seien verlobt und mehrfach geflüchtet, weil die Erzieher ihre Liebe zu unterbinden versuchten. Nun hätten sie Angst, in den Geschlossenen Jugendwerkhof Torgau verlegt zu werden. Für diesen Fall drohten die beiden mit Selbstmord. Die Vorwürfe wurden seitens des Jugendwerkhofes als unbegründet zurückgewiesen, eine Verlegung nach Torgau sei nicht geplant. Beide sollten bis zu ihrem achtzehnten Geburtstag im Jugendwerkhof Wittenberg verbleiben. Der Schwangeren sollten leichtere Arbeiten zugewiesen werden und sie könne ihre Berufsausbildung vollenden. Im Februar 1982 schrieb sie erneut an die Ministerin. Die Erzieher hatten jedes Treffen der beiden unterbunden, verzweifelt flohen sie mehrfach.

Abb. 16: Ankündigung einer Reportage über den JWH August Bebel in Burg bei Magdeburg, 2019

Dem Mädchen drohten die Erzieher, ihr das Kind wegzunehmen. Zu diesem Zeitpunkt war ihr Freund wieder flüchtig. In einem Schreiben des Rates des Bezirkes Halle von April 1982 wurde eine »Konzeption zur Verbesserung der Erziehungssituation und der Leitungstätigkeit« angekündigt, denn Eingaben von Jugendlichen und viele Fluchtversuche würden auf deutliche Missstände im Jugendwerkhof hindeuten.

Nach der Wende wandelte das Land Sachsen den ehemaligen Jugendwerkhof in ein Landesjugendheim um. 1991 ging es in die konfessionelle Trägerschaft der Diakonie über. Heute werden dort Kinder, Jugendliche, junge Migranten und junge Mütter aus problematischen Familienverhältnissen betreut.

»Indira Ghandi ist schwanger«

Die Entwicklung eines Hochbegabten zum Störenfried

Detlef, ein ehemaliges Heimkind, lerne ich bei einer Veranstaltung in Leipzig kennen. Dort wollen ein Historikerkollege und ich unser Zeitzeugenprojekt vorstellen, mit dem wir eine Vielzahl von Stimmen ehemaliger DDR-Heimkinder sammeln und archivieren wollen. Eine Mitarbeiterin der Gedenkstätte Geschlossener Jugendwerkhof Torgau, an die unser Interviewprojekt angebunden ist, und eine Zeitzeugin begleiten uns; in einem Podiumsgespräch wollen wir auch eine Betroffene zu Wort kommen lassen. Zu Beginn der Veranstaltung sind nur zwei Menschen im Veranstaltungssaal der Runden Ecke – einem Museum über Geschichte, Struktur und Arbeitsweise des Ministeriums für Staatssicherheit, das im Gebäude der ehemaligen Bezirksverwaltung für Staatssicherheit untergebracht ist. Gerade wollen wir die beiden Anwesenden bedauernd nach Hause schicken, als doch noch eine Gruppe von drei Personen auftaucht. Wir entschließen uns kurzerhand, ein Gespräch zu führen, statt vom Podium herunter das Programm abzuarbeiten. Die Stimmung wird schnell hitzig. Es stellt sich heraus, dass ausschließlich ehemalige Heimkinder (und deren Partner) anwesend sind. Einer verliest einen Brief, in dem er die Politik hart angeht, auf tatsächliche Missstände hinweist, aber leider auch im AfD-Jargon gegen »die Volksverräter« hetzt. Die anderen Teilnehmerinnen und Teilnehmer sind ebenfalls durchaus streitbar und die Stimmung ist sehr emotional. Es geht vor allem um die Deutungshoheit, weniger darum, historische Sachverhalte und deren Wirkungen zu klären. Einer bezichtigt Zeitzeugen, die öffentlich berichten, der Lüge und wirft ihnen vor, dass sie mitunter auch noch Geld für ihre Auftritte bekommen, also Kapital aus dem Erlebten schlagen. Auch unsere

Zeitzeugin wird gefragt, was sie denn für den Auftritt heute so bekäme – sie lässt sich verunsichern, ist später aufgewühlt und hat mit den kritischen und vorwurfsvollen Nachfragen, die ihr entgegenschlagen, zu kämpfen. Auch die Gedenkstätte wird scharf angegangen, sie tue zu wenig für die Betroffenen. Wir haben Mühe, die Stimmung wieder zu beruhigen und klarzumachen, dass viel von dem Geforderten – wie die Entschädigung und Begleitung der Betroffenen – einfach nicht in den Aufgabenbereich der Gedenkstätte fallen und deren Möglichkeiten überschreiten. Auf dem Heimweg sind wir erschöpft, aber auch bestärkt in unserem Anliegen, den Heimkindern eine Stimme zu geben, ihnen Aufmerksamkeit zu verschaffen und über die dramatischen Folgen ihrer Erlebnisse zu berichten. Auch Detlef, ein großer kräftiger Mann Ende sechzig, hat sich lautstark geäußert. Er ist ein Typ, der nicht hinterm Berg hält mit seiner Meinung und sich durchsetzen kann. Doch im Gespräch nach der Veranstaltung ist er sehr freundlich und interessiert an einem weiterführenden Kontakt. Er spricht noch eine ganze Weile mit meinem Kollegen und übergibt ihm einige Texte und Dokumente, die er mit sich führt. Er möchte uns gerne seine persönliche Geschichte erzählen und so verabreden wir uns zu einem Gespräch.

Als wir Detlef in Berlin wiedertreffen, wirkt er gar nicht mehr streitlustig und laut – so wie wir ihn in Leipzig kennengelernt haben. Er ist offen und herzlich. Wir sitzen draußen im Garten, da er Kettenraucher ist und schon vor dem Interview sagte, ohne zu rauchen könne er nicht reden.

Detlev wird 1952 als zweites von fünf Kindern geboren. Im Alter von vier Jahren zieht er zu seiner Oma und Patentante, da die elterliche Wohnung zu klein für ihn, seine Eltern und die vier Geschwister ist. Als die Eltern eine größere Wohnung erhalten, holen sie ihn zurück und für ihn bricht eine Welt zusammen. »Bei meiner Oma, bei meiner Tante, ja, da war ich der Prinz, da habe ich alles gekriegt, was ich brauchte oder was ein kleiner Junge so gern hat […] dann kam ich nach Hause, plötzlich musste ich teilen mit meinen Schwestern und das ging gar nicht, und dann gab's schon mal, na ja, die ersten, äh, Reibereien.«

Detlef ist ein aufgeweckter Junge, der bereits mit fünfeinhalb Jahren lesen und schreiben kann. In der Schule ist er unterfordert, passt nicht auf. Die Lehrer erkennen das Problem – er soll die dritte Klasse überspringen, um gefordert zu werden. Es gibt sogar einen Zeitungsartikel über den begabten Jungen. Der Mathematiklehrer holt den Zweitklässler in eine vierte Klasse, wo er Matheaufgaben vorrechnen soll. Doch die Schulleitung entschließt sich, ihn nicht überspringen zu lassen, die Betragensnoten sind zu schlecht. Freunde sucht Detlef unter den älteren Kindern, mit Gleichaltrigen hat er wenig im Sinn, in der Klassengemeinschaft bleibt er ein Außenseiter. Es ist ein gewalttätiges Elternhaus, in dem er aufwächst, die Erziehungsmaßnahmen seiner Eltern bestehen »praktisch nur aus Dresche«, das bleibt nicht spurenlos. Detlef wird immer verstockter.

Später schildert Detlef bewegt eine kleine Szene, die ihn, wie er selbst sagt, sehr geprägt hat: Zu Nikolaus putzen er und seine drei kleinen Schwestern ihre Schuhe und stellen sie raus. Doch während die Schwestern am nächsten Morgen Süßigkeiten in ihren Schuhen entdecken, findet Detlef einen Zettel, auf dem »Bessere dich!« steht. Dieses »Bessere dich!« wird ihn seine ganze Kindheit und Jugend hindurch verfolgen.

Der Junge reißt immer wieder von zu Hause aus, treibt sich in der Gegend herum. Sport ist seine große Leidenschaft, er fährt Radrennen und boxt – beides mit großem Erfolg. Gerade, als er sich entscheiden muss, welchen Sport er professioneller betreiben will, gerät er ins Visier der Jugendhilfe und wird mit dreizehn Jahren ins Kinderheim nach Bad Blankenburg eingewiesen.

Er weiß anfangs gar nicht, wie ihm geschieht. Als er im Heim ankommt, ist es leer, die anderen Kinder sind in der Schule, die sich auf dem Heimgelände befindet. Er wird in sein Zimmer gebracht – zwei Doppelstockbetten stehen darin, eines wird von nun an ihn beherbergen. Außerdem zeigt man ihm den Gruppenraum und den

Speisesaal. Er hat kaum Zeit, alles zu verarbeiten, erinnert sich aber, dass es ihm eigentlich nicht sonderlich wehgetan hat, von zu Hause weg zu sein. Detlef lernt die anderen Kinder kennen und schon am nächsten Tag beginnt für ihn der normale Heimalltag mit Schulbesuch. »Und dann«, so erinnert er sich an den zweiten Tag im Heim, »hatte ich mich eigentlich schon damit abgefunden.«

Schlimm ist es für Detlef, seinen Sport nicht weiterführen zu dürfen. Aber wenigstens gibt es eine Fußballmannschaft, und als Torwart macht er sich gut. Er erinnert sich daran, dass ein Erzieher sich privat Schafe hält. Detlef und die anderen Kinder müssen diese versorgen. Auch andere Hilfsarbeiten in und um das Haus des Erziehers müssen die Kinder leisten. Und er erinnert sich daran, dass einmal in der Nacht zwei Mädchen abgehauen sind und die Erzieher ihn und die anderen Jungs aufweckten und losschickten, nach den Geflüchteten zu suchen. »Wir wollten die Mädchen nicht finden, dann sind wir zum Bahnhof, haben da den Kiosk geknackt und uns Süßigkeiten und Zigaretten rausgeholt, haben eine Scheibe eingeschmissen, so Schaufensterauslagen, haben das Zeug da rausgeräumt und sind durch die Gegend gelaufen.«

Auf dem Heimgelände können die Kinder sich frei bewegen, sie müssen sich jedoch abmelden, wenn sie das Gelände verlassen. Den Sportplatz dürfen sie jederzeit nutzen. Nur zu bestimmten Zeiten müssen sie wieder pünktlich zurück sein. Detlef erinnert sich, wie sehr er unter der Fremdbestimmung gelitten hat. Er schluckt schwer und gerät sichtlich in Erregung, als er mir eine Szene beschreibt, die ihn bis heute umtreibt: Einem Lehrer, der Pausenaufsicht hat, fällt ein Brot in den Dreck. Er hebt es auf und bietet es den Kindern an. »Also, wenn ich mir das heute so überlege, da zieht sich mir immer noch das Herz zusammen. Man muss sich mal überlegen, ein angebissenes Stück Brot fällt in den Dreck und das bietet er als Mensch, als Pädagoge, als Erzieher Kindern an. Das habe ich nicht gefressen, bis heute fasse ich das nicht, das hat mich, das prägt mich heute noch, sowas von himmelschreiender Unmenschlichkeit und

Ungerechtigkeit. Dieser Vorfall hat mich, glaube ich, auf Jahre eisenhart gemacht, richtig eiskalt, ja.«

Detlef wird im Alter von vierzehn Jahren in den Jugendwerkhof Hennickendorf im Kreis Strausberg verlegt. Dort ist er einer der Jüngsten. Er berichtet von Repressalien, von Prügeleien und davon, dass den Jüngeren oder Kleineren – also auch ihm – das Eigentum weggenommen wird. Er muss mit den anderen Insassen in der Ziegelei unter sehr schlechten Bedingungen arbeiten. Zum einen ist die Arbeit körperlich sehr hart, was dem trainierten und kräftigen Jungen nicht weiter zusetzt. Zum anderen aber erfolgt die Arbeit unter stark gesundheitsschädlichen Bedingungen. Die Jugendlichen müssen die fertiggebrannten Steine aus dem mit Briketts befeuerten Ringofen auf Loren laden und abfahren. Trotz der Aschereste und von Schmutzpartikeln verunreinigten Luft erhalten die Jugendlichen keine Atemschutzmasken. Besonders erschüttert ihn, dass diese Tätigkeiten eigentlich von normalen Arbeitern verrichtet werden. Erst als diese sich weigern, unter den Bedingungen weiterzuarbeiten, werden die Jugendlichen aus dem Werkhof dort eingesetzt. Dies erfährt er von den Werktätigen, mit denen die Jugendlichen Umgang haben.

Detlef flieht mit einem Freund aus dem Jugendwerkhof. Tagelang treiben die beiden sich in der Gegend herum. Dann machen sie sich auf den Weg zu einer Bekannten seines Freundes. Die schmiert jedem der Jungen eine Doppelsemmel und ruft die Polizei, während sie essen. Die beiden Ausreißer werden nach Hennickendorf zurückgebracht. Im Gruppenraum sollen sie auf ihren Erzieher warten. Doch die beiden nutzen sofort die Gelegenheit, springen aus dem Fenster und fliehen erneut. Als sie kurze Zeit später abermals aufgegriffen und zurückgebracht werden, kommen sie sofort für einige Tage in den Arrest.

Detlef erkrankt schwer, muss mit einer Lungenentzündung ins Krankenhaus. Drei Tage liegt er im Koma, ein längerer Klinikaufenthalt folgt. Obwohl sie informiert wird, besucht seine Familie ihn nicht. Als Mitte Dezember die Krankenschwester fragt, ob ihn jemand abholen könne, sagt er »ja, sicher« und bittet darum, seine Eltern zu verständigen. Der Vater holt ihn ab, Detlef darf bis zur vollständigen Genesung nach Hause. Es gibt die Aussicht auf eine Lehrstelle in der Firma des Vaters, doch eines Tages erscheint ohne Vorwarnung der Abschnittsbevollmächtigte und bringt Detlef in den Jugendwerkhof Gerswalde. Aufgrund des festgestellten Lungenschadens kehrt er nicht nach Hennickendorf zurück, wird stattdessen im Jugendwerkhof Gerswalde in der Gärtnerei eingesetzt. Diese Arbeit gefällt ihm deutlich besser.

»In Gerswalde war ein Erzieher – also es gab mehrere Erzieher, es gab solche und solche, und einer von den schlechten, wenn nicht der schlechteste, der hatte sich irgendwie auf mich eingeschossen, ja, auf mich und einige andere auch.« Der Erzieher drangsaliert die Jugendlichen immer wieder körperlich, mal ist es ein Schlüssel, der in die Rippen gerammt wird, mal ein Ellenbogen. Auf dem Weg zu den Umkleideräumen und der Küche, die sich im Keller befinden, gibt es einige Stufen. Als Detlef sie einmal hinuntergeht, stellt der Erzieher ihm ein Bein. Er fällt die letzten Stufen hinunter, rappelt sich auf und dreht sich um. Der Erzieher steht hinter ihm und grinst. Detlef sieht rot, er greift seinen Peiniger an und schlägt zu. Er kommt sofort in den Arrest, zwei oder drei Tage muss er dort absitzen. Dann wird er in Handschellen abgeführt. Sein tätlicher Angriff auf den Erzieher wird mit der Einweisung in die härteste Anstalt der Jugendhilfe, in den als Kindergefängnis fungierenden Geschlossenen Jugendwerkhof Torgau geahndet.

Als er in Torgau ankommt, erfolgt die übliche, einschüchternde Zeremonie: Sachen ausziehen, alle Körperöffnungen werden kontrolliert, die Haare werden geschoren, in Anstaltssachen wird Detlef in die Zuführungszelle gebracht. In dieser kleinen Zelle, mit einer an die Wand geklappten Pritsche, einem Schemel und einem Kübel für die Notdurft wird Detlef drei Tage eingesperrt. Niemand spricht mit ihm, sagt ihm, wie es weitergeht oder was von ihm erwartet wird. Er hört Stimmen auf dem Hof, blickt durch das vergitterte

Fenster und sieht Jungen, die in blauen Arbeitskombis im Laufschritt ihre Runden drehen. Er begreift zunächst gar nicht, dass er jetzt zu ihnen gehört und bald auch diesen Sport machen müssen. Schritte nähern sich, ein Erzieher schreit ihn an: »Hausordnung und hinstellen und Gesicht zur Wand!« Er versteht noch nicht, was von ihm verlangt wird. Dann wird ihm die Hausordnung hineingeworfen, er muss sie auswendig lernen. Auch das gehört zum Eingangsritual in Torgau. »Die Hausordnung«, erinnert sich Detlef, »war so gestaltet: Alles war verboten, selbst atmen durftest du nicht, wahrscheinlich musstest du dreimal einen schriftlichen Antrag stellen, um zu atmen.«

Nach drei Tagen im Arrest lernt Detlef die anderen Jugendlichen kennen. Zunächst besteht seine Arbeit in Torgau darin, Anbauteile für Landmaschinen zusammenzusetzen. Er tut sich schwer mit der Arbeit, wird nach kurzer Zeit in den Maschinenraum verlegt, wo er Anlerntätigkeiten wie Stanzen oder Schleifen ausführen muss. Die tägliche Arbeitsleistung wird benotet und muss der Norm entsprechen. Schnell erkennt er: Hier geht es nicht um Umerziehung oder Ausbildung, es geht nur noch um die Demonstration der totalen Macht: »Das oberste Ziel war nicht etwa, die Leute umzuerziehen zu sogenannten sozialistischen Persönlichkeiten, es gab nur ein Ziel: Du solltest dort gebrochen werden, dein Wille, deine Moral sollten vollkommen zerstört werden, damit du endlich mal mitkriegst: Du bist hier ein Nichts, eine Null in dieser Einrichtung, im gesamten Bildungswesen, im gesamten Staat bist du ein Nichts, eine Null, wenn du nicht das machst, was wir wollen. Das sollte dort so vermittelt werden mit dem bevorzugten Mittel der Gewalt, physisch und psychisch.«

Detlef erinnert sich an kleine Schikanen der Erzieher. So ist das Rauchen für die Jugendlichen streng verboten. Wenn die Jugendlichen auf dem Gang in Reih und Glied stehen, gehen die Erzieher mit einer Zigarette an ihnen vorbei und pusten ihnen den Qualm ins Gesicht. Aber noch viel schlimmer sind die körperlichen Schikanen, die die Jugendlichen an den Rand ihrer Kräfte – und nicht selten darüber hinaus – bringen.

Besonders an eine Methode erinnert er sich bis heute: Dabei wird ein Hocker mit der Sitzfläche auf den Boden gekippt, die vier Beine mit den dünnen Querstreben zeigen in die Luft. Nun muss sich der zu bestrafende Jugendliche darauf knien. Auf Befehl des Erziehers kommt dann ein anderer Jugendlicher und drückt von hinten noch auf die Schultern, sodass das Gewicht noch größer wird. Auch im Arrest erfolgt diese Art der Bestrafung. Detlef sitzt in der Zelle, ein Erzieher kommt zu ihm, sofort nimmt der Junge die Habachtstellung ein. Der Erzieher geht um Detlef herum, tritt ihm in die Kniekehlen, lässt einen Hocker bringen, auf den Detlef sich in beschriebener Weise knien muss. Die Arme muss er nach vorne strecken, dann wird er mit dem Schlagstock geschlagen. Es ist eine schlimme Erfahrung für Detlef. Er atmet scharf ein: »Jetzt, wenn ich davon erzähle, kommt so manches wieder hoch.«

Detlef berichtet auch von seiner Art, mit dem Druck umzugehen, und von seiner Verweigerungshaltung: »Da fällt mir jetzt auch wieder ein kleines Ereignis ein. Früh antreten, Nachrichtenpassagen wiederholen, da habe ich dann gesagt ›Indira Gandhi ist schwanger‹, die war damals schon fünfundsechzig, haben natürlich alle laut gelacht, ja, fünf Tage Arrest, war mir scheißegal, ging mir am Arsch vorbei, aber ich hatte die Lacher mal auf meiner Seite.« Dann erinnert Detlef sich an eine brenzlige Situation: Der Gruppenälteste bekam nachts eine Blinddarmentzündung und musste ins Krankenhaus. Am nächsten Tag kommt der Haupterzieher, lässt Detlef vortreten und fordert ihn auf, die Gruppe zu übernehmen. Detlef weigert sich. Der Erzieher ist völlig perplex, starrt den Jungen entgeistert an, dann fordert er einen anderen Jugendlichen auf. Doch auch zwei weitere weigern sich. Daraufhin verschwindet der Erzieher im Zimmer der Erzieher, kurz darauf erscheinen Kretzschmar, der Leiter der Einrichtung, und ein weiterer Erzieher, beide mit Schlagstöcken bewaffnet und prügeln die Jugendlichen in die Arrestzelle hinein. Die Jungen werden mit Handschellen an den Heizkörpern fixiert und grün und blau geschlagen. Es folgen zwölf Tage Arrest. Ein anderer Junge wird Gruppenführer. Detlef erinnert sich: »Das war so ein kleiner Stift. Was sollten wir machen, wir waren dem auch nicht böse.« Er hat rückblickend auch Verständnis dafür, dass die körperlichen und seelischen Qualen, denen die Insassen in Torgau ausgesetzt waren, zu Anpassung und Willenlosigkeit führten.

Im Vergleich zu Torgau findet Detlef die anderen Einrichtungen harmlos. Er kann nicht glauben, dass andere Betroffene in anderen Heimen so Schlimmes erlebt haben. »Die anderen staatlichen Einrichtungen, muss ich ganz ehrlich sagen, gingen mir am Arsch vorbei, das war wirklich nicht schlimm.« Doch dann merkt er an, dass natürlich der Verlust der Familie, die Fremdbestimmung und die geforderten Arbeitsleistungen durchaus schlimm waren. Es sei ein »ganz normales Sklavendasein« gewesen. Geschlagen worden sei man in anderen Einrichtungen nicht, Detlef zögert kurz, fügt dann hinzu: »Hast im Normalfall keine Dresche gekriegt von den Erziehern – außer das Arschloch in Gerswalde, da ja, aber sonst ging es eigentlich, auch der Umgangston war an und für sich recht ordentlich.«

Die Erzieher in den anderen Einrichtungen der Jugendhilfe hatten immer gedroht, die Kinder sollten artig sein, sonst kämen sie nach Torgau. Zwar erzählten sie nicht, dass dort mit folterähnlichen Methoden alles darangesetzt wurde, die Jugendlichen zu brechen, aber Sätze wie »da müsst ihr den ganzen Tag Sport machen und eine militärische Ausbildung, das ist nicht so ein Zuckerlecken wie bei uns« reichten aus, dass alle Angst hatten, nach Torgau geschickt zu werden. Detlef erinnert sich auch an die Demütigungen beim Putzen in Torgau: Ohne Handschuhe mussten die Jugendlichen den langen Flur mit Ata (Scheuermilch) scheuern. Er erinnert sich, dass sie nicht selten aufgescheuerte Hände hatten. Wenn der Jugendwerkhofleiter Kretzschmar dann vorbeikam, ließ er sich die Stelle zeigen, holte mit seinem Schlüssel aus und schleuderte ihn auf die betreffende Stelle. »Der Kretzschmar war ganz einfach ein Sadist«, stellt Detlef fest.

Das Essen sei in Torgau ganz gut gewesen, anders als er es vom Hörensagen kannte. Allerdings nutzen die Erzieher auch das Essen zur Bestrafung, zum Beispiel bei Nichterfüllung der Arbeitsnorm. Einmal habe ein kleiner, schmächtiger Junge die Vorgaben nicht erfüllen können. Als die Gruppe sich vor dem Essen in Reih und Glied aufstellt, erhält er eine Fünf als Benotung der Arbeitsleistung. Dann geht es zum Essen. Der Erzieher geht zu dem kleinen Jungen, nimmt ein großes Stück Wurst von seinem Teller und legt es Detlef auf den Teller. Sichtlich bewegt erzählt Detlef weiter: »Man muss sich das mal vorstellen. Ja, der kleine Kerl, der kann doch nichts dafür. Mit welchem Recht nimmt ein Mensch, ein erwachsener Mensch, so einem kleinen Kerl einfach das Essen weg?« Noch einmal kommt Detlef auf den Musiklehrer zurück, der den Kindern das in den Dreck gefallene Brot anbot. »Das war das zweite Ereignis, das zerfrisst mich noch immer. Das prägt. Solche Dinge prägen mich bis heute, ich habe bis heute in manchen Fällen ein übersteigertes Gerechtigkeitsempfinden. Das kommt durch solche Begebenheiten. Das begreife ich bis heute nicht, habe ich damals schon nicht. Das geht mir jetzt immer noch nahe. Das sind zwei solch prägende Ereignisse, die haben mein ganzes Leben geprägt und gestaltet.«

Mir fällt auf, dass Detlef zwar angibt, sich nicht so gut erinnern zu können, beziehungsweise sehr betont, das Essen sei immer gut und ausreichend gewesen. Er erklärt sogar resolut, wenn andere Zeitzeugen anderes berichten würden, sei das gelogen. Das Essen aber nimmt eine zentrale Rolle in seiner Erzählung ein. Es sind sehr eindrückliche Szenen, die er schildert, in deren Subtext das »zu wenig« raumgreifend ist. Es zeigt, wie fundamental der Eingriff der Erzieher in das Notwendige, die Nahrung, war und wie verletzlich und ausgeliefert die Kinder und Jugendlichen gewesen sind. Und es sind genau die Beispiele, an denen Detlef festmacht, dass er und die anderen Heimkinder als Menschen zweiter Klasse behandelt worden sind.

Detlef resümiert: »Und ich sage mal so, die Zeit vor Torgau, ich habe ja nun ein Spezialkinderheim und zwei Jugendwerkhöfe durchlebt, jetzt so im Nachhinein, zehn oder zwanzig Jahre danach, das ist ja nun zum Teil schon fünfzig Jahre her […] heute sehe ich das so, so schlimm war das nicht.«

Detlef erzählt auch ganz offen von seinen Rachegefühlen. Nach der Wende recherchiert er, dass ein Erzieher, Herr N., noch in Torgau wohnt. Er fährt zu ihm: »Ich wollte Rache, aber war mir selbst nicht klar, in welcher Form meine Rache ausgefallen wäre. Er war ja schon ein alter Mann, bestimmt hoch in den Siebzigern oder was weiß ich, jedenfalls ein alter klappriger Mann. Ja, in welcher Form dann meine Rache hätte ausfallen sollen, weiß ich nicht. Ich hatte meinen Rottweiler mit, ich hätte nur den kleinen Finger bewegen müssen, der hätte den gefressen, aber selbst das wollte ich dann nicht mehr. Der hat mich nur gesehen, da habe ich noch kein Wort gesprochen, wie ich da vor ihm stand – der hat sich sofort vor Angst in die Hosen gepisst. Da dachte ich: ›So ein jämmerlicher alter Mann, und der hat mal das, das, das und das alles mit dir machen können‹.«

Auf die Frage, wann er das erste Mal über seine Erlebnisse im Heim erzählt hat, antwortet er: »Ist noch gar nicht so lange her.«

Lange beschäftigt mich Detlefs Schlussappell, »den Ratten« nicht zuzuhören oder ein Forum zu bieten. Mit Ratten sind andere Zeitzeugen gemeint, insbesondere solche, die eine Rolle als Funktionär innehatten, die Dinge erzählen, die er für erfunden hält. Damit spricht er ein Problem an, das in vielen Gesprächen thematisiert wird: Zum einen ist es die Konkurrenz der Opfer, zum anderen das Unverständnis gegenüber den Erzählungen anderer Opfer der DDR-Jugendhilfe. Zum Teil ist dies nachvollziehbar, da sich die Umstände in den Heimen (je nach Zeitpunkt der Unterbringung) sehr voneinander unterscheiden konnten. Ich kann mir gut vorstellen, dass dieser große, kräftige Mann, der im Interview lachend seine Hand hochhält und sagt »Ich hatte schon immer große Hände«, auch ein imposanter Jugendlicher war und als sportlicher Vierzehnjähriger und exzellenter Boxer ganz andere Dinge innerhalb der Heimhierarchie erlebte als ein kleiner, schmächtiger und unsportlicher Junge mit ängstlichem Charakter und verletzlicher Ausstrahlung.

Das Durchgangsheim Bad Freienwalde

Bad Freienwalde, zwischen Oderbruch, Barnim und an der Alten Oder gelegen, stellt das nördliche Zentrum der Märkischen Schweiz dar. Als staatlich anerkanntes Moorbad ist Freienwalde ein Kurort mit Geschichte. Die preußische Königin Friederike Luise, Gemahlin von König Wilhelm II., bestimmte Bad Freienwalde zu ihrem Sommersitz. 1798 wurde das Schloss in klassizistischem Stil erbaut. Der Landschaftsarchitekt Lenné gestaltete Anfang des 19. Jahrhunderts den Schlosspark. Reiche Berliner Familien zogen in den Kurort und errichteten im ausgehenden 19. Jahrhundert Villen und Häuser mit Fassaden im bürgerlichen Stil.

Noch vor dem Ersten Weltkrieg wurde in diesem Ambiente ein weniger attraktives Gebäude als Gefängnis errichtet. Das in unmittelbarer Nähe zum Amtsgericht gelegene Gebäude wurde nach 1945 als Frauengefängnis genutzt, bis es 1968 der Jugendhilfe Frankfurt an der Oder übergeben wurde. In dem Gebäude war fortan ein Durchgangsheim untergebracht. Ein Umbau erfolgte nicht, sodass die Kinder und Jugendlichen jeweils zu viert in den vergitterten Zellen schliefen, die sich von innen nicht öffnen ließen – nachts stand ein Kübel für die Notdurft bereit. Vorgesehen war eine Verweildauer der Kinder und Jugendlichen von maximal achtzehn Tagen, doch wegen der voll belegten Heime der DDR-Jugendhilfe dauerte es oft bis zu sechs Monaten, ehe sie in ein Heim überwiesen wurden. Ein ehemaliger Insasse des Heims erinnert sich an die Eingangsschleuse und das meterhohe Tor: »Dann wurde man auf den Hof gefahren und sah man das Gebäude, total vergittert alles und, ja, man war geschockt fürs Leben.«[7]

Ehemalige Insassen des Durchgangsheims beschreiben den Umgang dort als menschenunwürdig. Die Aufnahmeprozedur bestand ähnlich wie in Torgau aus drei Tagen Einzelhaft, wie sich Roland H. erinnert. Alle persönlichen Gegenstände mussten abgegeben werden, Kontakt zur Außenwelt gab es nicht: »Wir waren total abgeschottet, in diesem System gefangen.«[8] Wer gegen die strikte Hausordnung verstieß, indem er beispielsweise während der Nachtruhe sprach oder sein Bett nicht ordentlich machte, musste über viele Stunden Strafe stehen. Nicht einmal trinken durften die Kinder während dieser Prozedur. Norda Krauel erinnert sich: »Man wollte uns brechen. Das war der oberste Grundsatz.«[9] Schlimmer als die körperlichen Drangsalierungen aber sei der seelische Schmerz gewesen.

In Durchgangsstationen beziehungsweise Durchgangsheimen sollten Kinder und Jugendliche kurzfristig »zur Verhütung der Gefährdung der eigenen Person sowie der Öffentlichkeit« untergebracht werden. In den Aufnahme- und Beobachtungsheimen (die 1953 geschlossen wurden) sollten dagegen Kinder und Jugendliche, bei denen eine »öffentliche Erziehung« notwendig erschien, sechs Wochen lang beobachtet werden, um festzustellen, welche Form der Unterbringung, welcher schulische Leistungsstand und welche Berufsempfehlung geeignet wären.

2012 gründen ehemalige im Durchgangsheim Bad Freienwalde Untergebrachte einen Verein: Kindergefängnis Bad Freienwalde. Wegen der haftähnlichen Umstände bezeichnen sie das Durchgangsheim als Kindergefängnis. Ihr Ziel ist es, anderen Betroffenen bei der Aufarbeitung zu helfen, für gesellschaftliche Anerkennung zu sorgen und zu erreichen, dass der Status des Durchgangsheims mit dem des Geschlossenen Jugendwerkhofs Torgau gleichgesetzt wird. So wäre eine Rehabilitierung leichter. Viele Betroffene erinnern sich an die Ankunftsprozedur. Sie beschreiben eine Bestrafung durch Essensentzug und körperliche Züchtigung. Der Schulunterricht erfolgte nur in drei Fächern, und zwar altersübergreifend. Auch sexuelle Übergriffe durch Erziehungspersonal waren keine Seltenheit.

Heute ist in dem Gebäude eine Polizeiwache untergebracht. Ein im November 2017 angebrachtes Mahnmal stieß auf große Ablehnung in der Stadt. Das Durchgangsheim sei ein Tabuthema in der Stadt, so die SPD-Landtagsabgeordnete Jutta Lieske in einem Interview mit der *Märkischen Allgemeinen*.

Abb. 17: Durchgangsheim Bad Freienwalde, Gemälde von Mathias Coors

»Die Dämonen wird man nicht los«

Die Überwindung der Vergangenheit im beruflichen Erfolg

Michael ist ein bemerkenswerter Mann. Sein Händedruck ist fest und warm, er strahlt vom ersten Moment an eine Verbindlichkeit aus, die mir als außergewöhnlich auffällt. Und auch im Gespräch stellt sich schnell heraus, dass er klug, reflektiert, sympathisch und sehr offen ist. Er verbirgt nichts, beschönigt nichts. Er erzählt mir von seiner Kindheit und Jugend, von seinem gewalttätigen Vater, davon, dass dieser keine Zärtlichkeiten zuließ. Als Kind erlebte er nur Gewalt als »puren Ausdruck seiner Existenz«. Einmal schlägt der Vater mit einem Teppichklopfer so fest zu, dass dieser zerbricht. Die Stiefmutter, an die er sich als liebevolle Frau erinnert, wird vom Vater ebenfalls misshandelt. Für Michael ist das schwer zu ertragen, er versucht sich einzumischen und schützend vor die Stiefmutter zu stellen. In Köpenick wird er eingeschult, bald schon zeigen sich erste Schulprobleme – eine Folge der lieblosen Erziehung. 1971 wird Michael von seinem Vater ins Schlösschen in Grünheide, ein Kinderheim, abgeschoben.

Anschluss an die Kinder aus dem Dorf in Grünheide habe es nie gegeben, sagt Michael. Mit seinen sechs Jahren verstand er nicht, warum er nicht zu Hause bei seiner Familie wohnen soll, er erinnert sich daran, viele Tage und Nächte nur geweint zu haben. Er wehrt sich gegen die neuen Lebensumstände im Heim und will nach Hause. So nutzt Michael jede Gelegenheit zur Flucht. Oft sucht er seine Stiefoma auf, die ihm viel Halt gibt und seinen »einzigen Rettungsanker« darstellt. Doch auch sie kann ihm nicht helfen, immer wieder wird er abgeholt und zurückgebracht.

Im Frühjahr 1972 wird er ins Durchgangsheim nach Alt-Stralau und von dort ins Kinderheim Makarenko in Berlin-Treptow verlegt. Dort herrscht das Gesetz des Stärkeren. Der Stärkste dominiert, der

Schwächste putzt das Klo. Auch von dort flieht Michael. Die Ehe seines Vaters mit der Stiefmutter ist mittlerweile geschieden, das Sorgerecht für die Kinder bleibt beim gewalttätigen Vater. Michael kommt wieder ins Durchgangsheim. Über das Kinderheim Bralitz erreicht er mit zwölf Jahren das Spezialkinderheim Hans Beimler in Leipzig-Heiterblick. Für den Jungen wird Sport zum Motor und Rettungsweg. Er entdeckt seine Liebe zum Boxen. Wegen »körperlicher Zwischenfälle« wird er 1978/79 in den Geschlossenen Jugendwerkhof Torgau gebracht. Er erinnert sich an den Arrest zu Beginn, an den Strafsport, bei dem die Jugendlichen schwere Eisenteile schleppen mussten. Von Torgau wird Michael zurück ins Kinderheim Hans Beimler verlegt. Er ist mittlerweile fünfzehn Jahre alt und die Jugendweihe steht an. Er wohnt wieder bei seinem Vater, bis es zu einer Prügelei zwischen Vater und Sohn kommt. Michael muss wieder ins Kinderheim Makarenko und schwört sich selbst, nie wieder Schwäche zu zeigen oder irgendjemandem zu vertrauen.

Michael hält kurz inne in seiner Erzählung, dann sagt er: »Der Leitsatz bewahrheitet sich. ›Wir brechen dich und bauen dich wieder auf.‹« Der Aufenthalt in Torgau habe ihn hart gemacht und dominant, andere Kinder und Jugendliche seien ihm mit viel Achtung begegnet, seine körperliche Überlegenheit tat den Rest. Er hat sich aber auch geschworen, nie wieder nach Torgau zu müssen. Und nie wieder ein Opfer zu sein. Seine Strategie ist, sich anzupassen, nicht mehr aufzufallen. Mit sechzehn Jahren beginnt Michael eine Ausbildung zum Bäcker und Konditor, er ist so gut, dass er die Lehrzeit verkürzen und den Abschluss mit Auszeichnung machen kann. Mit achtzehn Jahren geht er zur Nationalen Volksarmee, wird Berufssoldat. Auch hier ist er sehr zielstrebig und erfolgreich, wird der drittjüngste Offizier der NVA und nimmt bis 1988 an drei Auslandseinsätzen teil, in Vietnam, Afghanistan und Äthiopien. Als Oberleutnant wird er in Äthiopien verwundet und bei seiner Rückkehr auf dem Flughafen verhaftet – wegen des Vorwurfes, eine falsche Entscheidung im Manöver getroffen zu haben. Der Vorwurf wird fallengelassen, auf eigenen Wunsch scheidet er 1988 aus dem Dienst aus, wird in Ehren entlassen.

Michael hält wieder kurz inne. Stellt dann klar, dass er sein Leben selbst in die Hand genommen hat, dass er zu allen Konsequenzen steht und dass er nicht infrage stellen wird, ob sein Lebensweg und all seine Entscheidungen auf diesem richtig verliefen. Aber er fühlt sich als »bewusst zum Kindersoldaten erzogen« und sieht damit sehr wohl, dass er nicht in allen Entscheidungen frei war. Er hat seinen Weg gewählt, weil er nicht untergehen wollte. Michael ist ein Macher, ganz nach dem Motto: »Geht nicht, gibt's nicht«.

Nach der Wende arbeitet er als Bäcker, und als das aus gesundheitlichen Gründen nicht mehr geht, gründet er mit zwei anderen ehemaligen Soldaten eine Sicherheitsfirma, die sehr erfolgreich läuft. 1995 schließt er die Ausbildung zum Betriebswirt mit Auszeichnung ab. Seine erste Ehe hingegen, aus der zwei Kinder hervorgehen, scheitert. Erst in seiner zweiten Ehe, so resümiert er heute, lernt er, was es bedeutet, miteinander zu sein, zu vertrauen, füreinander da zu sein. Das hat ihm bis ins Erwachsenenalter hinein ja niemand beigebracht. Kameradschaft, Liebe, Vertrauen – das sind Werte, die ihm sehr wichtig sind und die er sehr schätzt. Heute ist er derjenige, der für die Schwachen und Hilflosen einsteht. Ungerechtigkeit und Willkür gegen Schwächere sind für ihn unerträglich. Ob es dabei um Kinder, Tiere oder andere Wehrlose geht, spielt keine Rolle: »In meiner Welt werden Schutzbedürftige nicht alleingelassen.«

Michael schildert auch eine Begebenheit, die ihm im Erwachsenenalter widerfuhr. Nach einem Familientreffen, bei dem er und seine erste Frau in der Wohnung seines Vaters übernachten, bricht seine Frau überstürzt auf, er begreift erst zu Hause, als er ihrer zerrissenen Kleidung gewahr wird, dass sein Vater versucht hat, sie zu vergewaltigen. Sofort kehrt er zum Vater zurück und schlägt ihn fast tot. Nur ein Stuhl, den jemand auf seinem Rücken zerschlägt, hält ihn davon ab. Er blickt mich ganz offen an, als er sagt: »Und ich hätte nicht eine Sekunde gezögert.«

Als Opfer sieht er sich nicht und will auch keinesfalls so behandelt werden. Damals, ja, damals sei er eines gewesen, als er mit sechs Jahren nicht verstand, warum er kein Zuhause mehr haben durfte. Aber dann, irgendwo auf dem Weg zwischen Kinderheim und Geschlossenem Jugendwerkhof hat er eine Entscheidung getroffen: zu leben und nie wieder Opfer zu sein. Diesem Weg ist er ohne Wenn und Aber gefolgt. Von außen betrachtet ist es eine Erfolgsstory. Michael ist einer, der trotz schwerster Kindheit und mangelnder Fürsorge ein erfolgreicher Mann geworden ist. Und wie er so vor mir sitzt, freundlich und reflektiert, klar in Aussagen und Antworten, wirkt es fast, als habe er es geschafft, alles hinter sich zu lassen.

Fast. Denn der Einzige, dem er nach wie vor die benötigte Hilfe und Pflege vorenthält, ist er selbst. Als er an Hodenkrebs erkrankt, lässt er die notwendige Operation ambulant durchführen. Statt sich aber die dringend benötigte Schonung zu gönnen, sitzt er bereits am nächsten Tag hinter dem Steuer eines LKW, ein Fahrer seiner Firma ist krank geworden, er springt ein. Als die Wunde wieder aufreißt, verarztet er sich – als Berufssoldat dazu ausgebildet – einfach selbst und macht weiter. Seine Sicherheitsfirma verkauft er später gewinnbringend.

Michael erklärt, er sei eigentlich völlig kaputt, die Knochen zerschunden. Der Arzt sagt, er müsse von oben bis unten einmal durchoperiert werden. Aber er lässt es nicht zu. Versagt sich selbst diese Schwäche. Ausgeliefert sein, Abhängigkeit zu spüren, auf andere angewiesen zu sein, ist ihm unerträglich. Lieber kümmert er sich um andere, die Hilfe brauchen. Begleitet seine treuen Vierbeiner und seine kranke Ehefrau. Erleichtert anderen ihre Pein und bietet die Schulter zum Anlehnen. Michael ist der Fels in der Brandung. Der, der immer da ist und immer da sein wird. Er selbst, so sagt er mir ohne zu zögern, wird nie wieder ausgeliefert sein, und wenn es bei ihm so weit sei, nun, er sei im Besitz eines Waffenscheines. Er sagt das ohne Anklage. Er ist kein vorwurfsvoller Typ, betont immer wieder, dass jeder erwachsene Mensch eine Wahl habe und durch eigene

Entscheidungen sein Leben in die Hand nehmen und bestimmen könne. »Die Dämonen, die wird man nicht mehr los, man kann sie nur beherrschen.«

Als er sich auf eine Stelle bewirbt, die mit der Aufarbeitung der DDR-Geschichte zu tun hat, muss er lange kämpfen und sich erklären, doch auch hier schafft er es: Nach Einsicht in seine Akten und ausführlichen Erläuterungen zu seiner Vergangenheit erhält er die Stelle. Ein ganz persönlicher Sieg für ihn. Das Gespräch führt Michael mit mir auf seiner Arbeitsstelle, mit ausdrücklicher Genehmigung seines Chefs. Dieser kommt zwischendurch sogar herein, um mir die Hand zu schütteln und mir zu versichern, wie wichtig die Aufarbeitung des düsteren Kapitels der DDR-Heimsysteme ist. Er spricht in sehr wertschätzender Form über Michael und dessen wichtige, wenn auch nicht immer einfache, Meinung. Als er wieder gegangen ist, merke ich an, das sei ein großes Lob und eine gelungene Respektsbekundung gewesen. Michael nickt und sagt, es bedeute ihm auch viel – er habe lange für diesen Job gekämpft und auch hier nicht aufgegeben. Der beliebteste Mitarbeiter und Kollege sei er sicher nicht, da er mitunter schwierig und kämpferisch sei, aber er tue sein Bestes. Ich staune einmal mehr, Michael hat auch hier etwas geschafft, das viele andere ehemalige Heimkinder nicht schaffen: Er ist beruflich erfolgreich.

Auf meine Frage, wie und wann er sich zum ersten Mal seiner Vergangenheit im Heimsystem der DDR gestellt habe, beziehungsweise wem er zum ersten Mal davon erzählt habe, berichtet er von Sven. Sven stand eines Tages vor seiner Tür, ein junger Mann von neunzehn Jahren, der Michael eröffnete, er sei sein Sohn. Und so holt Michael zum ersten Mal alles ein. In Fleisch und Blut steht sein Kind vor ihm, hervorgegangen aus der Beziehung zu einer Frau, die ebenfalls eine Heimvergangenheit hat. Da wird Michael, so sagt er, klar, dass er Sven nur Antworten geben kann, wenn er die ganze Geschichte auspackt. Seine persönliche Aufarbeitung beginnt. Vater und Sohn stehen heute in gutem Kontakt.

Das Kinderheim Makarenko in Königsheide, Berlin-Treptow

Die Königsheide in Berlin Treptow-Köpenick stellte ein wichtiges Erholungsgebiet für das südöstliche Berlin dar. Um 1900 entstand dort eine Erholungsstätte für an der Volkskrankheit Tuberkulose Erkrankte. Später wurde das Gelände auch als Erholungsheim des Vaterländischen Frauenvereins genutzt.

Die Königsheide, ein rund hundertundzehn Hektar umfassender Mischwald aus Eichen und Kiefern, ist ein Reststück der Köllnischen Heide, dem Waldgebiet südöstlich Berlins, das heute aus der Köllnischen Heide, der Wuhlheide, dem Grünauer und dem Köpenicker Forst besteht und zum Teil für Wohnsiedlungen gerodet wurde. 1920 wurde die Königsheide als Teil des Dorfes Johannisthal in den neuen Groß-Berliner Bezirk Treptow eingemeindet.

Abb. 18: Kinderheim Makarenko

1953 eröffnete in der Königsheide an der Südostallee Nummer 134 das größte Normalkinderheim der DDR. Es war als eine Art Kinderstadt konzipiert, neben einer Säuglings- und Kleinstkinderstation gab es fünf Wohngebäude für Kinder und Jugendliche. Es bot Platz für sechshundert junge Menschen von der Geburt bis zum Alter von achtzehn Jahren. Zwei Schulgebäude sowie Freizeit- und Spielflächen befanden sich auf dem Anwesen. Beim Bau des Heimes im Stil des sozialistischen Klassizismus wurde Wert auf Kunst gelegt. Künstler wie Paul Rosié, Rolf Lindemann, Ingeborg Meyer-Rey und Ferdinand Friedrich, alle aus dem Künstlerkollektiv von Bert Heller, waren beteiligt. Buntglasfenster, ein Betonglasfenster und zahlreiche Sgraffito-Fresken zierten den Bau. Er galt als das Vorzeigeheim der DDR, 1968 erhielt es den Namen des sowjetischen Pädagogen Anton Semjonowitsch Makarenko.

Ab Herbst 1981 wurden nur noch Kinder mit dem Hilfsschulstatus (Kinder, die nur bedingt lernfähig sind) aufgenommen. In diesem Zuge wurde aus einem der Schulgebäude eine Polytechnische Oberschule, aus dem anderen eine Hilfsschule.

Nach der Wende wurden Teile des Gebäudekomplexes sowie Teilflächen durch Einrichtungen des Bezirksamts Treptow-Köpenick zwischengenutzt. Das Jugendaufbauwerk wurde Träger der Einrichtung und nutzte sie von 1995 bis 1998 als Sozialpädagogisches Jugendzentrum (SPJZ). Der Großteil des Komplexes wurde 2008 über den Berliner Liegenschaftsfonds verkauft. Auf dem ehemaligen Heimgelände befindet sich seit 2016 ein Wohnpark, in dessen Eingangsbereich 2018 das Informations- und Begegnungszentrum Königsheide (IBZ) eröffnet wurde.[10] Das IBZ versteht sich als eine Forschungs- und Dokumentationsstätte, in der neben der Geschichte des Kinderheims Makarenko auch Probleme der Heimerziehung generell erforscht und dokumentiert werden. Seit Dezember 2008 hat der Verein Königsheider Eichhörnchen, benannt nach den im schmiedeeisernen Tor des ehemaligen Kinderheims als Emblem eingelassenen Tieren, es sich zur Aufgabe gemacht, das

Andenken an das Kinderheim zu bewahren, seine Geschichte aufzuarbeiten und zu dokumentieren.

Der überwiegende Teil der Flächen des ehemaligen Kinderheims lag nach dessen Schließung brach. Bei der Fusion der Berliner Bezirke Treptow und Köpenick 2001 wurde der Plan erwogen, dort einen großen Verwaltungsstandort einzurichten, dann aber wieder verworfen, weil mehr als genügend Immobilien zur Verfügung standen.

Abb. 19: Programm auf der Bühne im Speisesaal zum Heimgeburtstag 1963, Kinderheim Makarenko

»Habe oft Suizidgedanken, aber ich will leben«

Über die Aufarbeitung der Traumata

Rebello*[11] treffe ich in seinem Haus in dörflicher Lage im Landkreis Mecklenburgische Seenplatte. Er steht mit langem Haar und barfuß in seinem blumenreichen Vorgarten. Auf den ersten Blick sehe ich, er ist ein empfindsamer Mensch. Er spricht sanft und ruhig, hat einen Blick für die Kleinigkeiten, ist umsichtig und offen. Dekoration und Einrichtung seines Hauses sind bunt zusammengewürfelt und zeigen, hier wohnt ein kreativer Kopf mit Sinn für Verspieltheit und Abwechslung. Wir sitzen in einem schönen Innenhof, Kinderspielgerät steht und liegt im Garten. Schon auf dem Weg durch den Flur des Hauses fällt auf: Hier ist alles für Kinder gemacht, bunte Farben, Bilder, Fischernetze und andere Dekoartikel schmücken Wände und Decken. Alle Räume, die mir Rebello später zeigen wird, haben ein eigenes Thema: Von Safari bis Seeräuber ist jedes Zimmer individuell und mit viel Liebe zum Detail hergerichtet. Auf dem Dachboden ein Kinderreich zum Toben, mit Rutsche und Kuscheltieren. Rebello ermöglicht Kindern aus armen Familien hier günstige Ferien. Er will Kinder das lehren, was er selbst nie erfahren durfte: Vertrauen, Freiheit, Kindsein.

Rebello wird 1961 geboren. »Ich war ein ungewolltes Kind und das habe ich spätestens mit dem achten, neunten Monat zu spüren gekriegt, als mich meine Eltern als Baby aus dem Fenster geschmissen haben. Es war Winter und ich hätte es vielleicht nicht überlebt, hätte mich keiner gefunden.« [12]

In Gedichten und Prosatexten versucht der erwachsene Mann, die Traumata der Kindheit und Jugend aufzuarbeiten. Er selbst sagt über seine Verse: »Viele Gedichte berichten vom Tod. Wie oft hatte ich den Wunsch zu sterben. Diese Suizidgedanken sind Bestandteil einer schweren posttraumatischen Belastungsstörung, welche auch zu meiner Frühverrentung führte. Aber sie zeigen auch meinen fast täglichen Kampf, dem Leben ein Stück Glück abzugewinnen und eine Heimat zu finden, wo meine Seele genesen kann.« Am Anfang steht Rebellos »Erster Schritt ins Leben«:

Der Frost malt Blumen auf Fensterscheiben,
Schneeballschlacht, ein fröhliches Treiben.
Die Häuser mit weißem Puder bedeckt,
Ein Schrei die Winterruhe schreckt.

Ein Fenster aufgerissen, breit
Und ein Bündel das laut schreit.
Es fliegt. Ein Hund der bellt.
Schnee, der langsam vom Himmel fällt.

In einer Wehe landet das Bündel,
kurzes Hemdchen, eine Windel,
lassen erkennen nach kurzer Zeit,
ein Kind das immer noch schreit.

Der Tag neigt sich schon dem Ende,
gewärmt durch barmherzige Hände,
wird das Kind in Obhut gegeben.
Das war mein erster Schritt ins Leben.

Rebello kommt zunächst ins Säuglingsheim Oschersleben im Bezirk Magdeburg, nach einigen Monaten zurück nach Hause. Mit fünf Jahren wird er ins Katholische Heim Naumburg eingewiesen, da die Misshandlungen zu Hause kein Ende nehmen. Sein erster Eindruck: »Die Nonne war so lieb, freundlich und alles. Es war warm und sauber. Aber als die Frau vom Jugendamt weg war, hat sich plötzlich alles verändert. Es ging nicht schnell genug, dass ich mich auszog, dass ich duschte, da hatte ich schon die ersten Ohrfeigen.«

Alles, so erinnert sich Rebello, war vorgegeben, wann man sprach, lachte, aß, schlief. »Es durften die Hände nicht unter die Decke, sondern sie mussten obendrauf liegen. Und wenn wir erwischt wurden, dass sie unter der Decke waren, wurde die Decke weggenommen. Trotz der Kälte mussten wir dann ohne Decke schlafen.«

Das stundenlange Beten in der kalten Kirche war ihm eine besondere Qual. »Wir mussten da knien. Wenn einer das nicht richtig gemacht hat, wurden ihm Stöcke unter die Knie gelegt. Einmal habe ich, um nicht mitmachen zu müssen, eingenässt. Daraufhin wurde ich befreit und habe das natürlich noch mal versucht. Aber da musste ich ohne Abendbrot bis in die Mitternacht da knien und beten. Es war mittlerweile alles gefroren, die Hose, alles.« Mit sechs Jahren flieht er aus dem Heim, wird wieder aufgegriffen und sagt heute über diese Zeit: »Da habe ich den Glauben verloren, dass ich jemals wieder Kind sein darf.«

Abb. 20: Kinderheim Pretzsch, Zeichnung von Rebello

Mit sieben Jahren kommt er ins Kinderheim Pretzsch an der Elbe bei Wittenberg. Das Kinderheim ist in einem Schloss untergebracht, auf einem sehr eindrucksvollen Gelände mit großer Geschichte.

»Allein schon, als ich als kleiner Junge durch diesen Eingangsbereich kam und dieses riesengroße Schloss sah, hatte ich nur Angst. Die habe ich heute eigentlich noch.« Als er vor Jahren einmal den Ort seiner Kindheit besucht, schafft er es nicht, das Gelände zu betreten. Zu groß ist die Abneigung, zu körperlich hat sie sich in ihm manifestiert. Bis heute, so sagt er, hält dieses Unvermögen an.

Rebello erinnert sich an die Erzieher, die ihn misshandelten, ihm jedes Vertrauen in Erwachsene nahmen. Mit acht Jahren wird er zum ersten Mal sexuell missbraucht. Eine Erzieherin schickt ihn nach einem Regelverstoß in den Schlafraum. »Ich sollte die Hose ausziehen und mich aufs Bett legen. Mit dem Bauch nach unten, sodass sie draufhauen konnte. Und dann fing der Missbrauch an, dass sie erst auf den Po gehauen hat und dann langsames Streicheln und das ging ziemlich weit.«

Rebello wird Bettnässer. Seine Seele schreit um Hilfe. Doch keiner hört sie. Im Gegenteil, Rebello wird schikaniert, bloßgestellt und für sein vermeintliches Versagen gedemütigt. Er muss sein Bettlaken selbst auswaschen und so lange damit in der Hand stehen, bis es getrocknet ist; ihm wird der Eimer, der nachts für die Notdurft im Schlafraum stand, ins Bett gekippt; er wird festgebunden mit Brennnesseln in der Hose. Die Torturen nehmen kein Ende. Rebello erinnert sich an den Wäschetauschtag, an dem sich alle Jungen in einer Reihe aufstellen und sich ausziehen mussten. Die Unterhosen wurden auf Flecken kontrolliert. »Wurde eine sogenannte ›Bremsspur‹ entdeckt, musste der Junge vortreten und erklären, warum er sich nicht richtig den Hintern nach dem Toilettengang abgeputzt hatte. Eine Ohrfeige oder auch zwei waren die Folge.« Rebello erinnert sich, dass rebellische Kinder sich zur Strafe manchmal die Unterhose auf den Kopf ziehen und Strafe stehen mussten. Als Rebello Jahre später, als erwachsener Mann, Kontakt zu einem anderen Insassen des Kinderheims aufnimmt, fragt dieser: »Bist du nicht der kleine Junge, den sie damals nackt mit der Unterhose auf dem Kopf über den Hof gejagt hatten?«

Besonders qualvoll sind die Weihnachtsferien. Die meisten Kinder dürfen zu den Eltern nach Hause. Die zurückbleibenden sind den Misshandlungen und dem Missbrauch durch die Älteren ausgesetzt. In einem seiner Gedichte beschreibt Rebello dies so:

> Ich hasste die Weihnachtszeit.
> Zum Abhauen war ich bereit,
> doch verriegelt die dicken Wände.
> Mein Sehnen nach dem Ferienende.

Auch an den Arrest denkt er mit Schrecken zurück. Nur ein Vertrauter gibt ihm Wärme und Zutrauen: sein Freund Jens. Die beiden Jungen schenken sich gegenseitig Vertrauen und Freundschaft. Das hält sie am Leben. Obgleich die Erzieher diese Freundschaft immer wieder auf harte Proben stellen und versuchen, die Kinder gegeneinander auszuspielen, zum Beispiel, indem einer den anderen bestrafen soll, bleiben die beiden unzertrennlich. Neben dieser Freundschaft gibt es einige Beschäftigungen in Schule und Heim, die Rebello und Jens ablenken und ein wenig Freude in ihr Leben bringen. Rebello ist in der Arbeitsgemeinschaft Junge Drucker aktiv, hilft dabei, die Heimzeitung zu erstellen. »Geländespiele, Wanderungen, das Durchstreifen der Natur gaben uns Luft zum Atmen.« Auch an die Schulferien, wenn alle Kinder, die nicht zu den Eltern entlassen wurden, an die Ostseeküste nach Prerow oder nach Thüringen fahren durften und einige Wochen dem Heimalltag entfliehen konnten, denkt Rebello gerne zurück. Dort waren die besten Betreuer und Studenten und es gab keinen militärischen Drill, keine Gewalt. Neben diesen schönen Momenten boten ihm auch Bücher eine Flucht. Wenn die Welt um ihn herum schwarz und trostlos wurde, flüchtete er sich in Geschichten und las wie besessen ein Buch nach dem anderen.

Rebello, der bis zu seinem achtzehnten Geburtstag im Heim bleibt, erfährt in den folgenden Jahren immer wieder sexuellen Missbrauch, Demütigung, Gewalt. Für ihn bleibt Pretzsch das »Schloss der tausend Wunden«, die er lyrisch verdichtet:

Schloss der tausend Wunden

Denke ich an meine Kindheit zurück,
Pretzsch, Erinnerungen Stück für Stück.
Ein Schloss, dicke Mauern, dunkle Keller.
Abhauen? Sie waren schneller.

Ein Heim für Kinder, die nicht parieren,
drillen, schreien, marschieren.
Erziehungsmethoden aus der Kaserne,
das Kinderland rückte in weite Ferne.

Immer wieder dieser Gruppenzwang,
Appelle oft stundenlang.
Immer befolgen ihren Begehren,
zu klein, um sich zu wehren.

Ausziehen, nackt in einer Reihe stehen,
sie wollten junge Knabenkörper sehen.
Strafe hinter Gitterstangen
Wenn wir sind auf die Walz gegangen.

»Aktuelle Kamera« sehen unsere Pflicht,
durften verlassen die Gruppe nicht.
Wir wollten lachen, mussten weinen.
Wann wird unsere Sonne scheinen?

Entengang, Kniebeugen im Zahlentakt
Oft im Winter, ausgezogen, nackt.
Auf dem Hof vor dem Haus
stehen, die Arme geradeaus.

Wir waren Kinder, wollten Licht,
warum gaben sie es nicht?
Laut Akten waren wir unerzogen,
in der Öffentlichkeit wurde laut gelogen.

Bunker, das Alter war ihnen egal,
sie pfiffen auf jede Moral.
Eingesperrt in der tiefsten Gruft,
nackt atmen im dunklen die kalte Luft.

Ich wehrte mich immer wieder,
wollte nicht singen ihre Lieder.
Ekelte mich, wenn sie mich benutzten,
meinen Körper nahmen und beschmutzten.

Keiner sah unsere Leiden, unsere Tränen,
wir sollten uns nur benehmen.
Hatten sie Lust mussten wir Stöcke holen,
um dann unsere Ärsche zu versohlen.

Ein Tränenpalast der Tausend Wunden
Viele Seelen wurden hier geschunden.
Keiner kann das je ermessen.
Pretzsch, du bleibst unvergessen.

Seine Entlassung aus dem Heimsystem 1979 ist in Rebellos Gedächtnis tief eingebrannt: »Mein Gepäck, das ich geschnürt bekam und mitnehmen musste, war abgrundtiefer Hass auf die Menschen, und ich wollte nach all dem Kollektivierungswahnsinn nur noch alleine sein. Meine tiefen Wunden der Seele heilte ich mit Alkohol, der mein bester Freund wurde. Er ließ die Sonne scheinen, brachte mich zum Lachen und zum Schlafen. Er ließ mich vergessen.«

Rebello vermutet Absicht dahinter, als sein Freund Jens, der ihm all die Jahre der einzige Vertraute war, mit dem Motorrad gegen einen Baum fährt: weil er mit seinen Erinnerungen nicht leben kann. Rebello fällt in ein Loch, die Trinkerei nimmt Überhand. Erst als er seine zukünftige Frau kennenlernt und diese schwanger wird, kriegt er sein Leben wieder in den Griff. »Dann ist mir der Gedanke gekommen, irgendwie etwas mit Kindern zu tun, aber auch zu beweisen, dass man Kinder anders erziehen kann.« Rebello will Erzieher werden, kämpft sich durch die Ausbildung, wobei er, das Ziel vor Augen, »einfach sagt, was die hören wollen,« wenn es um die politische Bildung geht. Er fängt in einem Kindergarten in Berlin-Marzahn an. Beim Erzählen stockt Rebello kurz, wird nachdenklich und erinnert sich an erste Schwierigkeiten: »Ich wollte nicht, dass kleine Kindergartenkinder wie Soldaten marschieren.« Er rezitiert den Liedtext:

Soldaten sind vorbeimarschiert
Im gleichen Schritt und Tritt.
Wir Pioniere kennen sie
Und laufen fröhlich mit.

Das sei ihm zuwider gewesen und er sei mit seiner Meinung, man könne Kinder auch anders erziehen, doch auch angeeckt.

Die Vergangenheit holt ihn immer wieder ein, besonders nachts haben die Erinnerungen ihn fest im Griff. Schon wenige Monate nach der Geburt seines Sohnes wendet seine Frau sich von Vater und Kind ab. Sie will nichts mehr von dem zehn Monate alten Baby und Rebello wissen. Auch Rebello hadert, traut sich die Vaterrolle gar nicht zu. Doch als ihm klar wird, dass der Junge ins Heim muss, wenn er sich nicht um ihn kümmert, entschließt er sich, es zu versuchen. Für die Vaterrolle ist er durch Kindheit und Jugend nicht prädestiniert, noch weniger durch die Erinnerung an den eigenen Vater.

Vater

Du hast mich gezeugt
Und zu früh gebeugt.
Harte Schläge, feste Tritte.
Aufhören, meine Bitte.

Warum, so meine Frage,
denn mit jedem Schlage
hast du dich entfernt,
Verachtung habe ich gelernt.

Tränen in meinem Gesicht,
Vater, die sahst du nicht.
Nicht mein Zittern, nicht mein Beben,
sag, ist das ein erfülltes Leben?

Eine Ecke, statt ein Bett zum Schlafen,
sag, warum wolltest du mich strafen?
Oft blutrot meine blonden Locken,
im Winter barfuß ohne Socken.

Warum, das frage ich noch immer,
ein Keller statt ein Kinderzimmer.
Angst vor deinen starken Händen,
meine Schreie hinter Wohnungswänden.

Vater, warum? Meine Augen flehen,
wollte Wärme, die Sonne sehen.
Ich hasste die Angst, dein Schreien.
Vater, ich kann dir nicht verzeihen.

Dich wollte ich achten, lieben,
doch was ist geblieben?
Abgründe, Wunden, tiefe Krater
Brennender Hass auf meinen Vater.

Rebello macht seine Sache aber besser, ist immer für seinen Jungen da. 1985, als der Sohn dreieinhalb ist, büxt er aus dem Kindergarten aus, wird von einem Auto erfasst und erleidet schwere Verletzungen. Seitdem ist das Kind schwerstbehindert, Rebello kümmert sich weiter um ihn. Kurz nachdem er 1986 einen Ausreiseantrag stellt, wird ihm vom Kindergarten ein Aufhebungsvertrag vorgelegt, seine Mitarbeit ist nicht länger erwünscht. Er schlägt sich und seinen Sohn mit einem Job als Gebäudereiniger durch. Im Juni 1989 wird Rebello aus der DDR ausgewiesen. Binnen vierundzwanzig Stunden muss er das Land verlassen, seinen Sohn nimmt er mit. Im Westen absolviert er eine Ausbildung zum Heilerzieher mit dem Ziel, mit behinderten Kindern zu arbeiten.

Lebenskünstler

Grübeln, Panikattacken,
Unruhe, Angst, andere Macken.
Entgegen treten,
darüber reden.

Sonnenschein,
statt traurig sein.
Das Schöne entdecken,
statt zu verstecken.

Hinfallen, aufstehen,
vorwärts gehen.
Suchen das Glück,

nicht nehmen den Strick.
War eisig die Nacht,
ist schweißgebadet aufgewacht.
Nicht verfluchen,
erneut versuchen.

Hass macht krank
Und lebenslang
Werden Stürme wehen.
Ohne zu verstehen.

Du wirst nie befreit
Doch es kommt die Zeit,
wo du die Last kannst tragen
ohne zu klagen.

Rebello hat schwere körperliche und seelische Schäden davongetragen. Eine normale Beziehung zu einer Frau, die er sehr ersehnt, konnte er nie führen. Essen, schlafen, leben, all das fällt ihm oft schwer. Seiner Vergangenheit stellt er sich auf unterschiedliche Weise. Mehrere Therapieversuche liegen hinter ihm.

Im August 2020 habe ich nochmals Kontakt zu Rebello. Es geht ihm sehr schlecht. Nicht nur der Tod seines Sohnes und die tiefe Traurigkeit sowie die Verzweiflung über diesen Verlust rauben ihm den Lebensmut. Auch die Einsamkeit durch den coronabedingten Lockdown macht ihm sehr zu schaffen. Stellen Zuspruch, menschliche Wärme und ein geregeltes Miteinander ohnehin unverzichtbare Grundpfeiler eines erfüllten Lebens dar, so wird hier deutlich, wie dramatisch es für jene ist, denen dies in Kindheit und Jugend verwehrt blieb. Die Pandemie zerstört(e) für viele ehemalige Heimkinder ein mühsam erarbeitetes soziales Konstrukt von unschätzbarem Wert.

Jugendwerkhof Ernst Thälmann in Lutherstadt Wittenberg

Die Stadt Wittenberg an der Elbe (seit 1938 Lutherstadt Wittenberg) erlangte im 16. Jahrhundert große Bedeutung als eines der wichtigsten deutschen Zentren kulturgeschichtlichen, politischen und künstlerischen Schaffens. Die Stadtkirche St. Marien gilt als die Mutterkirche der Reformation, 1996 wurde sie mit anderen Bauten von der UNESCO zum Weltkulturerbe erklärt. In der NS-Zeit wurde in Wittenberg ein Zweigbetrieb der Arado Flugzeugwerke errichtet. Unter katastrophalen Bedingungen mussten Frauen aus dem Konzentrationslager Ravensbrück dort Zwangsarbeit leisten.

In einem Haus in der heutigen Sternstraße Nummer 16, 1904 als Lehrlingshaus erbaut, befand sich von 1949 bis 1989 ein Jugendwerkhof. Namensgeber war Ernst Thälmann, der im Konzentrationslager Buchenwald 1944 ermordete Vorsitzende der Kommunistischen Partei Deutschlands. Das Haus bot fünfundsiebzig Plätze für Jungen und Mädchen. Dazu gehörten die beiden Außenstellen Antoniusmühle und Luthersbrunnen. In einem Bericht an das Ministerium für Volksbildung wurden 1951 die Wohnverhältnisse als äußerst primitiv beschrieben. Die Räume der Jugendlichen seien unsauber. Auch die Jugendlichen waren dem Bericht nach in ungepflegtem Zustand, Heimleitung und Erzieherpersonal wurden als schlecht organisiert bezeichnet. Zur Außenstelle Antoniusmühle, die Platz für fünfzehn bis zwanzig Jugendliche bot, gehörten rund hundert Morgen Land sowie Ställe für Kühe, Schweine und Pferde. In der Zeit vom 1. Januar bis zum 15. September 1957 sind siebenunddreißig Fluchten dokumentiert. Die berufliche Ausbildung für Jungen fand unter anderem im VEB Maschinen- und Mühlenbau Wittenberg (Schlosser), dem VEB Agrochemisches Zentrum Reinsdorf Chemieanlagenbau, in der Zwischengenossenschaftlichen Bauorganisation (ZBO) Wittenberg Baubetrieb (Maurer), der LPG Deutsch-Sowjetische Freundschaft Mühlanger (Tierpfleger) und der LPG Flämingrand (Agrotechniker/Feldbauhelfer) statt. Die Mädchen wurden in der VEB Textilreinigung (zur Manglerin), der LPG IX. Parteitag Gemüsebau Elbaue Wittenberg (zur Gemüsegärtnerin) geschult. Die Ausbildung erfolgte wie im System der Jugendhilfe üblich zum »Teilfachangestellten«.

Corinna Thalheim, als Sechzehnjährige eingewiesen, erinnert sich an das »Aufnahmeritual« im Jugendwerkhof Ernst Thälmann. Sie hat einen guten ersten Eindruck, die Erzieher wirken freundlich auf sie. Nachts wacht sie auf, die anderen Mädchen ihrer Gruppe stehen an ihrem Bett, ein Mädchen schreit: »Du willst sauber werden? Dann ab ins Bad!« Corinna wird ins Bad bugsiert, sie muss sich völlig entkleiden. Die anderen überschütten sie mit Scheuerpulver, schrubben sie unter der kalten Dusche bis sie blutet. Sie schreit, weint, ruft um Hilfe. Niemand kommt.

Auch Michael Witte erinnert sich an den rauen Umgang der Jugendlichen untereinander: »Es gab, vor allem nachts, viele Prügeleien. Da ist viel Blut geflossen. Die Erzieher wussten das, haben aber nichts gemacht. Selbsterziehung nannten die das.« Er war in der Außenstelle Antoniusmühle untergebracht. Diese war weit abgelegen. Zur Arbeitsstelle auf einem landwirtschaftlichen Betrieb liefen die Jugendlichen eine Dreiviertelstunde.[13]

Seit 2004 sind in dem Gebäude ein Internat für Berufsschüler und das Jugendgästehaus Wittenberg untergebracht. Das vom Internationalen Bund betreute Haus wurde saniert und umgebaut. Es bietet heute Platz für hundert Schülerinnen und Schüler, die in Zwei-, Drei- und Vierbettzimmern sowie in einigen Wohnungen untergebracht sind und pädagogisch betreut werden.

Abb. 21: Hauptheim des Jugendwerkhofes und Spezialkinderheimes Ernst Thälmann in der Sternstraße Wittenberg mit dem an der Fassade angebrachten Banner: »Vorwärts zu neuen Erfolgen beim Aufbau des Sozialismus«

»Das ganze Leben bestand aus Strafe«

Stasitauglich nach der Umerziehung?

Dietmar treffe ich im April 2019 in Berlin. Er ist siebenundsechzig Jahre alt, steht mir in grauem T-Shirt und ausgeblichener Jeans gegenüber und wirkt mit seinen langen Haaren, dem Vollbart und dem wachen Blick wie ein Künstler, ein Musiker, ein Freigeist. Er ist verbindlich, unkompliziert und bestechend direkt. Im Verlauf des Gespräches bin ich immer wieder beeindruckt von den vielen Details, an die er sich erinnert. Und ich kann mir gut vorstellen, wie er als junger Mann der Beat-Szene angehörte, sich unkonventionell und freiheitsdurstig auf die Suche machte nach dem, was zählt im Leben.

Dietmar kommt 1952 in Leipzig zur Welt. Bis zu seinem vierten Lebensjahr lebt er bei seiner Großmutter, mit ihrer – vermutlich politisch motivierten – Verhaftung bricht für ihn eine Welt zusammen. Ohne Vorwarnung wird er von ihr weggebracht, muss fortan bei einer ihm fremden Frau in der gleichen Straße leben. Erst einige Zeit nach seinem Einzug bringt die Jugendhilfe ihm ein eigenes Bett. Zum Frühstück gibt es zwei Scheiben Brot mit Margarine, dann wird er auf die Straße geschickt, darf erst abends wieder nach Hause kommen. Wieder gibt es zwei Scheiben Brot mit Margarine und »irgendwas drauf«. Dietmar wächst in den 1950er Jahren in der Ruinenstadt Leipzig-Ost auf. Die zerstörten Häuser bieten den Kindern einen großen Abenteuerspielplatz. Eines Tages findet er einen Schatz: Ganz hinten im letzten Winkel einer Ruine entdeckt er eine Kiste mit einem kompletten Kasperletheater, mit allen Figuren. Dietmar verbringt viel Zeit mit seinem neuen Spielzeug. Es ist eine schöne Welt, in die er sich rettet. In der Pflegestelle muss er im Garten helfen. Er bekommt Prügel. Zuwendung erfährt der Junge nicht.

Es kommt zu einem weiteren Bruch in seinem Leben, als die Stasi sich für seine Ziehmutter interessiert. Eines Tages wird sie abgeholt, ihrer NS-Vergangenheit wegen. Dietmar wird 1956 ins Vorschulheim nach Zwenkau gebracht. Dort, so erinnert er sich, erfährt er zum ersten Mal in seinem Leben, dass man auch liebevoll miteinander umgehen kann. Er genießt es, sich auf dem Gelände frei zu bewegen und doch auch umsorgt zu werden. Die Erzieherinnen bemühen sich um die Kinder, schenken ihnen Wärme und Zuwendung. Die, wie er sie beschreibt, vergnügliche Zeit in Zwenkau dauert für Dietmar nur ein Dreivierteljahr. Zum Abschied werden die Kinder in den Garten geführt, dort steht ein Zuckertütenbaum und den Kindern wird erklärt, sie kämen nun in ein anderes Heim und würden eingeschult.

Ohne weitere Erklärungen wird Dietmar, zu seinem großen Schrecken ohne eines der Kinder, die er schon kennt, abgeholt und nach Großdeuben gebracht. Von 1958 bis 1969 wird er dort bleiben. Er erinnert sich an den unheilvollen Satz: »Los jetzt und einsteigen. Nun beginnt für euch die Realität des Lebens.« Das Kinderheim Großdeuben ist in einer ehemaligen Villa untergebracht. Als er im Heim ankommt, gibt es keine Begrüßung, stattdessen den Befehl: »Stell dich dorthin, warte, bis sich jemand um dich kümmert.« Dietmar erinnert sich: »Und stehen war im Kinderheim Normalität gewesen. Immer bei jedem bissel stehen. Stehen, anstellen, stehen, stehen, stehen […]. Du warst böse? Ab in die Ecke stehen, in die Ecke gucken, stehen, stehen, stehen und keine Herzlichkeit.«

Besonders bitter ist für Dietmar, dass die Erzieher keine Freundschaften zwischen den Kindern zulassen. Sobald sich zwei untereinander besser verstehen, bemühen sich die Erzieher aktiv, dies zu unterbinden. Eine Taktik ist, Gegenstände eines Kindes in das Fach eines anderen Kindes zu stellen und so Zwietracht zu sähen. Solidarität unter den Kindern sei daher nie aufgekommen. Gruppenbestrafungen sind ein weiteres Mittel, um die Kinder gegeneinander aufzubringen. So wird die ganze Gruppe bestraft, wenn eines der Kinder eine Verfehlung begangen hat. Dies führt meist dazu, dass die Gruppe sich später an diesem Kind rächt und es verprügelt.

Dietmar berichtet auch von Ohrfeigen und Schlägen seitens der Erzieher. An einen besonders brutalen Mann erinnert er sich. Der nimmt die Kinder mit in den Keller, wo er sie mit dem Handrücken ins Gesicht schlägt. Nicht selten kommt es dabei zu Platzwunden. Eine andere perfide Art des Strafens ist der »Hobel«, bei dem die Finger einer Faust ganz schnell über den Hinterkopf gezogen werden. Üblich ist auch das Ziehen an den Haaren oberhalb der Ohren. Die Methoden werden so gewählt, dass sie schmerzhaft sind, aber keine sichtbaren Spuren hinterlassen.

Nicht nur im Heim erfahren die Kinder Gewalt. In der Schule wird ihnen mitgeteilt, dass man sie »Zucht und Ordnung« lehren werde. Hinzu kommt, dass es zwischen den Heimkindern und den Dorfkinder wilde Prügeleien gibt, befeuert von den Lehrern, die die Dorfkinder regelrecht gegen die Heimkinder aufhetzen. Wer in der Schule auffällt oder über wen sich ein Lehrer bei der Heimleitung beschwert, erhält im Heim Prügel oder wird in den Arrest gesteckt. Dietmar erinnert sich an zwei Arrestzellen, die beide schlimm waren. Eine kleine Kammer unter dem Dach, einen Meter hoch, zwei Meter lang und anderthalb Meter breit. Im Winter friert man schrecklich in der ungedämmten Zelle und im Sommer herrscht brütende Hitze. Zu essen und zu trinken bekommen die Kinder im Arrest nichts. Noch schlimmer ist der Arrest im Keller. Der ehemalige Weinkeller, eine feuchte kleine Kammer ohne Licht, ist nur über eine steile Treppe zu erreichen und zu niedrig, um darin stehen zu können. Von den Erziehern ermuntert stehen die anderen Kinder der Gruppe an der Treppe, schreien Beleidigungen und drohen dem zu Bestrafenden: »›Wegen dir haben wir wieder eine Gruppenstrafe, wehe, wenn du hier rauskommst!‹ Die Erzieher, die haben das regelrecht angestachelt, obwohl sie wussten, dass derjenige, der da unten im Keller sitzt, wenn er rauskommt, sich garantiert rächen wird. Und so war es auch. Wenn ich dort drinnen war und bin rausgekommen und habe mitbekommen, wer mich dort beleidigt oder beschimpft hat, der hat von mir eine Tracht Prügel bezogen [...]. So haben wir uns gegenseitig das Leben schwer gemacht.« In die Pionierorganisation wird er wegen »rüpelhaften Verhaltens« nicht aufgenommen.

Viele schwere Arbeiten musste Dietmar im Kinderheim verrichten. Im Tagebau Espenheim wurden beispielsweise Bäume gefällt, die die Kinder kilometerweit ins Kinderheim ziehen und dort zu Brennholz zerkleinern mussten. Auch Kohlenschippen für die Erzieher gehörte zu den Aufgaben der Kinder.

Mit dreizehn oder vierzehn Jahren beginnt Dietmar zu rauchen. Das gehört dazu, er schaut es sich bei den Größeren ab. Zunächst werden die Jüngeren auf ein paar Zigaretten eingeladen, dann heißt es: »Jetzt besorgt ihr welche.« Also fangen sie an, im »Selbstbedienungsladen« zu klauen, Zigaretten der Marke »Karo«. Wenn die Erzieher das mitbekommen, erpressen auch sie Zigaretten von den Kindern. Taschengeld erhalten die Kinder nicht, also müssen sie weiter stehlen.

Als Dietmar den Heimleiter eines Nachts mit einer Erzieherin im Bett überrascht, ruft er frech: »Weiterhin viel Spaß beim Ficken!« Der Heimleiter macht Dietmar umgehend zum »Jugendlichen vom Dienst«, was bedeutet, dass er nun die anderen Jugendlichen kontrollieren muss. Viele unangenehme Arbeiten, wie etwa das Haus zu putzen, muss er dafür nicht mehr verrichten. Dietmar kann sich nun relativ frei im Haus bewegen. Er bemüht sich, die Position den anderen gegenüber nicht auszunutzen, wissend, dass er den Posten nicht ewig haben wird und darauf bedacht, sich keine Feinde zu machen. Dietmar erinnert sich unter anderem an die Pflicht, dafür zu sorgen, dass sich alle in Reih und Glied vor dem Speisesaal aufstellen: »Das war keine schöne Aufgabe, zu allen zu sagen, Hände aus den Hosentaschen oder sonst was.« Er erlebt auch Wut ihm gegenüber und er wird argwöhnisch gefragt, warum er eigentlich »Jugendlicher vom Dienst« geworden sei.

Dietmar konnte gut zeichnen, er erinnert sich, dass er deshalb die Wandzeitung gestalten musste. Fleißige Pioniere habe er gezeichnet, die Altpapier sammelten. Oder Kartoffelkäfer klaubten, die angeblich von den Amerikanern über den Feldern der DDR abgeworfen wurden, um die Landwirtschaft der DDR zu ruinieren. Dietmar erinnert sich, dass er und die anderen Kinder eimerweise Kartoffelkäfer zusammengelesen haben.

Dietmar darf nicht den Beruf erlernen, den er sich wünscht, er wird nicht einmal gefragt. Er muss Betriebsschlosser lernen im Kohlewerk Böhlen. »Die schlimmste Drecksarbeit«, so erinnert er sich, »die ich jemals machen musste.« In dem völlig veralteten Werk, das nach den Luftangriffen des Zweiten Weltkrieges notdürftig zusammengeflickt worden war, wurden Braunkohlebriketts, Teer und anderes produziert.

Dietmar ist in der zehnten Klasse und gerade sechzehn Jahre alt, als er aus dem Kinderheim entlassen wird. Doch statt einer Summe von rund tausend Mark, mit der er als Arbeitslohn der letzten Jahre gerechnet hat, erhält er nur 199 Mark. Mit einem Koffer voller Kleidung wird er entlassen. Er soll sich in Leipzig im Jugendwohnheim Leipzig-Lindenau melden. Dietmar merkt schlagartig, wie unselbständig er ist. Er traut sich nicht, den Bahnhof zu betreten, eine eigenständige Entscheidung zu treffen. Er hat Glück, die Frau am Fahrkartenschalter nimmt sich seiner an, hilft ihm, eine Fahrkarte zu kaufen, erklärt ihm, wie er nach Leipzig kommt, worauf er dort am Bahnhof achten muss und welche Straßenbahn er braucht. »Und da wusste ich, man muss sich jetzt bemühen, eigenständig zu werden. Denn das ist eigentlich das Schlimmste, dass du nicht weißt, wie du dich zu bewegen […] zu verhalten hast.«

Dietmar ist zu diesem Zeitpunkt noch Schlosserlehrling. Er bleibt nur bis zum Ende seiner Lehre im Jugendwohnheim. Danach zieht er zu seiner Großmutter. Den Beruf, den er nie erlernen wollte, hängt er an den Nagel, arbeitet stattdessen in verschiedenen Produktionsgenossenschaften des Handwerks.

Bei einem Freund sieht er zum ersten Mal in seinem Leben den Beat-Club, eine westdeutsche Sendung. Dietmar weiß sofort: »Das ist mein Leben. Das willst du. Diese Musik, das ist deins. Diese offene Diskussion, das ist deins. Du willst am Leben teilhaben.« Er lässt Haare und Bart wachsen, trägt Jeans. Bei seiner Großmutter will er nicht mehr wohnen; sie ist lieb zu ihm, aber er sucht die Freiheit. So zieht Dietmar zu seinem Arbeitskollegen, lernt Menschen kennen, die so denken wie er, die Beatmusik lieben und Tanzlokale besuchen. Als Dietmar erfährt, dass einige seiner Freunde zu Musikveranstaltungen trampen, spart er und tut es ihnen gleich. Mittlerweile ist er achtzehn Jahre alt. Als er nicht mehr bei seinem Arbeitskollegen wohnen kann, bezieht er sein erstes eigenes Domizil, eine völlig heruntergekommene, leere Einraumwohnung unterm Dach. Freunde helfen, sie zu renovieren und jeder steuert etwas bei, so hat Dietmar bald alles, was man zum Leben benötigt.

Den Behörden sind sein individueller Lebensstil und seine Liebe zur Beatmusik ein Dorn im Auge. Auch die Verweigerung des Wehrdienstes wird zum Problem. Als er eines Tages, Anfang der 1970er Jahre, von einem Trampausflug zurückkommt, empfangen ihn vier Herren in seiner Wohnung, zwei in Zivil, zwei in der Uniform der Staatssicherheit. Er wird wegen »asozialen Verhaltens« verhaftet. Im Verhör wird ihm vorgeworfen, den gesamten Inhalt seiner Wohnung gestohlen zu haben. Mit dem Wissen aus dem Kinderheim, dass sich immer falsche Zeugen finden lassen, und in der Hoffnung auf Bewährung unterschreibt er das falsche Protokoll, in dem er zugibt, die Dinge gestohlen zu haben. Auch das Gerichtsverfahren ist eine Farce. Der Staatsanwalt bezeichnet ihn als Staatsfeind, der seine Arbeitskraft bewusst dem Sozialismus entzogen habe, er ernähre sich auf unlautere Art und Weise, er sei ein Ganove. Drei Schulklassen sitzen im Gerichtssaal: An Dietmar wird ein Exempel statuiert, er kommt weder zu Wort noch kann er sich anderweitig verteidigen. Zwei Jahre Arbeitserziehung lautet das Urteil. Verbüßt wird die Strafe im Gefängnis Regis-Breitingen (circa vierzig Kilometer südlich von Leipzig) durch Zwangsarbeit im Braunkohle-Tagebau.

Die Haft beginnt mit der Aufforderung eines jungen Offiziers, einige Dokumente zu unterschreiben. Dietmar fragt, was er unterschreiben soll. »Unterschreiben«, ist die Antwort. Wie bei trotzigen Kindern geht es eine Weile so hin und her, ehe Dietmar sagt: »Wenn Sie mir nicht sagen, was ich unterschreiben soll, trete ich ab.« Nun erfährt er, dass es sein Urteil ist und dass es in dem Moment, in dem er es unterschreibt, rechtskräftig wird. Dietmar fühlt sich unschuldig und unterschreibt nicht. Es folgen 21 Tage strenger Arrest. In der Arrestzelle befindet sich ein Kübel für die Notdurft, ein tagsüber an die Wand geklapptes Bett ohne Matratze, dessen Lattenrost aus Brettern besteht, die ein bis anderthalb Zentimeter Abstand sowie eine unterschiedliche Höhe aufweisen, sodass es schmerzt, darauf zu liegen, und eine halbe Decke (ein Meter mal neunzig Zentimeter). Zwei Scheiben trocken Brot und alle drei Tage eine warme Suppe, die aber nie warm war, wird als Verpflegung gewährt. Nachts erhält Dietmar Besuch von Justizvollzugsbeamten mit Gummiknüppeln. Sie wollen ihn dazu bringen, sich beim Verbindungsoffizier zu melden und sich als inoffizieller Mitarbeiter zur Verfügung zu stellen. Sie bieten vorzeitige Entlassung aus dem Arrest und Sondervergünstigungen. Dietmar lehnt ab.

Dietmars Alltag besteht erneut aus Arbeit, Strafe, Arrest. Eines Tages leidet er an schlimmen Zahnschmerzen. Bis er dem Gefängnisarzt vorgestellt wird, vergehen mehrere Tage. Seine Schmerzen bekämpft er mit Rotwein, bis er Tabletten bekommt. Arbeiten muss er weiterhin im Tagebau; er fragt mehrfach, wann er endlich zum Zahnarzt kommt. Ein Wachmann reagiert wütend, drängt ihn an die Wand einer Baracke, holt mit dem Gewehr aus und schlägt zu. Dietmar duckt sich weg, die Bretterwand hält dem Schlag nicht stand; Dietmars Kiefer wäre zertrümmert worden, wäre er dem Schlag nicht ausgewichen. Dietmars Zahn wird gezogen. Anschließend erhält er zum zweiten Mal einundzwanzig Tage strengen Arrest wegen »Beleidigung eines Justizvollzugsbeamten«.

Dietmar muss ein drittes Mal in den strengen Arrest, weil er einem kleineren, hilflosen Mitgefangenen beispringt und für ihn eine schwere Arbeit übernimmt. Das Angebot, inoffizieller Mitarbeiter der Stasi zu werden, wird mehrfach wiederholt. Er lehnt jedes Mal ab. Er ist kein Aufrührer, kein Hetzer. Im Gegenteil, er ist ein sensibler Mensch, der wissbegierig ist und lesen möchte, um die Welt zu verstehen. Der diskutieren und seine Kreativität ausleben möchte. Er möchte Beatmusik hören und selbst bestimmen, wie er aussieht, lange Haare und einen Bart tragen und sich so kleiden wie seine Musikidole. Das harte Vorgehen gegen ihn, die lange Haftzeit stehen in keinem Verhältnis zu seinem Vergehen. Sie zeigen aber die Linie der DDR-Justiz, den Willen, alle, die anders sein wollen, als die gesellschaftliche Norm es vorgibt, zu brechen. Bei Dietmar gelingt dies nicht. Trotz mehrfachen verschärften Arrests, trotz aller Schikanen und Demütigungen bleibt Dietmar sich selbst und seinen Überzeugungen treu und leistet auf seine ganz eigene Weise Widerstand. Eine Szene ist ihm eindrücklich in Erinnerung: In der Haft müssen alle eine Schirmmütze tragen. Er jedoch tut dies nie. Er hat sie auf der Schulter liegen und nimmt sie zum Gruß in die Hand, wenn ein Wachmann vorbeikommt. Dieses Verhalten ist unter den Wachleuten bekannt und wird geduldet. Ein Wachmann aber versteht Dietmars Verhalten als Beleidigung und meldet es dem Vorgesetzten. Dieser befragt Dietmar, ob dies stimme, und als der es zugibt, verschafft sich der Wachmann Zugang zu Dietmars Spind, nimmt die Zeichenmappe, die Dietmar so liebt, heraus und zerreißt alles. Dietmar ist entsetzt, tut aber so, als sei ihm diese Zerstörung egal. Er lässt sich nichts anmerken. Erst später im Duschraum lässt er seinen Tränen freien Lauf.

Kurz vor seiner Entlassung wehrt er sich noch einmal. Er soll eine Baracke reinigen, in der eine große Blutlache den Boden dunkel färbt. Er weigert sich, dieses Zeugnis einer brutalen Züchtigung wegzuwischen. Riskiert wieder eine Strafe, die diesmal ausbleibt. In den letzten Tagen seines Aufenthaltes wird er in Ruhe gelassen.

Als er entlassen wird, versuchen Mitarbeiter der Stasi ein letztes Mal, ihn als IM anzuwerben. Dietmar lehnt ab, er weiß: »Für diesen Staat nicht. Sie haben mich zum selbstbewussten Menschen erzogen. Ich weiß, ich kann mein Leben nur selbst gestalten. Aber außerhalb des Systems. Nicht mit dem System.« Dietmar sucht seinen alten Freundeskreis wieder auf, alle dort sind Nicht-Wähler und mittlerweile gegen den Staat eingestellt. Dietmar wird erneut zur Musterung einberufen, dort wird ihm mitgeteilt, dass er vom Wehrdienst befreit sei, er habe sich nicht bewährt.

Als der Staatsrat der DDR zum 23. Jahrestag der Staatsgründung am 7. Oktober 1972 eine Amnestie erlässt, gehört Dietmar zu den ersten, die wieder einberufen werden. Doch er weigert sich weiterhin, den Dienst an der Waffe zu verrichten. Er engagiert sich für Wolf Biermann, indem er 1976 die Petition gegen seine Ausbürgerung unterschreibt. Die Stasi befragt ihn dazu, doch konkrete Konsequenzen folgen nicht. 1975 stellt Dietmar einen Ausreiseantrag. Vergeblich, ihm wird nicht stattgegeben. Die Repressalien seitens Polizei und Stasi nehmen zu. Seine konsequente politische Inaktivität und seine Ablehnung gegenüber dem System führen zu einem Visaverbot. Seine Reisemöglichkeiten sind dadurch bis 1984 stark eingeschränkt. Er lernt seine spätere Frau, eine Medizinstudentin, kennen, spielt ihr gegenüber von Anfang an mit offenen Karten, erzählt von seiner Heim- und Gefängniserfahrung. Die Stasi warnt seine Freundin vor ihm, doch sie steht zu ihm. Auch ihr Vater, ein treuer Genosse, nimmt ihn herzlich in die Familie auf. Er versucht zwar, Dietmar zu überreden, an den Wahlen teilzunehmen, akzeptiert aber, dass dieser auf der Verweigerung beharrt. Als seine Lebensgefährtin 1978 eine Anstellung als Ärztin in Stollberg im Erzgebirge bei Chemnitz, das damals Karl-Marx-Stadt heißt, erhält, zieht er mit. Dietmar beginnt bei der Produktionsgenossenschaft des Handels Rundfunk-Fernsehen in Niederdorf zu arbeiten.

Er bezeichnet den Umzug heute auch als eine willkommene Flucht, er sei die ständigen Besuche der Stasi leid gewesen. Die beiden heiraten und gründen eine Familie. Ab 1981 arbeitet Dietmar als Möbeleinrichter im VEB Innenprojekt Karl-Marx-Stadt. Weil er sich nicht einfügt in das sozialistische Kollektiv, erfolgen immer wieder fristlose Entlassungen aus Arbeitsverhältnissen. Dietmar ist als selbstständiger Berater für einen Sicherheitsdienst und für diverse Praxen, Kanzleien und Büros tätig. Doch er nimmt die Kündigungen nie hin, er wehrt sich, schreibt Eingaben und kämpft für sein Recht. Insgesamt zwölfmal mit Erfolg. 1987 gründet er die Firma Möbelservice Rummel und Schüppel und wagt damit den Schritt in die Selbstständigkeit.

1989 wird Dietmar Gründungsmitglied des Neuen Forums Stollberg und übernimmt den Vorstand. Er wird Mitinitiator der Montagsdemonstrationen. Von 1987 bis 1990 ist er ehrenamtlich Mitglied im Anstaltsbeirat des Frauengefängnisses Hoheneck.

Mit der Wende endet zunächst sein politisches Engagement. Vieles stört und ärgert ihn: »Man hat die Straßen schön gemacht, man hat die Fassaden schön gemacht, aber man hat die Menschen nicht mitgenommen.« Besonders dass die, die im Jugendwerkhof waren, nur Hilfsarbeiter werden konnten, als mit der Wende ihre Teilfacharbeiterausbildung nicht anerkannt wurde, schmerzt ihn. »Das waren die ersten, die nach der Wende durch die Roste gefallen sind, und um die hat sich wieder niemand gekümmert. Das tut weh. Das war mein Schicksal.«

Zwischen 1997 und 2007 engagiert er sich erneut politisch, wird ehrenamtlicher FDP-Kreisvorsitzender für den Kreis Stollberg. Seinem Hobby Zeichnen und Malen, das ihm auch in der Zeit der Haft eine Stütze und ein Trost war, ist er treu geblieben. 2010 ist er mit Bildern in der Offenen Ausstellung der Galerie Heinrich-Hartmann-Haus in Oelsnitz im Erzgebirge vertreten. Seit 2010 arbeitet er seine Vergangenheit in den DDR-Heimen und -Haftanstalten aktiv auf. 2014 erscheint sein erstes Buch »Die (Zellen-)Tür schlägt zu«, in dem sein literarisches Ich, Thomas Grundmann, den jungen Unteroffizier vorführt, der ihn im Gefängnis brechen will. Wenn dieser, wütend über die Überlegenheit seines Gefangenen, sinniert: »Wer einen Willen hat, den kann man nur bedingt brechen«, wird deutlich, was Dietmar geholfen hat, die Haftzeit zu überstehen. Es ist sein Glaube an sich selbst und die unverrückbare Erkenntnis, dass es nicht rechtens war, was ihm angetan wurde.

Abb. 22: Dietmar als Siebzehnjähriger, 1969

Heute lebt Dietmar im Erzgebirge, seine beiden Bücher »Die (Zellen-)Tür schlägt zu« (2014) und »Grauer Schnee – Tauwetter« (2016), in denen er seine Erfahrungen verarbeitet, hat er auf der Leipziger Buchmesse vorgestellt. Er spricht oft vor Schulklassen über seine Vergangenheit in der DDR. Über sich selbst schreibt er sehr eindrücklich in der Widmung seines Buches: »In meinem Wesen bin ich voller Konflikte, und ich war oft erzürnt, launisch und zuweilen auch ungerecht in meinem Handeln. Danke meinen Kindern, dass ich trotz meiner Launen ihnen Papa sein darf. Mein Respekt und meine Achtung gehören deshalb einem einzigen Menschen: Meiner Frau, meiner geliebten Rosi. Denn wenn sie keine Geduld aufgebracht hätte, wäre unsere Ehe gescheitert. Danke!«[14]

Der Jugendwerkhof Lilo Hermann in Rödern

Die Widerstandskämpferin gegen das NS-Regime Liselotte Hermann genoss in der DDR kultische Verehrung. Die aus bürgerlichen Verhältnissen in Berlin stammende junge Frau studierte in Stuttgart und Berlin Chemie und Biologie und wurde 1933 wegen kommunistischer Betätigung der Universität verwiesen. 1935 wegen Landes- und Hochverrat von der Gestapo verhaftet, wurde sie 1938 in Berlin-Plötzensee hingerichtet. Sie war neunundzwanzig Jahre alt und Mutter eines kleinen Kindes. Lilo Hermanns Biografie ist Sujet eines Romans von Stephan Hermlin, der auch verfilmt wurde. Lilo Hermann wurde im Fernsehen, literarisch (Friedrich Wolf) und musikalisch (Paul Dessau) gewürdigt, sie war eine öffentliche Figur der DDR. Straßen wurden nach ihr benannt und zahlreiche Institutionen trugen ihren Namen, wie die Pädagogische Hochschule in Güstrow und Polytechnische Oberschulen in mehreren Orten. In Freiberg (Sachsen) war ihr ein Kindergarten gewidmet und in Rödern, einem Ortsteil von Ebersbach nordwestlich von Dresden, führte ein Jugendwerkhof ihren Namen. Ausgerechnet dieser hatte wegen der Häufung von Sexualdelikten, Gewalt und Selbstmorden einen üblen Ruf, auch bei den DDR-Behörden.

Das Dorf Rödern hatte eine lange Tradition als Ort der Anstaltserziehung. 1910 war der Röderhof vom Diakonenhaus Moritzburg gekauft und zu einer Erziehungsanstalt für junge Männer ausgebaut worden. Zwischen 1928 und 1942 waren dort auch geistig behinderte Menschen zur Pflege untergebracht. Von 1942 bis 1945 nutzte das NS-Regime das Gebäude wieder zur Unterbringung von Jugendlichen. Ab 1952 fungierte der Dreiseithof als Jugendwerkhof Lilo Hermann zur Unterbringung sogenannter schwer erziehbarer Mädchen im Alter von vierzehn bis zwanzig Jahren. Die Insassinnen arbeiteten in regionalen Betrieben wie der Lautex Großenhain, in der Textilien, unter anderem Bettwäsche hergestellt wurde. Auch zu Näherinnen und Köchinnen wurden sie ausgebildet.

In der 2012 zum 750-jährigen Bestehen des Dorfes herausgegebenen Broschüre »Dorfgeschichten« ist vermerkt: Die Erziehung sei »zu DDR-Zeiten streng, jedoch nicht mit einem geschlossenen Werkhof zu vergleichen« gewesen. Ein ganz anderes Bild zeichnet der Historiker Christian Sachse, der die Akten der Stasi und der Kriminalpolizei der DDR zu Rödern gesichtet hat. In seiner von der Unabhängigen Kommission zur Aufarbeitung sexuellen Kindesmissbrauchs beauftragten Expertise »Historische, rechtliche und psychologische Hintergründe des sexuellen Missbrauchs an Kindern und Jugendlichen in der DDR« zeichnet er ein düsteres Bild dieses Jugendwerkhofes. Zahlreiche Vergehen an minderjährigen weiblichen Jugendlichen in den 1980er Jahren sind in den Stasi-Akten dokumentiert. Auffällig viele Schwangerschaften sowie einige Selbstmorde sind vermerkt. Diese Häufung von Delikten, so die Bilanz, kann kaum Zufall gewesen sein. Bereits für das Jahr 1963 sind Stasi-Vermerke über »unmoralische Vergehen von Erziehern und Ausbildern« zu finden.

1985 richten mehrere Insassinnen schriftliche Beschwerden an das Volksbildungsministerium und beklagen willkürliche und repressive Erziehungsmethoden. Die Arbeiter- und Bauerninspektion, eine dem Zentralkomitee der SED und dem Ministerrat der DDR unterstellte Kontrollinstitution in der DDR, die die unbedingte Umsetzung der Parteibeschlüsse sicherstellen sollte, bemängelte ein Jahr später die »schlechte Leitungstätigkeit« im Jugendwerkhof Rödern. Mehrere Berichte über gewalttätige Übergriffe, Schwangerschaften und Selbstmordversuche sind für das Jahr 1987 erhalten. Gegen den ehemaligen Heimleiter wurde 1988 ein Ermittlungsverfahren wegen sexuellen Missbrauchs eingeleitet, nachdem binnen eines Jahres sechs Insassinnen schwanger wurden. Zwei von ihnen ließen eine Abtreibung vornehmen. Das Verfahren wurde eingestellt. Der Heimleiter wurde später als Erzieher in einer

Berufsschule eingesetzt. In einem Stasi-Bericht vom November 1987 sind die Selbstmorde von drei Mädchen nach Misshandlungen und Vergewaltigungen dokumentiert. »Dieser Ort hat viele krank gemacht«, erinnert sich Annett Kretschmer, die 1986 als fünfzehnjähriges Mädchen eingewiesen wurde: »Ich habe gleich am ersten Tag meine erste Keile gekriegt, nur weil ich die Neue war.«[15]

»Du bist gebrochen worden, egal wie«

Wenn Heim und Elternhaus kein Zuhause bieten

Dagmar treffe ich in der Gedenkstätte in Torgau, nachdem wir zweimal telefoniert haben. Ihr war es wichtig, mit einer Frau zu sprechen, und kurz vor unserem Treffen sagte sie mir, sie würde sicherlich weinen müssen, ich solle mir dabei dann nichts denken. Das Kennenlernen ist herzlich, sofort herrscht eine angenehme Stimmung. Dagmars erwachsener Sohn, ein sympathischer junger Mann, begleitet sie. Ich habe wie angekündigt meine Hündin dabei, einen jungen Wolfshund-Schäfer-Mischling. Dagmar ist begeistert, hat sogar ein Spielzeug für Tala dabei und erzählt, sie habe früher auch Schäferhunde gehabt.

Dagmars Kindheit war, wie sie selbst sagt, nicht die beste, aber auch nicht die schlechteste. Das erste Ereignis, das sie überschattet, ist der Tod des schwer kranken Vaters 1971 und die Überforderung der Mutter. Dagmar hat noch eine vier Jahre ältere Schwester, mit der sie viel unternimmt.

Als sie dreizehn Jahre alt ist, kommt es zur Katastrophe: Ein Mann stellt sich als Mitarbeiter des Staatssicherheitsdienstes vor, fordert Dagmar auf mitzukommen. Sie denkt, Witzeleien mit Freunden, dass sie in den Westen abhauen wollen, seien der Grund, glaubt ihm und geht mit. Dagmar wird von dem Mann vergewaltigt. Für sie ist dies der Beginn einer langen Leidenszeit. Sie rutscht ab, schwänzt die Schule. Der neue Freund der Mutter ist Polizist und auf sein Betreiben hin – oder auf das der Mutter, die sich ihm verpflichtet fühlt – wird Dagmar in den Jugendwerkhof Rödern eingewiesen.

In Rödern erging es Dagmar sehr schlecht. Es waren zwar, anders als später in Torgau, keine Gitter vor den Fenstern und der militärische Drill fehlte auch, aber sie erinnert die Zeit im Jugendwerkhof als sehr schlimm. »Du bist gebrochen worden, egal wie.« Eine strenge Erzieherin, die sie schikaniert, harte Arbeit, das Schrubben der Böden auf den Knien – all das bringt sie dazu, immer wieder abzuhauen. Freundschaften unter den Insassinnen wurden unterbunden: »Das haben die schon zu trennen gewusst.«

Besonders belastend empfindet Dagmar es, dass sie und die anderen viel Ablehnung erfahren. »Wir sind angeguckt worden wie die größten Verbrecher. Jeder hat uns gemieden. Im Nachhinein habe ich erfahren, dass man der Bevölkerung dort gesagt hat, dass wir Prostituierte sind.«

Ohne Freunde, mit Erziehern, die kein Verständnis aufbringen, sondern zum Teil gewalttätig sind, viel Alkohol trinken, kommt Dagmar einfach nicht zurecht. Sie erinnert sich auch an die seelischen Qualen: »Du bist vor den anderen niedergemacht worden.« Ein Erlebnis hat sich tief eingebrannt. Im Prüfgerätewerk in Medingen arbeitet Dagmar mit einem anderen Mädchen, Ramona*, in der Schlosserei. In einer schweren Metalltür klemmt sich Ramona den Finger, ein Viertel des Fingers wird abgetrennt. Dagmar hebt ihn auf und holt Hilfe. Doch auch hier erfährt sie weder Trost noch Zuspruch.

Mit fünfzehn Jahren wird Dagmar nach Torgau eingewiesen. Dort erlebt sie die volle Härte der Jugendhilfe.

Nach vier Monaten, wenige Tage nach ihrem sechzehnten Geburtstag, darf Dagmar wieder nach Hause. Doch das geht nicht gut. Der Mann ihrer Schwester vergeht sich an ihr. Dagmar traut sich nicht, das zu erzählen. Sie reißt von zu Hause aus, wird daraufhin wieder in den Jugendwerkhof Rödern eingewiesen.

Kurz nach ihrer Volljährigkeit wird Dagmar wegen »asozialen Verhaltens«, in ihrem Fall heißt das »Arbeitsbummelei«, verhaftet. Sie atmet schwer aus, als sie davon erzählt, zögert und erklärt dann, im Gefängnis sei sie anerkannt worden. Das klinge paradox, aber draußen hätte sie einfach nicht gewusst, wohin mit sich. Im Gefängnis und in der strikten Hierarchie, die sie aus dem Heimsystem zur Genüge kannte, ging es ihr nicht schlecht.

Dagmar wird nach der Entlassung auf einem Zeltplatz untergebracht. Dort ist es menschenleer, sie hat ein kleines Zimmer, nachts schauen manchmal fremde Männer durch ihr Fenster. Die traumatischen Erinnerungen an die Vergewaltigung holen sie ein, sie reißt wieder aus und trampt nach Dresden, das sie laut ihren Bewährungsauflagen nicht betreten darf. So wird sie wieder inhaftiert. Sie bewegt sich in einem Kreislauf, dem sie nicht zu entfliehen vermag.

Bis sie ihren späteren Ehemann kennenlernt. Seine Eltern unterstützen die junge Frau, nehmen sie ohne Vorbehalte auf. Und so erfährt Dagmar erstmals, was ein richtiges Zuhause ist. Ihre Schwiegermutter setzt sich bei den Behörden für sie ein, erreicht, dass Dagmar zu ihnen ziehen darf. Dagmar und ihr Freund heiraten und bekommen zwei Kinder. In ihrer neuen Familie kann Dagmar von Anfang an über ihre Erfahrungen im Heimsystem der DDR sprechen. Ganz anders auf ihrer Arbeitsstelle, wo sie als Vorbestrafte eine Außenseiterin bleibt und mit Vorurteilen kämpfen muss. »Dort war man der letzte, auf Deutsch gesagt, Arsch. Es war kein Hochkommen. Da konntest du dich anstrengen, wie du willst. Manche waren ganz nett, aber eben auch mit dem Hintergedanken ›Na ja, die kommt aus dem Knast‹.« Dagmars Schwiegermutter besorgt ihr einen Job beim Autobahnbau. Kurz nach der Wende geht der Betrieb pleite, Dagmar bewirbt sich im Ministerium, wird genommen und arbeitet dort acht Jahre. Ihre Vergangenheit verschweigt sie dort und bemüht sich nicht um eine Rehabilitierung. Dagmar atmet tief ein, dann sagt sie: »Das hat mich aber kaputt gemacht, meine Vergangenheit. Ich habe immer gedacht, wenn die das rauskriegen, dann verliere ich meine Arbeit.«

Als ich nachfrage, ob sie außerhalb der Arbeitsstelle und der engen Familie darüber sprechen konnte, verneint sie. Dagmar erzählt, dass die Angst vor der Entdeckung ihrer Vergangenheit sie psychisch krank gemacht hat. Dagmar schließt die Augen, flüstert: »Das ist noch nicht überwunden. Und wenn ich solche Angstanfälle kriege, kriegen Sie Angst.« Dagmar bleibt die Stimme weg, sie weint. Ihr Sohn steht auf, geht um den Tisch und tröstet sie. Er spricht freundlich auf sie ein, sagt: »Ach, Mama, das wusste ich nicht.« Dagmar atmet bewusst ein und aus, sagt: »Ich kann damit umgehen, ich kann das dann unterdrücken, aber wenn ich jetzt davon rede, dann kommt wieder so ein Anfall. Und das will ich nicht.« Ihre Stimme bricht weg, sie schließt die Augen, atmet schwerer und schwerer, für mich ist nicht ganz klar, ob das eine Panikattacke wird oder ob Dagmar »nur« kurzfristig von der Erinnerung überwältigt ist.

Ihr Sohn und meine Hündin sind es, die die Situation retten. Zu Dagmars Füßen legt sie den Kopf auf ihre Pfoten und atmet tief aus. Ich sage ruhig: »Schön eingerahmt sind sie da von ihrem Sohn und meinem Hund.« Dagmar hebt den Kopf, schaut hinunter, lächelt freundlich und hat sich wieder im Griff. Auch bei vielen folgenden Gesprächen kann ich die heilsame Wirkung meiner Hündin beobachten. Es ist die offene und von nichts abhängige, nichts erwartende und fordernde Art der Tiere, die vielleicht etwas schafft, das gerade im Umgang mit Menschen, die wenig vertrauensvolle Erinnerungen haben, so kostbar ist.

1997 wird Dagmar krank, die Vergangenheit holt sie ein und sie bleibt arbeitslos, bis sie 2005 wegen Erwerbsunfähigkeit verrentet wird. Als ihr Mann im Jahr 2000 einen Herzinfarkt erleidet, beschließt Dagmar, einen Antrag auf Entschädigung zu stellen. Über ihre Motivation sagt sie: »Das Gute, was die Familie meines Mannes mir gegeben hat, auf irgendeine Art wiederzugeben. Das konnte ich, indem ich meinem Mann von dem Geld Wünsche erfüllt habe, die er sich sonst nie hätte erfüllen können.«

Doch erst beginnt der Kampf, die Strafakte zu bekommen, damit sie nachweisen kann, entschädigungsberechtigt zu sein. Und mit der Akte kommen auch Erinnerungen hoch, die sie verdrängen wollte: »Dann bist du ja mit dem, was du versucht hast, die ganzen Jahre zu verdrängen, wieder konfrontiert worden. Und das war für mich persönlich eigentlich schlimm. Die Kinder waren noch nicht so sehr groß, dass ich hätte sagen können: ›Hier, passt mal auf, ich muss mit jemandem reden.‹«

Dagmar kämpft sich durch die Akten und Formulare, beantragt die Entschädigung, und obgleich ihr die Frau bei Gericht sagt, dass fast niemand rehabilitiert werde, schafft sie es. »Da hab ich mal Glück gehabt. Einmal im Leben.«

Dagmar hält bis heute Kontakt zu Ramona, mit der sie gemeinsam in Rödern war. Ramona kämpft um ihre Rehabilitierung wegen der Zeit in Rödern, doch bislang erfolglos. Dagmar hält inne, überlegt und sagt dann leise: »Die Kraft habe ich nicht. Um eine Rehabilitierung für den Jugendwerkhof zu kämpfen.« Dass die Menschen, die unter unmenschlichen Bedingungen im Heim leben mussten und die gebrochen wurden, für ihre Rehabilitierung kämpfen müssen, empört Dagmar. »Ich finde es eine Schande, dass die in dem Jugendwerkhof, die eigentlich genauso gebrochen werden sollten wie politische Gefangene, dass die nicht rehabilitiert werden. Und dass es denen so schwer gemacht wird, weil diese Akten ganz schwer auffindbar sind. Und ohne diese Akten kannst du dich nicht rehabilitieren lassen. Wie willst du das denn beweisen? Und das finde ich schade.« Vor allem, dass den Jugendlichen die Chance auf ihren Wunschberuf genommen wurde und damit auch ihr Lebensweg ganz entscheidend vorbestimmt wurde, ist für Dagmar ein wichtiger Rehabilitierungsgrund.

Das Normalkinderheim Anna Schumann in Großdeuben

Ende des 19. Jahrhunderts errichteten reiche Leipziger Bürger herrschaftliche Häuser in Großdeuben und die Gemeinde entwickelte sich zu einem Villenvorort und Erholungsgebiet. Durch das Fortschreiten des Braunkohleabbaus verlor Großdeuben rund drei Viertel seines Gebietes und bestand schließlich fast nur noch aus einem Versorgungskorridor mit Wohnbebauung, über tausend Bürgerinnen und Bürger wurden umgesiedelt. Mitte des 20. Jahrhunderts wurde Großdeuben zu einem Arbeiterwohnort und verlor den Status des Naherholungsgebietes im Süden Leipzigs. Einige schöne Anwesen erinnern aber noch heute an den einstigen Reichtum des Leipziger Villenvorortes. Seit 1997 ist Großdeuben in die Stadt Böhlen eingemeindet.

1946 wurde in Großdeuben ein Kinderheim für Kriegswaisen eröffnet. Untergebracht war es in einer Villa, in der Werner Stöhr, Direktor der Leipziger Kammgarn-Spinnerei, Wehrwirtschaftsführer und aktiver Nationalsozialist, mit seiner Familie gewohnt hatte. Bei Kriegsende wurde Stöhr von der amerikanischen Armee verhaftet, seine Villa wurde von der sowjetischen Besatzungsmacht dem Jugendamt Leipzig übertragen. Namensgeberin des Heimes war die 1875 geborene KPD-Widerstandskämpferin Anna Schumann. Sie unterstützte, wenngleich nicht sehr aktiv, die Reorganisation der KPO (Kommunistische Partei-Opposition) in Leipzig. Im Mai 1934 wurde sie von der Gestapo verhaftet und daraufhin wegen Vorbereitung zum Hochverrat zu zwei Jahren und vier Monaten Haft verurteilt. Nach 1945 stilisierten KPD und SED Anna Schumann zur vorbildlichen Kommunistin und ihre Geschichte zum beispielgebenden Schicksal einer Frau im Widerstand.

1947 beherbergte das für fünfundzwanzig bis dreißig Kinder ausgelegte Kinderheim fünfzig Waisen und war damit überbelegt.

Das war zu dieser Zeit fast überall Normalität. Anfangs waren die Jungen und Mädchen zwischen sechs und sechzehn Jahre alt, ab 1952 war das Heim offiziell für Hilfsschüler vorgesehen und beherbergte Kinder von der fünften bis zur achten Klasse. Die Kinder gingen auf die Hilfsschule in Gaschwitz, etwa anderthalb Kilometer entfernt. Ab 1953 wurden auch wieder Normalschüler im Heim untergebracht, die die dorfeigene Schule besuchten.

Die Kinder im Normalkinderheim Anna Schumann wurden unter anderem zur Kartoffelkäferlese eingesetzt. Durch Verse wurde die Aktion politisiert:

> So leben sie in Saus und Braus
> Und das Feld reicht nicht mehr aus.
> Weil das Fressen Lebenszweck,
> zieht Familie Kahlfraß weg.
> Durch das Wetter und den Wind
> Kommt er vorwärts sehr geschwind.
> Auch der Ami wirft zur Nacht
> Ab den Käfer – gebt gut acht!

Der Alltag im Heim war stark reglementiert; es herrschten militärische Umgangsformen und ein strikter Tagesplan. Freiraum für die persönliche Entfaltung erhielten die Kinder nicht. Eine Überprüfung des Heimes im Jahr 1951 dokumentiert, dass eine Erzieherin mehrfach Kinder geschlagen und beleidigt hat. Dies war offiziell untersagt, entsprach jedoch dem Umgang im Heimsystem. Das Kinderheim in Großdeuben bestand bis 1991.

»Ich führe ein gutes Leben. Mit vielen Schatten«

Als Trennungskind im Heim

Als ich Silke zum ersten Mal treffe, haben wir bereits viele Male telefoniert. Zwei Versuche, uns zu treffen, scheiterten an ihrer Angst. Das erste Mal sagte sie mir per E-Mail ab, als ich bereits auf halber Strecke von Berlin zu ihrer Wohnung in der Nähe von München war. Wochenlang danach konnte ich sie nicht erreichen, dachte bereits, sie hätte sich vollkommen zurückgezogen und ich würde nie wieder etwas von ihr hören. Doch dann schrieb sie mir, kleinlaut, sehr verlegen und sehr unglücklich über ihre kurzfristige Absage. Nachdem ich ihr versicherte, nicht böse oder enttäuscht zu sein und sie merkte, dass ich ihr Verständnis für diese emotional begründete Absage entgegenbringe, traute sie sich und rief mich an. Wir sprachen lange miteinander, sie zählte viele ähnliche Situationen auf und beschrieb mir ihre innere Unruhe, die dann in Panik umschlage. Das zweite Treffen sagte sie telefonisch ab, etwa eine halbe Stunde, bevor ich losfahren wollte. Ein großer Schritt für sie. Wieder telefonieren wir lange, lachen gemeinsam über ihren Erfolg und sie verabschiedet sich mit einem fröhlichen: »Das nächste Mal klappt es.« Und die Begegnung kam wirklich zustande.

Als ich ihre Zweizimmerwohnung in einem kleinen Mietshaus in dörflicher Lage betrete, bin ich erschlagen von der klinischen Sauberkeit. Alles ist blitzblank, es riecht nach Putzmitteln, alles hat seinen Platz. Die Bilder hängen in exaktem Winkel zueinander und zum Boden, alles ist perfekt. Sie folgt meinem Blick und sagt entschuldigend: »Ich kann nicht anders, alles muss stimmen. Sonst muss ich sofort saubermachen und aufräumen. Wollen Sie meinen Schrank sehen?« Noch ehe ich antworten kann, winkt sie mich mit sich und öffnet einen Schrank im Flur. Kleidung, Bettwäsche, Handtücher, alles liegt perfekt Kante auf Kante. Auf dem Küchentisch, an dem wir uns niederlassen, zwei Tassen, zwei Gläser, eine Kanne Kaffee, Zucker, Milch – alles ordentlich angeordnet.

Silke ist fünf Jahre alt, als ihre Eltern sich trennen. Die Mutter hat sich in einen anderen Mann verliebt, will mit ihm nach Rostock ziehen. Es folgen Streit und halbherzige Versuche des Vaters, die Ehe zu retten. Doch als Silkes Mutter schwanger wird, enden diese. Silke bleibt beim Vater, die Mutter zieht weg. Der Schichtdienst des Vaters in einer Getränkefabrik und seine neue Beziehung zu einer Kollegin führen dazu, dass Silke mehr und mehr verwahrlost. Als sie mehrfach beim Klauen im Konsum erwischt wird, schalten sich zunächst die Schule, dann das Jugendamt ein. Silke wird in ein Normalkinderheim in Schleusingen eingewiesen. An den ersten Tag erinnert sie sich noch: »Diese Frau hat mich dorthin gebracht. ›Hier lebst du jetzt, benimm dich gut, dann wird alles besser‹, sagte sie und verschwand. Ich stand da vor dem Tisch beim Direktor. Klein wie 'ne Maus.« Silke wird in eine Gruppe mit zehn anderen Mädchen gesteckt. Sie hat Angst, weint viel und ist froh, als sich ein anderes Mädchen um sie bemüht: »Yvonne war wie ein Lichtstrahl. Die hat mich an die Hand genommen und einfach mitgenommen. Die hatte ganz dicke Zöpfe und Sommersprossen. Ein großes kräftiges Mädel, aber ganz sanft. Die hat mich dann getröstet.«

Doch Yvonne ist eine Ausnahme, wie Silke schnell merkt. An die Erzieherinnen erinnert sie sich als pflichtbewusst und sonst uninteressiert. Da Silke unauffällig ist und sich an die Vorgaben hält, wird sie von den Erzieherinnen in Ruhe gelassen, höchstens, dass sie mal Strafe stehen muss in der Ecke, weil die Hausaufgaben nicht richtig sind oder sie die Schuhe nicht gründlich genug geputzt hat. Unter den Mädchen, so erzählt sie, sei es aber schon heftig zugegangen. Die Stärkeren nehmen den Schwächeren weg, was sie für sich haben wollen. Aufgaben wie Bettenbau, Schrank sortieren und Schuhe putzen lassen die in der Hierarchie weiter oben Stehenden von den Untenstehenden erledigen. Wer nicht spurt, wird verprügelt oder anderweitig gefügig gemacht. »Alles in allem,« resümiert Silke, »war die Zeit da okay. Ich bin ja so aufgewachsen. Da wächst du dann rein und fertig.«

Als Silke, mittlerweile vierzehn Jahre alt, zur Jugendweihe von ihren Eltern besucht wird, bittet sie ihre Mutter, mit nach Rostock zu dürfen. Die Mutter willigt ein, verspricht, sich mit dem Jugendamt in Verbindung zu setzen. Erst viel später erfährt Silke, dass sie das nie getan hat. Doch sie darf zurück zum Vater, der mittlerweile die Kollegin geheiratet und mit dieser noch eine Tochter bekommen hat. Es ist eng in der kleinen Wohnung, das Zusammenleben mit der Silke praktisch unbekannten Frau gestaltet sich als Herausforderung für beide. »Manchmal hab ich diesen Kleinkindkram echt nicht ausgehalten, bin dann raus.« Auf ihren Streifzügen lernt Silke ein paar Jugendliche kennen, schließt sich diesen an, wenn sie rauchend und manchmal Bier trinkend durch die Gegend ziehen. Silke beginnt, erst zu Hause, dann auch am Kiosk, Zigaretten zu klauen, will bei ihren Freunden Eindruck machen. In der Schule fehlt sie immer öfter.

Nach anderthalb Jahren wird sie zwei Monate vor ihrem sechzehnten Geburtstag in den Jugendwerkhof Rudolf Harbig in Römhild eingewiesen. Für sie, die bereits den Großteil ihres Lebens im Heim verbracht hat, ist die Eingewöhnung nicht allzu schwer. »Ich wusste gleich, vor wem ich mich in Acht nehmen muss und wer mir vielleicht helfen würde.« Bittere Erlebnisse gibt es trotzdem. Eine Erzieherin hat sie auf dem Kieker. Eine Szene hat sich Silke eingebrannt: »Ich hatte das erste Mal meine Periode. Da war dann der Schlüppi und die Hose, na, das war alles rot. Und da hat mich diese Erzieherin vor allen anderen gefragt, ob ich ein Mädchen sei oder nicht. Mädchen wüssten nämlich, dass man dann eine Binde benutzt. So ein weißes Ding. Das sollte ich mal versuchen. So sei ich ein Schwein.« Silke ist es ohnehin unglaublich peinlich. Sie muss vor dem Abendessen von Hand die Wäsche auswaschen. Erst dann darf sie zum Essen kommen. Sie braucht lange, und als sie endlich im Speisesaal ankommt, wird sie von der Erzieherin aufgefordert, den Grund ihrer Verspätung laut zu nennen. »Solche kleinen Gemeinheiten gab es viele. Da musste man schnell hart werden und sich das nicht anmerken lassen. Sonst haben das die anderen Mädchen auch gegen dich benutzt. Das war schlimm.«

Weil sie sich bei der Pflichtsendung *Aktuelle Kamera* mit einer Freundin unterhält und kichert, muss Silke unter Aufsicht der Erzieherin das Bad mit einer Wurzelbürste schrubben. Als sie fast fertig ist, prüft die Erzieherin alles genau. Sie läuft durch den Raum und hinterlässt lauter Fußabdrücke. Ob sie das unter schön sauber verstünde, wird sie dann gefragt und muss alles noch einmal putzen.

Silke hält im Gespräch plötzlich inne, schaut mich lange an und sagt dann langsam: »Da hab ich Selbstbeherrschung gelernt. Wenn du das nicht kannst, gehst du kaputt. Wehren bringt ja nichts.« Am Tag ihrer Entlassung mit achtzehn Jahren zieht Silke wieder zu ihrem Vater. Sie hat einen Job in einer kleinen Reinigungsfirma und kommt mit der Chefin und den Kollegen gut zurecht. Nach einem halben Jahr zieht sie zu ihrem Freund. Nur weg von zu Hause und endlich frei sein, denkt sie. Doch erst viel später – mittlerweile verheiratet und Mutter eines zweijährigen Jungen – wird ihr klar, dass sie nur funktioniert. »Ich war eigentlich völlig gefühlskalt. Das war wie in einem Film: einfach machen, aufstehen, putzen, kochen, waschen, alles abarbeiten, was von mir verlangt wird. Nie anecken, nie aufmucken, alles aushalten.« Silke bricht in der Wäscherei zusammen, ihre Chefin reagiert gut, nimmt die junge Frau in den Arm und kocht ihr Kaffee. »Setz dich mal zu mir und erzähl«, fordert die Frau sie auf. Und Silke erzählt. Wie ein Wasserfall sprudelt auf einmal alles aus ihr heraus. Ihre Ängste, ihre Sehnsucht nach Liebe und Vertrauen, ihre ständige Angst, die große Leere in ihr, die sie zerfrisst. Ihre Chefin, die Silke als Mitarbeiterin sehr schätzt, nimmt die junge Frau kurzerhand mit zu sich nach Hause. Silke bleibt ein paar Wochen dort. Von ihrem Mann trennt sie sich. »Diese Ehe war schlecht. Er hat mich nicht geschlagen oder so. Aber da war auch keine Liebe.« Ganz langsam versucht Silke sich zurechtzufinden in ihrem neuen Leben, überlegt zum ersten Mal, wie sie eigentlich leben will, was wichtig ist, wie sie ihr Kind großziehen möchte. Es ist eine Flut von Gefühlen, die sie immer wieder übermannt. Noch heute, wenn sie davon erzählt, sieht man ihr an, wie sie kämpft. Silke räuspert sich, dann blickt sie mir fest in die Augen – bislang vermied sie längeren Augenkontakt – und sagt: »Ich hab das bis dahin gar nicht so an mich rangelassen, hab da nie drüber nachgedacht. Aber wenn dir klar wird: Deine eigene Mutter wollte dich nicht. Ich passte nicht in ihr Leben. Mit fünf. Da wird mir so kalt. Keiner, der einen in den Arm nimmt, der dich mal tröstet.« Bis heute hat sie engen Kontakt zu der Frau, die ihr, wie sie sagt, das Leben gerettet hat. »Sie ist die Omi für meinen Jungen gewesen.« Silke erzählt mir, dass sie bis heute große Probleme damit hat, überhaupt zu entscheiden, was Pflichterfüllung ist und was ihr eigener Wunsch. Sie hat so sehr gelernt, dass man gut durchkommt, wenn man Erwartungen erfüllt und nicht auffällt, dass es untrennbar mit ihrer Persönlichkeit verwoben ist.

Von ihrem Sohn berichtet sie, dass er es war, der stellenweise ihr Innerstes hat durchscheinen und aufleben lassen. »Wenn ich den so angeschaut habe, da wusste ich: Er braucht Wärme und nicht Drill.« Aber die Liebe und Geborgenheit, die sie Oskar angedeihen lässt, stellen sie immer wieder auf die Probe, weil sie dadurch spürt, was ihr als Kind gefehlt hat. Mehrere Nervenzusammenbrüche, zwei Kuraufenthalte und eine langjährige Therapie haben Silke geholfen, ein, wie sie sagt, »gutes Leben zu führen. Mit vielen Schatten«.

Zum Abschied stehen wir eine Weile im Flur, Silke fallen noch ein paar Begebenheiten ein, immer, wenn alles gesagt scheint, beginnt sie doch noch einmal mit einer Geschichte. Am Ende umarmt sie mich lange und sehr fest. Ihr letzter Satz begleitet mich lange: »Danke, dass Sie gekommen sind, auch wenn ich so oft abgesagt habe«. Ihre Dankbarkeit und dass sie sich in der Position sieht, sich bedanken zu müssen, macht mich betreten. Die Rollen scheinen mir vertauscht, denn ich fühle mich nicht wie ein Samariter, nicht als diejenige, der zu danken ist. Im Gegenteil, ich bewundere Silke, dass sie mich, eine Fremde, die beruflich an ihrer Geschichte interessiert ist, überhaupt trifft und frei erzählt. Ich bin es, die zu danken hat.

Der Jugendwerkhof Clara Zetkin in Crimmitschau

In Crimmitschau, einer typischen sächsischen Industriestadt des 19. Jahrhunderts, die wegen der vielen Fabriken den Beinamen Stadt der hundert Schornsteine trug, wurden zu DDR-Zeiten rund 3500 Jugendliche »umerzogen«. Das im Vorerzgebirge im Talkessel der Pleiße gelegene Crimmitschau war vor allem für die Tuchherstellung bekannt. In der Geschichte der Arbeiterbewegung spielte der Ort eine wichtige Rolle. Vom 22. August 1903 bis zum 18. Januar 1904 sorgte der längste und größte Textilarbeiterstreik des Kaiserreiches landesweit für Aufruhr. 26 Spinnereien, 52 Webereien, 4 Färbereien und 2 Hülsenfabriken mit knapp 8000 größtenteils weiblichen Mitarbeitern stellten den Betrieb ein. Der Kampf für den Zehn-Stunden-Tag dauerte einundzwanzig Wochen und erregte internationales Aufsehen. Gegen die Streikbrecher errichteten die Arbeiter Barrikaden, was dazu führte, dass um die Jahreswende 1903/04 der Belagerungszustand verhängt wurde und auswärtige Gendarmerieeinheiten nach Crimmitschau verlegt wurden.

Zwischen 1962 und 1978 wurden die Textilfabriken in Crimmitschau nach und nach im Kombinat VEB Volltuchwerke zusammengeführt.

In dem 1870 erbauten Gebäude einer Spinnerei eröffnete im November 1948 das »Landesheim für gesellschaftliche Erziehung«, um »die Überwindung des geistigen Erbes des Faschismus und die Durchsetzung demokratischer, antifaschistischer und wissenschaftlicher Bildungsinhalte« zu erreichen. Nach drei Jahren wurde das Heim in einen Jugendwerkhof für Mädchen umgewandelt. Die Insassinnen waren ausschließlich »Ausreißer« und »Störenfriede«, Mädchen also, die in anderen Heimen negativ aufgefallen waren und dort als »nicht tragbar« galten. Militärischer Drill und harte Arbeit sollten sie auf den rechten Weg zurückbringen. Die Insassinnen des

Jugendwerkhofes lieferten billige Arbeitskräfte und mussten in umliegenden Arbeitsstätten im Dreischichtsystem arbeiten. Die Arbeitsbedingungen waren zum Teil stark gesundheitsschädlich. Eine Ehemalige erinnert sich an die Arbeit im beißenden Gestank der Imprägnier- und Spülbäder. Die Mädchen schufteten bis zum Umfallen und durften am Arbeitsplatz nichts essen. »Mir hat der Magen manchmal so wehgetan, dass mir die Tränen gelaufen sind,« erinnert sich Ines.[16]

Abb. 23: Katalog zur gleichnamigen Ausstellung 2012, Abdruck mit freundlicher Genehmigung der Fotografin

1982 erhält die Fotografiestudentin Christiane Schwenn (heute Eisler) für ihre Diplomarbeit über Punks in der DDR und den Jugendwerkhof Crimmitschau eine Fotoerlaubnis. Fünf Monate lang darf sie den Jugendwerkhof betreten und dort fotografieren. Sie erhält damit einen einzigartigen Einblick in den Alltag und die Trostlosigkeit der Jugendlichen. Mit einem kritisch-offenen Blick gelingt es ihr, Innenansichten eines sonst abgeschirmten Systems zu dokumentieren. Als deprimierend beschreibt die Fotografin ihre Begegnungen in Crimmitschau. Zu sehen, wie »sie ausgenutzt wurden im Dreischichtsystem [...] wie müde und resigniert sie waren« und dass ihre Träume und Wünsche niemanden interessierten, habe sie »sehr, sehr bedrückt und lange Zeit verfolgt«.[17]

1986 erfolgte das Verbot ihrer Ausstellung über Punks in der Galerie P. und im Café Günther in Leipzig. Ihre eindrucksvollen Bilder sind in dem Katalog »Die Jugend der anderen« zu sehen.

Nach der Wende wurde der Jugendwerkhof geschlossen, dort entstand ein Jugendhilfezentrum, dessen Träger der Verein zur Förderung von Ausbildung, Beschäftigung, Beratung und Betreuung Jugendlicher und Erwachsener (FAB e. V.) ist. Der Verein bemüht sich um eine familienfreundliche Struktur in der Zwickauer Region und unterhält neben einer Jugend- und einer Mutter-Kind-Wohngemeinschaft einen Hort sowie zwei Kitas und eine mobile Drogenberatung.

»Wenn ich mich aufhänge, haben sie weniger Mühe mit mir«

Mit Medikamenten ruhiggestellt

Marko wird 1973 als Produkt einer Teenagerliebe, wie er sagt, geboren. Seine Mutter ist erst siebzehn Jahre alt, alle wollten sie zur Abtreibung drängen. Sie aber möchte das Kind bekommen, ist verliebt in den Vater, der sich allerdings keine feste Beziehung oder eine Familiengründung mit ihr vorstellen kann.

Sein Großvater freut sich über den Enkel und unterstützt seine Tochter, so gut es geht. Doch er ist in der Landwirtschaft tätig, außerdem muss er noch drei weitere Kinder, alle im Teenageralter, versorgen – die Großmutter ist bereits verstorben. Markos Mutter wird auf einer Pilzfarm in Nordhausen im Dreischichtsystem zur Arbeit geschickt, kann sich so kaum um den Säugling kümmern und erscheint immer häufiger nicht am Arbeitsplatz. Das Jugendamt ist bereits aufmerksam. Die junge Frau kämpft um ihr Kind, doch irgendwann gibt sie dem staatlichen Druck nach, unterschreibt das Einverständnis zur Adoption ihres Sohnes.

Marko ist drei Jahre alt, als er von einem Paar, sie Diplomökonomin im Kraftverkehr, er Hauptabteilungsleiter der Nordhäuser Tabakfabriken, adoptiert wird. Doch als das Paar ein Jahr später ein eigenes Kind bekommt, beginnt Markos Leidensweg. Er sei verhaltensauffällig, so die Mutter. Eine erste Untersuchung in der Kinderpsychiatrie bleibt ohne Befund. Die normalen Verhaltensweisen, die ein Kind zeigt, wenn jüngere Geschwister hinzukommen, werden ihm als Krankheitssymptome, als Störung ausgelegt. Er spürt die zunehmende Ablehnung und beginnt einzunässen, einzukoten, quengelig zu werden. In seiner Sonderakte – einer im Jugendwerkhof Torgau für jeden Inhaftierten angelegten Akte – kann man später lesen: »Der Junge wollte ständig im Mittelpunkt stehen. Negativ begünstigt wurde dieses Fehlverhalten durch die Geburt eines eigenen Kindes in der Pflegefamilie.« Ein weiterer Aufenthalt in der Kinderpsychiatrie bestätigt nun die Schwierigkeiten, und so wird Marko nach Wülfingerode in eine heilpädagogische Außenstelle der Kinderpsychiatrie verlegt. Dort lebt er in einer Wochenkrippe, das heißt, seine Adoptivmutter holt ihn übers Wochenende nach Hause. Zu diesem Zeitpunkt stellt er für sich fest: Egal, ob im Heim oder zu Hause, für ihn waren »Erwachsene grundsätzlich Feinde, die wollten mir nichts Gutes«.

Mit Schulbeginn wird Marko einer medikamentösen Behandlung unterzogen. Es sind schwere Psychopharmaka, die ihm verabreicht werden. In der Schule, so erinnert er sich, kann er gar nicht mehr folgen, ist völlig benebelt. Wegen schlechter Noten wird er auf eine Hilfsschule versetzt. Marko wird immer aggressiver. Das war eine Nebenwirkung der Medikamente, wie er heute weiß. Er recherchierte später nach und fand heraus, dass die Mittel wegen der Nebenwirkungen für Kinder gar nicht zugelassen waren. Hilflos gerät Marko immer tiefer in die Dynamik, die sich entwickelt: Die Medikamente stumpfen ihn ab, machen ihn gleichzeitig aggressiv und genau wegen dieser Symptome wird er behandelt. Das Kind ist unglücklich und leidet: »Ich habe immer den Eindruck gehabt, es wäre besser, wenn ich mich aufhänge, dann haben sie weniger Mühe mit mir.« Den Suizidgedanken folgen auch Suizidversuche. Marko krempelt den Ärmel hoch und zeigt mir eine Narbe an seinem Handgelenk. Sie verläuft aufwärts an der Pulsader entlang. Er hatte sich auf dem Klo eingeschlossen, wollte endlich alles hinter sich lassen. Er war damals gerade zehn Jahre alt. Die Erzieher finden ihn rechtzeitig. Der Vorfall wird heruntergespielt, Marko wolle nur Aufmerksamkeit erhalten, lautet die Diagnose der Verantwortlichen im Heim.

Marko erinnert sich auch an ein paar wenige Erwachsene, die es gut mit ihm meinen. Seine Klassenlehrerin und eine Erzieherin, die sich ein wenig um ihn bemühen und ihm das Gefühl geben, ein

Mensch zu sein. Die Ehe seiner Adoptiveltern geht in die Brüche, seine Adoptivmutter, die er nur als »Madame« bezeichnet, heiratet später einen Stasi-Offizier.

Mit zwölf Jahren wird Marko ins Spezialkinderheim Steigerhaus nach Saalfeld verlegt. Dort trifft er auf eine Erzieherin, die voll ausgebildete Pädagogin und sehr besorgt über die hohe Medikamentengabe ist und den Hausarzt einbestellt. Dieser will die Medikamente sofort absetzen. Doch die Erzieherin – Marko steht neben ihr, als sie es sagt – fürchtet, dass sie ihn dann nicht mehr bändigen kann und so einigt man sich auf eine Halbierung der Medikamente. Seine Schulnoten bessern sich rasant, statt Vieren stehen dort nun Zweien und Dreien. Mit Leichtigkeit und in kurzer Zeit holt er Defizite auf. Es ist ein großes Unglück für ihn, als seine Betreuerin wechselt. Statt der erfahrenen Pädagogin, die sich im zugewendet hat, die sich um sein Wohlergehen bemühte, wird er nun von einer jungen Anfängerin betreut. Die Chemie zwischen den beiden stimmt nicht. Marko beschließt zu fliehen. Gemeinsam mit seinem Freund Paul*, einem notorischen Ausreißer, macht er sich auf den Weg. Die beiden streunen durch die Gegend, leben in Abrissbuden und freuen sich daran, nicht mehr unter dem strengen Regiment des Heimes zu stehen. In leer stehenden Häusern und Wohnungen campieren sie, machen Blödsinn, probieren sich aus. Einmal entzünden sie gar ein Lagerfeuer mitten im Zimmer, pinkeln es am Ende aus. »Eigentlich«, so sagt er, »bin ich immer nur ausgerissen, um Kind zu sein«. Jedes Mal, wenn er ausreißt, folgt als Strafe Arrest.

Im Spezialheim gelten strenge Regeln, alles ist vorgegeben. Beim Fahnenappell müssen die Kinder der Größe nach geordnet antreten. Marko ist der drittgrößte und machte sich regelmäßig einen Spaß daraus, die Veranstaltung zu stören. Er schnipst seinem Vordermann von hinten gegen die Ohren, wissend, dass dieser dann laut wird. Die Erzieher bekommen nach einer Weile mit, dass Marko für die Störung verantwortlich ist. Eine öffentliche Rüge vor allen Heiminsassen beim nächsten Fahnenappell und Arrest sind die Folgen. Rückblickend sagt Marko, er habe mehr Zeit im Arrest verbracht als in der Gruppe.

Mit vierzehn wird er in den Jugendwerkhof Friedrichswerth bei Gotha verlegt. Ohne Schulabschluss. Auf seine Nachfrage wird ihm gesagt, er brauche keinen Schulabschluss, sondern solle erst mal lernen zu arbeiten. Er merkt schnell, dass er für die Ausbildung zum Metaller, die er beginnen muss, nicht geeignet ist. »Wenn man das Ausbildung nennen will, denn es ging mehr um Produktivität als um Ausbildung.« Im Akkord muss er Wäscheklammern zusammensetzen. Kistenweise. Marko streikt nach kurzer Zeit. Er setzt sich mit verschränkten Armen hin und verweigert die Arbeit. Als die Erzieher mit Arrest drohen und argumentieren, wer nicht arbeite, solle auch nichts essen, riskiert er es: Er tritt auch noch in den Hungerstreik. Und hat einen kleinen Erfolg. Der Direktor spricht mit ihm, er darf statt zu den Metallern in die Malertruppe. Das gefällt Marko deutlich besser. Was Marko nicht weiß: Der Direktor stellt kurz nach dem Gespräch den Antrag, Marko nach Torgau in den Geschlossenen Jugendwerkhof einzuweisen. Sein Widerstand soll endgültig gebrochen werden.

Marko ist fast sechzehn Jahre alt, als er im Juni 1989 nach Torgau eingewiesen wird. Offiziell wegen »massiv verfestigter Fehlverhaltensweisen«. Darunter sind »Labilität, provokatives und aggressives Verhalten und mehrere Entweichungen« spezifiziert. Im Antrag des Jugendwerkhofes Friedrichswerth ist zu lesen: »Trotz mehrfach geführter Aussprachen und der individuellen Betreuung durch das Pädagogenkollektiv wurden bei dem Lehrling keinerlei positive Veränderungen sichtbar. Mit den uns zur Verfügung stehenden Mitteln sind wir gegenwärtig nicht imstande, das Verhalten des Jungen in eine positive Richtung zu lenken. Wir bitten deshalb um eine Phase der Disziplinierung in dem geschlossenen JWH Torgau.«

Ohne Ankündigung oder Vorbereitung wird Marko dorthin gebracht, ist sofort eingeschüchtert von der Einrichtung. Die riesigen

Rolltore, die Eingangsschleuse, die meterhohen Mauern, bewehrt mit Stacheldraht und Glassplittern, machen ihm Angst. Er begreift sofort: Das ist ein Gefängnis, egal, wie sie es nennen. Er muss wie alle nach Torgau Eingewiesenen zunächst in die Arrestzelle. Der Umgangston, der nur aus Schreien besteht, der militärische Drill sind schwer für ihn. Er ist ein sportlicher Junge, doch die Bewältigung der Sturmbahn, einer militärischen Hindernisbahn, bringt ihn an seine Grenzen. Als besonders schlimm hat er das ständige In-Bewegung-sein in Erinnerung: »Du bist ja nur im Dauermarsch gewesen. Der Organismus kommt ja nicht eine Sekunde irgendwie zur Ruhe. Sobald du irgendwo ruhig sitzt, in der Sekunde schreit dich schon einer an.« Marko erinnert sich, wie er abends todmüde ins Bett gefallen ist und selbst da seien sie nicht in Ruhe gelassen worden. Laut werden die Türen ent- oder verriegelt, Türen geöffnet, alles kontrolliert. Und Hunger habe er ständig gehabt. Das Essen sei zwar reichlich gewesen, aber die Zeit reichte nie, um so viel zu essen, wie er benötigte.

In Torgau trifft Marko seinen Freund Paul wieder, den er seit dem Spezialkinderheim nicht mehr gesehen hat. Mit ihnen auf der Stube lebt ein anderer Junge: Jan* ist psychisch völlig am Ende. Marko und Paul wollen um jeden Preis abhauen, Jan will sich umbringen und sein Leid beenden. So entsteht ein Plan: Marko und Paul werden Jan erwürgen und am Fensterkreuz aufhängen. Wenn die Nachtwache ihn dort sieht und den Schlafraum aufsperrt, wollen die Jugendlichen sie überwältigen und so den Schlüssel in ihre Gewalt bekommen, der ihnen die Flucht aus Torgau ermöglichen soll. Dass die Flucht nicht gelingen konnte, war den beiden damals nicht klar. Sie klammerten sich an diesen Hoffnungsschimmer und versuchten es. Jan hockte sich an den Heizkörper; der erste Versuch, ihn mit einem Bettlaken zu erwürgen, scheiterte, sie versuchten es nochmals mit einem Gürtel.

Bis heute ist diese Szene Marko präsent und quält ihn: »Und in meinen Albträumen habe ich heute noch dieses Bild vor mir, wie er da kreidebleich anläuft. Das verfolgt mich bis heute.« Später reflektiert Marko, dass sie unter normalen Umständen Jan von so einer Tat abgehalten hätten – doch das System hat sie so in der Gewalt und sie wähnen ihre Lage so aussichtslos, dass sie den Plan umsetzen. Doch Marko muss den Gürtel immer wieder loslassen, hat einen inneren Widerstand gegen die Tat. Heute weiß er, dass es eine naturgegebene Hemmschwelle ist, die man nicht überwinden darf. Und er ist froh, dass es sie gibt und dass er sie nicht überschreiten konnte.

Wie die Erzieher auf die Tragödie in der Stube aufmerksam geworden sind, weiß Marko nicht mehr – aber er wird herausgeholt und in den Fuchsbau im Keller gesperrt, jene berüchtigte Zelle in Torgau, in der die Jugendlichen nicht einmal aufrecht stehen konnten. Dann kommt die Kriminalpolizei, nimmt ihn und Paul mit in Untersuchungshaft. Er erinnert sich, dass er den Kriminalpolizisten angebettelt hat, ihn zu verhaften. Nur weg aus Torgau, so war sein Gedanke.

In Markos Sonderakte kann man lesen, was für die Erzieher die Quintessenz aus diesem Vorfall war: »Es ist einzuschätzen, dass es unter des Einflußes der Vorkommnisse nicht zu Unruhen oder Störungen des allgemeinen Ablaufes in der Einrichtung gekommen ist. Die Sicherheitsanforderungen und Sicherheitsmaßnahmen im Rahmen des Betriebsschutzes werden überarbeitet. Als erste Maßnahme wurde festgelegt, an der Tür zur Betriebswache als Zusatz eine Gittertür anzubringen, die außerhalb der normalen Dienstzeit (16.30–6 Uhr) zu verschließen ist. Das Schlüsselausgabefenster der Wache wird ebenfalls mit einem Gitter versehen.« Paul wird als »Geschädigter« einem Facharzt für Psychiatrie vorgestellt.

Ein Jahr und vier Monate sitzt der sechzehnjährige Marko in Untersuchungshaft, die Anklage plädiert auf versuchten Mord. Marko verschleppt und verzögert, genau wie sein Freund, das Verfahren, wo er nur kann. Zum Beispiel, indem er kaum redet mit den Psychologen, die ein Gutachten über ihn erstellen sollen. Am

Ende wird er zu zwei Jahren und drei Monaten Haft verurteilt. Genau zu diesem Zeitpunkt vollzieht sich die Wende. Die beiden Jungen legen Revision gegen das Urteil ein. Jan hat den Versuch, sich umzubringen beziehungsweise umgebracht zu werden, überlebt und sagt vor Gericht zugunsten der Angeklagten aus. Das Urteil hält nicht stand. Jahre später stuft der Bundesgerichtshof, der sich für die Zustände in der Einrichtung Geschlossener Jugendwerkhof Torgau interessierte, den Aufenthalt dort als verfassungswidrig ein und ermöglicht so die Rehabilitierung und Entschädigung dort Inhaftierter.

Marko wird entlassen und als Siebzehnjähriger in einem Jugendwohnheim untergebracht. Es befindet sich in einer kleinen Villa am Geiersberg in Nordhausen und bietet drei Gruppen mit je acht Jugendlichen und einem Erzieher Platz. Dort gefällt es Marko sehr gut. Es war der erste Ort, an dem er nicht belogen wurde, so erinnert er sich heute. Es ist kurz vor dem 3. Oktober 1990. Eine ereignisreiche und, wie er sagt, wilde Zeit beginnt. Marko holt alles nach, was er in Kindheit und Jugend verpasst hat, feiert wilde Partys, genießt das Leben in vollen Zügen. In dem Wohnheim bleibt er, bis er volljährig wird und in seine erste eigene Wohnung zieht.

Marko bekommt Unterstützung vom Jugendamt. Er erhält ein Taschengeld und kommt in einem Programm unter, das es ihm ermöglicht, seinen Schulabschluss nachzuholen und nebenbei zu arbeiten. Zwei Tage die Woche Malerausbildung, drei Tage Schule. Seine Malerausbildung schließt er erfolgreich ab. Es folgt eine Zeit der Arbeitslosigkeit, unterbrochen von verschiedenen Jobs. Vom Arbeitsamt erhält er schließlich eine Umschulung zum LKW-Fahrer, findet dann auch eine Anstellung, die er bis heute hat.

Auf meine Frage, wann Marko zum ersten Mal über seine Vergangenheit reden konnte, sagt er: »2014. Ich hab das immer schön verdrängt.« Freunde und Familie kennen seine Vergangenheit nicht, für die hat er sich »eine Legende ausgedacht, die dann genau entgegengesetzt war«.

Bis heute begleiten ihn die Bilder aus Kindheit und Jugend. Immer wieder hat er Albträume von dem Kellergewölbe des Spezialkinderheimes, in dem die Arrestzelle eingerichtet war. »Es war ein alter Kartoffelkeller. Überall waren Spinnweben. Eine Matratze oder ein Bett gab es da nicht. Abends ging diese schwere Eisentüre auf, dann flogen die Riegel und dann haben die Erzieher dir da so eine alte verseuchte Matratze hingeschmissen. Der Uringeruch sei schlimm gewesen. Er habe eine regelrechte Urinphobie, der Geruch ist ihm unerträglich. Die Albträume, in denen er sich wieder in dem umgebauten Kartoffelkeller befindet, wechseln sich ab mit jenen aus Torgau, als er und sein Freund Paul versuchen, Jan zu erdrosseln. Diese Bilder quälen ihn oft.

Mit seiner Adoptivmutter und deren leiblichem Sohn hat Marko keinerlei Kontakt. Positive Gefühle verbindet er nicht mit ihr, im Gegenteil, er verspürt Wut und Abscheu ihr gegenüber. Bis zu dessen Tod hat er mit dem Adoptivvater noch Kontakt gehabt. Lange nach seiner Heimzeit findet er seine leibliche Mutter, mit ihr steht er heute noch in Verbindung. Marko ist jetzt Ende vierzig, er lebt in seinem Haus in ländlicher Umgebung, hat einen Hund und einen guten Draht zu seinem Chef.

2018 wird die Geschichte von Marko und dem Fluchtversuch im Deutschlandfunk und in der *Süddeutschen Zeitung* erzählt. In der fünfteiligen Radioserie »Ihr könnt mich umbringen« rekonstruieren Zeitzeugen und Reporter die Verzweiflungstat der Jugendlichen.[18]

SCHWIERIGKEITEN DES ÜBERLEBENS UND DER UMGANG MIT ZERSTÖRTER KINDHEIT UND JUGEND

Ein Fazit

Am Ende einer langen Reihe von Gesprächen, nach vielen Begegnungen, Telefonaten und Interviews bleibe ich nachdenklich und erschüttert, aber auch voll Bewunderung zurück. Ich durfte viele Menschen kennenlernen, hörte Geschichten von Leid, Trauer, Wut und Schmerz. Aber auch von Hoffnung und Kampfgeist, von Überlebenskünstlern und Trotzköpfen. Ich durfte Familienangehörige und Freunde ehemaliger Heimkinder treffen und erfahren, dass viele ihr Leben trotzdem gemeistert haben. Ich möchte das trotzdem betonen, denn eines ist mir ganz deutlich bewusst geworden: Wenn Kindern und Jugendlichen das, was sie zum Wachsen und Gedeihen, zum Entfalten einer eigenen gesunden Persönlichkeit brauchen, nämlich Vertrauen und Zuwendung, versagt wird, dann entsteht ein Schaden, der nicht mehr gutzumachen ist.

Viele derer, die ich kennenlernte, haben sich mit Mühe und Kraft ins Leben gekämpft und bestehen im Hier und Jetzt. Die meisten kämpfen jeden Tag und jede Nacht gegen die Schatten der Vergangenheit. Schlaflosigkeit, körperliche Gebrechen, Gesundheitsschäden und eine Vielzahl leichter bis schwerer psychischer Probleme begleiten sie. Während sie meist zu einigen wenigen Menschen Vertrauen aufbauen konnten, bleiben sie doch misstrauisch und leben oft mit Einschränkungen. Sei es, dass sie geschlossene Räume nicht ertragen, nur mit dem Rücken zur Wand schlafen können, Gänsehaut bekommen, wenn sie Schlüsselgeklapper hören oder mit Menschen nur schwer umgehen können – sie verspüren ein tiefes Misstrauen jedem anderen gegenüber.

Schwierigkeiten nach dem Heim

Die Hürden für ehemalige Heimkinder, nach ihren negativen Erfahrungen mit der DDR-Jugendhilfe ein normales Leben zu führen, waren hoch und sind es bis heute geblieben. »Als ich entlassen wurde aus dem Jugendwerkhof, da hab ich nur funktioniert. Arbeit, Arbeit, Arbeit. Ich war gar nicht auf ein Leben allein vorbereitet, wusste gar nichts. Ich war immer der Schnellste und pünktlich da. Der Letzte, der abends ging. Das Soll hab ich immer übererfüllt.« Jahre später bricht Bernd K. zusammen, die Vergangenheit holt ihn ein. Er leidet bis heute an einer schweren posttraumatischen Belastungsstörung und ist erwerbsunfähig. Wie ihm geht es vielen. Das zerstörte Selbstvertrauen wird durch Fleiß und »es aushalten« kompensiert. Mit dramatischen Folgen.

Der Großteil der ehemaligen Heimkinder leidet massiv unter den negativen Erfahrungen, die sie in ihrer Kindheit und Jugend machen mussten. Die Folgen ihrer Erlebnisse sind dabei psychischer wie physischer Natur. Einer, Ernst K., kann nicht schlafen und ist durch zwanghafte Handlungsmuster sozial stark eingeschränkt. Besuch, so erzählt er, vergrault er, weil er immer alles abwischen muss. Auch die Schuhe seiner Gäste, die Kaffeetasse, sobald sie den Tisch berührt. Eine andere, Heide R., erträgt es nicht, mit mehreren Menschen in einem Raum zu sein. Stimmengewirr, schrilles Gelächter oder Tuscheln bringt sie an den Rand einer Panikattacke, so sind Fahrten im öffentlichen Nahverkehr oder geselliges Beisammensein für sie unmöglich. Neben solchen massiven Einschränkungen gibt es aber auch viele Betroffene, die nur dann und wann von Erinnerungen überwältigt werden und deren Einschränkungen damit, zumindest auf den ersten Blick, leichter zu ertragen sind. Aber fast alle können Situationen benennen, in denen sie in alte Muster fallen, sich selbst die Schuld an Negativem geben und in eine ohnmächtige Rolle gedrängt werden. Sei es, dass sie beruflich nie wirklich Fuß fassen konnten oder nur zu einfachen Tätigkeiten in der Lage sind, weil ihnen der Zugang zu einer vernünftigen Schulbildung und Studiengelegenheiten verwehrt blieb, sei es, dass es ihnen schwerfällt, sich in der eigenen Beziehung, in der selbst gegründeten Familie wirklich fallen zu lassen.

Wie sehr Betroffene auch darunter leiden, dass andere mit ihren Marotten und ihrer oft aus Selbstschutz aufgebauten Unnahbarkeit nicht zurechtkommen oder den Kontakt abbrechen, wird mitunter auch deutlich. Inga erzählt von ihren vielen gescheiterten Beziehungen. »Die meisten waren ganz schnell wieder weg, weil ich einfach keine Nähe ertragen hab. Die wollten dann Händchen halten oder sich ankuscheln. Das kann ich nicht aushalten. Dabei wünschte ich es mir so sehr.« Erst ihr zweiter Mann schafft es mit viel Geduld und in unendlich kleinen Schritten, die Distanz zu überwinden. Er erinnert sich, dass er oft kurz davor war, die Beziehung abzubrechen. Es sei einfach so frustrierend gewesen, ein paar kleine Annäherungen und ein Gespräch über die gemeinsame Zukunft, dann plötzlich wieder ein Rückzug und nur Kälte und Schweigen. »Heute«, sagt er, »bin ich froh, dass ich geblieben bin. Inga ist die liebevollste Frau, die ich kenne.«

Eindrucksvoll ist auch das Beispiel von Kurt, dem die Stimme wegbleibt, als er sagt: »Ich bin unausstehlich. Weiß ich doch. Es gibt so viele Menschen, die ich gern kennengelernt hätte. Die wollten nur mit mir nicht. Und ich weiß warum.« Sein herrischer Ton, das nicht zu unterdrückende Bedürfnis, sich einzumischen, Widerworte zu geben, Dinge so zu erledigen, wie er sie sich in den Kopf gesetzt hat, hat ihn mehrere Beziehungen gekostet. Oft ist ein Problem gerade die Unkenntnis, woher diese Eigenarten kommen, die andere Menschen vor den Kopf stoßen. In dramatischer Weise wiederholen sich manchmal auch die Gewalterfahrungen und das den Heimkindern eingebläute Schema des Biegens und Brechens um jeden Preis. Wie bei Gisela, die über sich selbst entsetzt ist, weil sie ihre Kinder, wenn diese im Bett noch tuschelten oder eine Kissenschlacht veranstalteten, in der Ecke Strafe stehen ließ oder weil sie deren gesamten Schrankinhalt herausriss und auf den Boden warf, wenn nicht alles Kante auf Kante gefaltet und gestapelt war.

Oft sind die Angehörigen, sofern sie überhaupt um die Vergangenheit wissen, mit bestimmten Situationen völlig überfordert beziehungsweise realisieren erst in diesen Momenten das Ausmaß der erlittenen Erfahrungen und deren Folgen. So erzählt mir die Frau eines Betroffenen, es sei zur ersten großen Auseinandersetzung gekommen, als der Mann, in den sie sich verliebt hatte und der mit ihrer Tochter gut auskam, bei einem Streit mit der Tochter auf einmal verkündete: »Ich werde sie brechen und mir so aufbauen, wie ich sie haben will.« Sie versteht die Welt nicht mehr, es folgt der erste große Konflikt. Erst viele Jahre später, als sie gemeinsam mit ihm die Gedenkstätte Geschlossener Jugendwerkhof Torgau besucht, begreift sie den Sinn und das Ausmaß seines Satzes.

Oder wenn ein Sohn über seinen Vater, für dessen Schicksal er viel Verständnis hat, seufzt und sagt: »Ja, aber manchmal nervt es einfach, dass er so viel Mitleid und Verständnis bekommt. Ich habe unter ihm auch gelitten – er kann ein richtiger Arsch sein. Und uns bemitleidet keiner. Alle sehen seine schlimmen Erfahrungen. Nach meinen fragt keiner.« Bei einem Heimkindertreffen in Torgau erzählt mir die Tochter einer Betroffenen, sie sähe ihre Mutter jetzt schon in einem anderen Licht, seit zwei Jahren etwa wisse sie von deren Vergangenheit und vieles würde sie jetzt besser verstehen. Dann hält sie inne, schluckt schwer und sagt mit Tränen in den Augen: »Aber warum sie uns dann auch so angemacht hat […] wenn wir die Betten nicht ordentlich hatten oder so, ich war manchmal so wütend auf sie. Sie kann so kalt sein und ganz fies. So nach dem Motto ›Leben ist halt kein Ponyhof‹. Da war ich manchmal echt eifersüchtig auf andere. Wo die Mama liebevoll war.«

Dietmar beschreibt im Nachwort seines ersten Buches, wie verbraucht er und andere Heimkinder sich fühlten, »vor allem dann, als wir versuchten, eine eigene Familie zu gründen und daran scheiterten. Wir brachten keinerlei Erfahrung innerhalb einer Familie mit, erneut wurden wir von den Ehepartnern ausgepresst. Wir ließen es zu, da wir endlich in unserer Ehe miteinander leben wollten, und wenn Kinder geboren wurden, dass die nicht das gleiche Schicksal erleben müssen wie wir. Uns fehlte jede Menschenkenntnis und wir scheiterten nicht selten mehrere Male, nur ein kleiner Teil der ehemaligen Heimkinder schaffte es, von Anbeginn, mit der Entlassung aus dem Kinderheim, aus dem Sonderheim, aus dem Jugendwerkhof, eine kleine angenehme Existenz aufzubauen. Viele Heimkinder bauten einen Schutzwall um sich auf: Man will nicht mit der Vergangenheit konfrontiert werden und wer den Schutzwall übersteigt, der erfährt Aggression und Gewalt.«

Es ist eine weitere Dimension der Spätfolgen, dass Betroffene ihren eigenen Kindern, ihren Frauen und Männern, ihren Freunden und Bekannten oft nicht das geben können, was sie gerne geben wollen, dass sie ihrer Fähigkeit, liebenswert zu handeln und umsichtig zu agieren, beraubt oder doch zumindest stark darin eingeschränkt sind. Und es sind anrührende Geschichten, die diese Angehörigen erzählen. Wenn eine Tochter sich erinnert, dass die Mutter Nähe nicht zulassen kann und Umarmungen kaum erträgt. Wenn ein Mann erzählt, dass seine Frau panisch wird, wenn er sie hochhebt.

Misstrauen

Erschüttert hat mich, dass die meisten meiner Gesprächspartner noch nicht lange über ihre Vergangenheit reden. Oft ist es der zweite Ehepartner, eine Freundin oder eine Person, der Gleiches widerfahren ist. Einer Frau mit ihren beiden Kindern (beide volljährig) begegne ich auf einem Heimkindertreffen in Torgau. Auf meine Frage an die Tochter, seit wann sie von der Vergangenheit ihrer Mutter wisse, antwortet diese: »Seit zwei Stunden. Also sie hat schon erzählt, dass sie mal im Kinderheim war, und von Kissenschlachten und so Quatsch, den sie gemacht haben. Aber von Torgau und wie das wirklich war, erst heute.«

Dieses späte Erzählen hängt mit mehreren Faktoren zusammen. Den Kindern und Jugendlichen wurde damals eingebläut, sie seien schuld an ihrem Versagen, sie seien nichts wert, sie müssten dankbar sein, dass sich der Staat um sie kümmere. Aus Scham sprachen sie daher nicht über ihr vermeintlich eigenes Versagen. So wurden sie auch von der Mehrheitsgesellschaft nach der Entlassung aus dem System der Jugendhilfe empfangen: »Im Heim? Ja, da waren ja nur die Asozialen, die Kriminellen, da kam man ja nicht grundlos rein« – so die verbreitete Meinung. Die meisten verschweigen nach dem Heimaufenthalt ihre Vergangenheit, um nicht drangsaliert und abgewertet zu werden. Auch begegnete mir immer wieder die Angst, Menschen, die bereits ins persönliche soziale Netzwerk aufgenommen wurden und lieb gewonnen sind, könnten sich abwenden und plötzlich nichts mehr mit der Person zu tun haben wollen.

Auffällig ist, wie groß die Belastung des Darüber-Sprechens, gleichwohl aber auch der Nutzen für die Betroffenen ist. So habe ich erlebt, dass oft viel Zeit vergeht, ehe sich ein Gespräch realisieren lässt. Zunächst muss Vertrauen aufgebaut werden, dass die Geschichte in guten Händen ist. Wichtiger noch ist es, dass wir wirklich zuhören und nicht, wie einige Zeitzeugen das erlebt haben, wie Journalisten nur das für den medialen Zweck Nötige aus der Geschichte eines Betroffenen ziehen und wieder verschwinden. Der Betroffene bleibt dann allein mit all den hochgewühlten Erinnerungen und ihren Folgen. Hier gilt daher der dringende Appell an alle, die mit Zeitzeugen zu tun haben: Ein respektvoller Umgang heißt auch, den rechten Ort und die angemessene Zeit zu suchen beziehungsweise mitzubringen. Eindrücklich bleibt mir Ramona F. in Erinnerung, die das Interview zweimal verschoben hatte, mich dann im November anrief und unter Tränen und vielfachen Entschuldigungen sagte, sie könne jetzt nicht, sonst läge sie Weihnachten krank im Bett. Auch andere berichten mir, dass sie nach einem Interview oder einem Heimkindertreffen erst einmal eine oder zwei Wochen krank sind und lange brauchen, ehe sie wieder zu Kräften kommen. Wenn wir also das Misstrauen dieser Menschen ernst nehmen, dann können wir dem begegnen, indem wir Zeit mitbringen und Geduld und nicht in erster Linie auf unsere Ergebnisse schielen, sondern uns darum bemühen, ihrer Geschichte den angemessenen Wert zukommen zu lassen und sie in ihrer Gänze zu würdigen. Das Darüber-Sprechen wühlt mitunter auch Gedanken und Fantasien auf. So berichtet mir ein Betroffener, er habe sich nach der Wende auf die Suche gemacht und einen ehemaligen Erzieher aufgesucht, um sich für all die Schikanen »zu bedanken«. Voller Aggression und Racheideen sei er losgefahren, um dann – angesichts des alten gebrechlichen Mannes, der ihm seine Kindheit zur Hölle gemacht hatte – gewahr zu werden, dass es schon lange her ist. Um dann mit einem Gefühl von Befriedigung darüber, dass der Erzieher sichtlich Angst vor ihm hatte, und Mitleid mit dem alten gebrechlichen Mann wieder nach Hause zu fahren. Am eigenen Leib erfahre ich eine seltsame Szene: Ein Mann, den ich in einer öffentlichen Einrichtung mitten in der Stadt interviewe, beugt sich nach dem Interview bei einer Zigarette vor dem Gebäude zu mir – mein Kollege ist gerade den Schlüssel wegbringen – und raunt mir zu: »Wenn ich Ihnen einen Tipp geben darf: Fahren Sie nie alleine zu einem von uns. Nehmen Sie immer ihren Kollegen mit. Sie wissen nicht, was wir tun.« Die Situation ist für mich umso beklemmender, als genau dieses Interview ohne meinen Kollegen im Haus des Gesprächspartners geplant war. Ich gehe ohne zu wissen, ob er mich vor sich selbst oder vor seinen Schicksalsgenossen gewarnt hat, sehr nachdenklich nach Hause.

Zum Komplex Misstrauen gehört auch, wie schwer es vielen Betroffenen fällt, mit Behörden und Amtspersonen umzugehen, wie schwer es ihnen fällt, generell zu akzeptieren, dass eine Anfrage keine negativen Konsequenzen für sie hat. So erzählt Nina, dass sie nach dem Verlust ihrer Arbeitsstelle als Kassiererin im Supermarkt jahrelang bei Freunden unterschlüpfte, sich durch das Putzen im Bekanntenkreis verdiente, was sie zum Leben benötigte, weil sie den Gang zum Arbeitsamt nicht schaffte. Sie sei einige Male dort gewesen, vor der Tür, habe dann aber Schweißausbrüche bekommen und sei schnell wieder nach Hause gefahren.

Das führt mitunter dazu, dass dringend notwendige Arztbesuche und Operationen nicht erfolgen, dass zustehende Hilfeleistungen nicht in Anspruch genommen werden. Die Furcht vor Abhängigkeit, vor dem Ausgeliefertsein, insbesondere im Krankenhaus und während der Einnahme von Medikamenten, ist so erdrückend, dass die Betroffenen trotz Schmerzen und starker Einschränkungen jede Therapie ablehnen. Ines, die unter heftigen Arthroseschüben leidet und dringend an der Hüfte operiert werden müsste, oder Klaus, der seit Jahren nicht mehr schmerzfrei laufen kann, die Operation am Knie aber nicht durchführen lässt, sind nur zwei Beispiele von vielen.

Ich hoffe sehr, dass sich Politik und Gesellschaft weiter mit diesem wichtigen Thema auseinandersetzen, denn auch wenn wir nachträglich kein Leid ungeschehen machen können, so können wir doch Respekt zeigen und Anerkennung. Das bedeutet vielen Betroffenen mehr, als manch einer sich vorstellen kann. Während meiner zahlreichen Gespräche habe ich viel Dankbarkeit und, nach anfänglicher Skepsis, große Erleichterung meiner Gesprächspartner erleben dürfen. Viele erzählten mir von Journalisten oder Projektmitarbeitern, denen sie in der Vergangenheit Auskunft erteilt hätten, und von ihrem großen Frust, dass diese nur schnell ein paar für sie wichtige Informationen abgegriffen hätten und dann wieder verschwunden seien. Vielen ist es ein Anliegen, ihre Geschichte publik zu machen. Es ist ein Stück persönlicher Aufarbeitung und gesellschaftlicher Teilhabe, die diese Menschen dazu bewegt, sich den Schatten ihrer Vergangenheit zu stellen und der Öffentlichkeit darüber zu berichten.

Es gibt tatsächlich noch mehr Aspekte, die zu bedenken sind, und weitere Felder, auf denen Hilfe nötig ist. Ein ganz aktuelles Thema, mit dem die Gesellschaft sich auseinandersetzen muss, bei dem auch die Politik gefragt ist, ist der Umgang mit der immerhin beträchtlichen Zahl einer halben Million Heimkinder, die nun in einem Alter sind oder in dieses kommen, in dem Kranken- und

Pflegeheimaufenthalte wahrscheinlicher werden. Eben diese Aussicht bedeutet für die Betroffenen eine schwere Belastung. Konzepte zu entwickeln, die dabei eine Erleichterung sein können, wäre ein wichtiger Anfang. Ziele könnten zum Beispiel sein, Pflegepersonal vernünftig aufzuklären, auf eventuelle Reaktionen und verbale Angriffe vorzubereiten. Oder den Betroffenen eine Rückversicherung zu geben, dass sie verstanden und aufgrund ihrer Vergangenheit besonders behutsam behandelt werden, ihnen die Achtung ihrer Persönlichkeitsrechte zu demonstrieren.

Konkurrenz der Opfer und der Anspruch auf Deutungshoheit

Bedauerlicherweise kommt es zwischen Betroffenen nicht selten zum Kampf um die Deutungshoheit und zu einer Art Konkurrenzverhalten. Zum Teil ist dies nachvollziehbar, da – das zeigen die vielen im Archiv der Gedenkstätte Torgau gesicherten Berichte – sich die Umstände in den Heimen sehr voneinander unterschieden haben. Auch konnte in einer Einrichtung je nach Zeitpunkt der Einweisung ein großer Unterschied in der Behandlung bestehen. Das wird an den Einzelschicksalen ganz deutlich: Jedes Kind, jeder Jugendliche nahm sich selbst und die anderen anders wahr und wurde anders wahrgenommen. Ein großer kräftiger Junge konnte durchaus weniger drangsaliert werden als ein kleiner schmächtiger, der ängstlich war. In einem Heim wurde unter einem brutalen Erzieher im Frühling ein schreckliches Regiment geführt und nach seiner Versetzung im Herbst des gleichen Jahres herrschte ein deutlich milderer Ton. Im Heimsystem entstand eine Dynamik, der Druck wurde nach unten weitergegeben, der Umgang der Kinder und Jugendlichen war rau. Sehr entscheidend war also auch die Einstellung und der Führungsstil der entsprechenden Anstaltsleitung.

Was passiert nun aber, wenn die Geschichte einer in der Hierarchie höherstehenden Person gegen die einer tieferstehenden steht?

Sie oder er wird aus der eigenen Sicht möglicherweise zu Recht sagen, das stimmt so nicht. Und er wird auch aus Selbstschutz nicht gern den Blickwinkel des anderen einnehmen. Silvia T. berichtet mir, wie sie mit verschmutzten Stiefeln den Flur mehrmals durchlief, als ein anderes Mädchen dort zur Strafe putzen musste. Silvia weint, als sie mir davon berichtet. Ihre Stimme bricht weg, als sie sagt: »Ich schäm mich heute so – das arme Ding. Aber ich war ja auch mal dran.« Bernd beschreibt mir am Ende eines langen Interviews die Szene, als er vom Spezialkinderheim, in dem er von Älteren drangsaliert worden war, in den Jugendwerkhof verlegt wurde, und erläutert seine Entscheidung, sich sofort durchzusetzen. »Ich hab mir so einen kleinen, dicklichen Jungen ausgesucht. Bin hin und hab den fest geschlagen. Später hab ich den auch in den Schwitzkasten genommen und angebrüllt. Ich wollte sofort zeigen, ich bin stark, ich lass mich nicht mehr rumschubsen.« Er schweigt, reibt sich über die Augen und schluchzt dann fast auf, als er weiterspricht: »Der tat mir so leid. Ich seh dieses dicke Gesicht, die Kulleraugen heute noch. Aber was sollte ich machen? Er oder ich, was anderes gab's nicht.« Solche Erzählungen über das eigene unsoziale Verhalten einem anderen Kind gegenüber finden sich häufig in den Interviews und zeigen, dass ein solcher Perspektivwechsel schmerzhaft ist. Silvia hat den Flur nicht verschmutzt, weil sie ein unsozialer Mensch ist, sondern weil sie Teil eines unmenschlichen Systems war. Sie selbst aber sieht ihr Verhalten bis heute als Makel, als eigenes Versagen. Bernd gab den Druck weiter an einen anderen Jungen, sorgte mit dessen Unterdrückung dafür, selbst nicht mehr so schlimm zu leiden. Die traurige Lektion des Systems war also: Hilf dir selbst, nicht einem anderen, der deine Hilfe braucht.

Das Leid, das Silvia, Bernd und viele andere damals einem anderen Kind zugefügt haben, hat zugleich eine tiefe Wunde im eigenen Selbstwertgefühl hinterlassen. Obgleich diese gewalttätigen, unsozialen Akte unfreiwillig erfolgten, haben sie diese als eigeninitiativ erlebt und abgespeichert. Mit der Folge, dass sie sich schämen, sich selbst nicht verzeihen können, was sie getan haben. Während es ihnen meist leicht fällt, andere zu entlasten, schaffen sie dies bei sich selbst nicht. Meist kommen solche Szenen und Geständnisse auch erst spät in den Gesprächen vor, als seien es schmutzige Geheimnisse, die enthüllen würden, was für Menschen sie seien. Schlechte eben, die vielleicht doch zu Recht im Heim waren. Und ich erlebte viel Erleichterung, wenn sie merkten, dass sich beim Erzählen dieser Episoden nichts zwischen uns änderte, an der Wahrnehmung ihrer Position als der des Opfers.

Nicht selten schwingt in den Erzählungen auch die Angst mit, die eigene Geschichte sei nicht schlimm genug oder würde einem nicht geglaubt. Sehr eindrücklich zeigte sich mir dies bei einem Treffen für ehemals im geschlossenen Jugendwerkhof Torgau Untergebrachte. In kleiner Runde sitzen wir am Tisch, etwa zehn Personen jeweils in Gespräche untereinander verwickelt. Ein Mann erzählt auf einmal laut und sichtlich erregt vom ehemaligen Leiter des geschlossenen Jugendwerkhofes Kretzschmar und seinen Ziehsöhnen. Er deutet an, Kretzschmar habe sich an Inhaftierten vergriffen. Auf der anderen Seite des Tisches wird es unruhig. Dort sitzt ein Mann, der dies erlebt hat und es entspinnt sich ein Disput über wahr und unwahr, an dessen Ende der eine aufsteht und abrupt den Raum verlässt – ich sehe ihn nie wieder. Am Rande des Festaktes zum zwanzigjährigen Bestehen der Gedenkstätte Geschlossener Jugendwerkhof Torgau, gleichzeitig dem 16. Heimkindertreffen am 17. November 2018, kommt es zu einer Auseinandersetzung zweier Betroffener, deren Erinnerungen einander zu widersprechen scheinen. Bei genauerer Betrachtung stellt sich heraus, sie widersprechen sich eben nicht. Die eine hat im Jugendwerkhof Crimmitschau schweres Leid erfahren und erinnert sich an den Hunger, der sie täglich quälte, die andere hat im Jugendwerkhof Burg positive Erfahrung mit einer freundlichen Ausbilderin gemacht und erinnert sich an reichliche Portionen. Leider ist zwischen den beiden kein Gespräch möglich, die Dame mit den schlechteren Erfahrungen verlässt vorwurfsvoll vor sich hinmurmelnd den Veranstaltungsort.

Für einige Betroffene ist die Angst davor, wenn andere noch Schrecklicheres berichten, könne die Erzählung des selbst erlittenen Unrechts nur die Reaktion hervorrufen, es sei »anderen aber schlimmer ergangen«, sehr real – genau das haben sie immer wieder gehört. Hier sind wir als Historiker, als Mitbürger gefragt. Manchmal hilft es, sich vorzustellen, wie wir selbst in einer solchen Situation reagieren würden. Wer sich ein Bein bricht, möchte auch nicht hören: »Ach, hab dich nicht so, andere haben ein Bein verloren.« Nein, wir erwarten zu Recht Mitgefühl und Anteilnahme.

Überlebensstrategien und Widersprüche gebrochener Biografien

Eines fällt in vielen Gesprächen auf: Sie enthalten Widersprüche und Brüche. Das liegt zum einen in der Natur der Sache. Erinnerung ist immer lebendig; sie ist von den Umständen, vom Zuhörenden und von vielem mehr bestimmt; sie verändert sich auch im Laufe der Zeit. Erinnerung wird überlagert von späterer Deutung, von Wünschen und neu erworbenem Wissen. Der Zeitzeuge lebt in der Not, alles plausibel und lückenlos erzählen zu wollen, Lücken und Widersprüche erklären oder überdecken zu müssen. Insbesondere bei Menschen, die in ihrer Kindheit und Jugend traumatischen Erlebnissen ausgesetzt waren, die an entscheidender Stelle Demütigung und Entwertung erfahren haben, scheint dabei eine Art Überlebensstrategie die Umdeutung (oder Erinnerungsverklärung) zu sein. Wenn eine Frau erzählt, sie habe sich als Jugendliche so sehr am Geländer einer Treppe festgehalten, dass selbst vier männliche Erzieher sie nicht losreißen und forttragen konnten, ist dies ebenso unwahrscheinlich wie die Erzählung, dass eine sportliche Fünfzehnjährige den Strafsport »Torgauer Dreier« singend und pfeifend so lange vollführte, bis die Erzieher aufgaben und feststellten, dass man diese Jugendliche mit Sport nicht brechen könne. Trotzdem sind das keine Behauptungen, die man einfach als Lügen abtun darf.

Die Frage ist also, was passiert, wenn Menschen Erinnerung so umdeuten, dass ihnen ihre Würde bleibt? Und die sich anschließende Frage lautet, wie gehen wir damit um? Die Erinnerungsberichte verlieren ihren Wert ja keinesfalls wegen solcher offensichtlich verklärten Episoden. Sie sind nämlich zugleich Lehrstücke, wie Kinder und Jugendliche mit Grenzerfahrungen umgehen und sich selbst schützen. Und auch hier lohnt der kritische Blick auf die eigene Person: Wenn wir uns beispielsweise zu dritt über den Urlaub im letzten Jahr oder einen Disput im Büro unterhalten, ergeben sich drei verschiedene Geschichten, drei Deutungen, drei Erinnerungen. Wir sollten also daran denken, dass in jede Erinnerung auch die spätere Deutung und eine Priorisierung einfließt. Und dass wir ganz automatisch einen Teil der Erinnerung verdrängen oder umdeuten.

Nun bilden Vertrauen und Misstrauen zwei Schlüsselerfahrungen für die Mehrheit der Betroffenen. Während sie damals kein Vertrauen in die Menschen, in deren Obhut sie sich befanden, haben konnten und schmerzhaft lernten, dass sie nur sich selbst vertrauen konnten, erfuhren viele in ihrem späteren Leben großes Misstrauen. Viele leben nicht nur in der Angst, ihnen würde nicht geglaubt, sondern auch mit der Sorge, ihnen würde gar eigene Schuld am Erlebten gegeben. Nicht wenige sahen sich mindestens einmal im Leben mit den Vorurteilen »Im Heim waren ja auch nur die Schlimmen« oder »Naja, grundlos war sicher niemand im Heim« konfrontiert. Umso vorsichtiger müssen wir sein, wenn wir Zweifel an Details einer Lebenserzählung haben oder Widersprüche einzelner Episoden aufdecken. Es muss sehr deutlich werden: Die Geschichten, die uns erzählt werden, sind trotz gelegentlicher Widersprüche glaubhaft. Sie stellen einen unersetzlichen Beitrag zur Geschichte des Heimsystems dar, da sie Inneneindrücke schildern, die von offizieller Seite nicht nur nicht dokumentiert, sondern totgeschwiegen und vertuscht wurden. Und kleine Ungereimtheiten, Nachdeutungen, Interpretationen, die in die Erzählungen eingebaut werden, stellen die Glaubwürdigkeit der Geschichten nicht infrage. Sie weisen im Gegenteil auf andere Schichten und Ebenen des Erlebens hin. Unglaubhaft erscheinende Details drücken den Widerstand aus, den die Kinder und Jugendlichen fühlten und innerlich auch leisteten, um zu überleben.

Die Deutungshoheit über die Erfahrungen im Heim ist immer wieder ein Thema. Ich habe aber erstaunlicherweise bei aller Konkurrenz zwischen den Betroffenen kein einziges Mal Vorbehalte gegen meine Person erfahren. Zwar hat der eine oder die andere verdutzt reagiert, als ich, eine 1981 in Bayern geborene Frau, mit ihnen über die Heimgeschichte der DDR sprechen wollte. Aber dies führte in keinem Fall zu einem Vertrauensbruch. Im Gegenteil, wenn ich erklärte, ich sei Historikerin, mit der Materie vertraut, und mit einem gebrochenen Bein ginge man ja auch nicht nur zu dem Arzt, der selbst schon mal ein gebrochenes Bein gehabt hätte, wurde kurz gelacht, und wir konnten uns der Geschichte zuwenden. Allerdings höre ich diesen Vorbehalt immer wieder, wenn es um die psychische Belastung geht und ich mich erkundige, ob der oder die Betroffene über therapeutische Hilfe nachgedacht habe. Während ich von vielen Menschen den Vorbehalt kenne »Was soll ich mit einem Fremden reden? Was soll das denn bringen? Das geht nur mich was an«, wird dieses Argument von vielen Betroffenen erweitert um: »Das kann der ja gar nicht verstehen. Wer da nicht drin war, der glaubt das ja gar nicht.«

Sensibel sollten wir dabei auch mit den Begrifflichkeiten umgehen, da diese teils heftige Diskussionen auslösen. So wehren sich viele Betroffene vehement gegen die Zuschreibung »Opfer«. Sie ertragen kaum die damit einhergehende Ohnmacht. Anderen ist das Wort »Betroffene« zu schwach. Auf Nachfragen wird schnell deutlich: Es geht hier um die Angst, einer Gruppe zugeschrieben zu werden, der sie sich nicht zugehörig fühlen. Für viele wiederholt sich auch die Hilflosigkeit, von anderen definiert und eingeordnet zu werden, anstatt selbstbestimmt die eigene Geschichte zu schreiben. Ich halte es aber für fundamental wichtig, sie zum Zeitpunkt ihres Heimaufenthaltes als Leidende zu benennen, denn damals waren sie hilflos und wurden zu Opfern unmenschlicher Behandlung.

All die Menschen, die ich traf, die Gespräche, die ich führen konnte, und die persönlichen Begegnungen haben mich tief berührt. Obgleich ich als Historikerin mit der Geschichte der DDR-Jugendhilfe vertraut war und die Rahmendaten bereits kannte und Berichte über zahlreiche Einzelschicksale bereits gelesen hatte, haben die vielen Geschichten und Begegnungen mein Bild der DDR-Heimgeschichte doch verändert. Die Geschichten meiner Gesprächspartner werden mich begleiten. Ich kann diesen Menschen nur meinen tiefen Respekt und meine Bewunderung dafür aussprechen, dass sie den Mut aufbrachten, über ihre Lebensgeschichten zu sprechen, und meinen tiefen Dank für ihr Vertrauen.

ANHANG

Karte der genannten Jugendhilfeeinrichtungen der DDR

Bildnachweise

1–2: © C. Sachse (Expertise Erziehungsvorstellungen in der Heimerziehung der DDR, Prof. Dr. Karsten Laudien/Dr. Christian Sachse, Berlin 2012, S. 181, https://www.christian-sachse.de/Heimerziehung/Expertisen_web_neu.pdf)

3: Maik, © privat

4: Sanny, © privat

5–7: Archiv Gedenkstätte Geschlossener Jugendwerkhof Torgau, Abdruck mit freundlicher Genehmigung der Gedenkstätte

8–15: © Thomas Sandberg

16: Mia Media im Auftrag des MDR

17: © Mathias Coors

18–19: Fotoarchiv des IBZ Königsheide

20: Rebello, © privat

21: Sammlung Haus der Alltagsgeschichte Lutherstadt Wittenberg

22: Dietmar © privat

23: Abdruck mit freundlicher Genehmigung der Fotografin Christiane Eisler

Anmerkungen

Vorwort

1 Ulrike Winkler, »Zucht und Liebe«, in: Wolfgang Benz/Barbara Distel: Gemeinschaftsfremde. Zwangserziehung im NS, in der BRD und der DDR, S. 134.

2 Thomas Irmer, Katholische Heimerziehung in der BRD, in: Benz/Distel, Gemeinschaftsfremde, S. 178.

3 Der Horror am Waldrand, in: taz vom 15.6.2013, https://taz.de/Kinderheim-in-Brandenburg/!5065310/, letzter Zugriff: 4.8.2021.

4 Ebd.

5 Ebd.

6 Ulrich Fischer: Viele gute Erinnerungen, in: maz, 11.2015, https://www.maz-online.de/Lokales/Prignitz/Dallmin-Viele-gute-Erinnerungen, letzter Zugriff: 6.8.2021.

Rahmenbedingungen staatlicher Fürsorge

1 § 1 der Jugendhilfeverordnung vom 3.3.1966, Gesetzblatt der DDR Teil II, S. 215.

2 Sozialistische Moral, in: Enzyklopädie der DDR. Personen, Institutionen und Strukturen in Politik, Wirtschaft, Justiz, Wissenschaft und Kultur, CD-ROM, Berlin 2004.

3 Andrew Wisely, Ritual-Ersatz in der DDR-Übergangsgesellschaft der 80er Jahre, in: Hans Jörg Schmidt/Petra Tallafuss (Hrsg.), Totalitarismus und Literatur, Göttingen 2007, S. 176.

4 Gesetz über das einheitliche sozialistische Bildungssystem der DDR, § 1 (1) 1965, http://www.verfassungen.de/de/ddr/schulgesetz65.htm, letzter Zugriff: 9.11.2015.

5 Ines F., »Vielleicht wenn du kein Herz aus Stahl hast …«, in: Christine Eisler/Gundula Lasch, Die Jugend der anderen. Fotografien aus dem Jugendwerkhof Crimmitschau 1982/83 und Gespräche mit ehemaligen Insassinnen 30 Jahre später, Leipzig 2013, S. 27.

6 Friederike Wapler, Rechtsfragen in der Heimerziehung der DDR, Gutachten, 2012, S. 13, http://www.fonds-Heimerziehung.de/fileadmin/de.fonds-Heimerziehung/content.de/dokumente/Expertisen_web.pdf, letzter Zugriff: 9.11.2015.

7 Vgl. Aufarbeitung der Heimerziehung in der DDR, Bericht in Auftrag gegeben von der Bundesministerin für Familie, Senioren, Frauen und Jugend, der Beauftragten der Bundesregierung für die Angelegenheiten der neuen Bundesländer und der Jugendministerinnen und Jugendminister der ostdeutschen Länder, Berlin 2012, S. 13, http://www.fonds-Heimerziehung.de/fileadmin/de.fonds-Heimerziehung/content.de/dokumente/bericht_web.pdf (9.11.2015).

8 Vgl. Aufarbeitung der Heimerziehung in der DDR, S. 23.

9 Ebd., S. 25.

10 Zitiert nach: Christian Sachse, Ziel Umerziehung. Spezialheime der DDR-Jugendhilfe 1945–1989 in Sachsen, Leipzig 2013, S. 82.

11 Zitiert nach: Ruth Ebbinghaus/Martin Sack, Was hilft ehemaligen Heimkindern der DDR bei der Bewältigung ihrer komplexen Traumatisierung?, Expertise 3, in: Aufarbeitung der Heimerziehung in der DDR, S. 326.

12 Zitiert nach: Peinigen und brechen. Schicksale in DDR-Kinderheimen, in: taz, 1.8.2013, http://www.taz.de/!5062080/ (15.9.2015).

13 Strukturen und Prozesse in den Spezialheimen der DDR in Thüringen, Forschungsbericht des Jenaer Zentrums für empirische Sozial- und Kulturforschung e. V. für das Ministerium für Soziales, Familie und Gesundheit des Freistaates Thüringen, Jena 2012, S. 6.

14 Hubert Steinig/Franz Kunert/Horst Thiem, Umerziehung in den Spezialheimen der Jugendhilfe. Zur Gestaltung einer stabilen Erziehungssituation, hrsg. vom Institut für Jugendhilfe (Beiträge zur Weiterbildung, 59), Falkensee 1984, S. 6.

15 Ebd., S. 46.

16 Anonymer Bericht, in: Eisler/Lasch, Die Jugend der anderen, S. 40.

17 Ines F., »Vielleicht wenn du kein Herz aus Stahl hast …«, S. 30.

18 Dies widersprach Artikel 18 (4) der Verfassung der DDR, die gleichen Lohn für gleiche Arbeit vorschrieb.

19 Vgl. Sachse, Ziel Umerziehung, S. 46.

20 Vgl. hierzu den Beitrag Torgau im II. Teil.

21 Wapler, Rechtsfragen, S. 26; vgl. auch: Aufarbeitung der Heimerziehung in der DDR, S. 32.

22 Vgl. Heidemarie Puls, Schattenkinder hinter Torgauer Mauern, Rostock 2009.

23 Vgl. Matthias Schlegel, Missbrauch in der DDR: Ein Opfer berichtet, in: Tagesspiegel, 1.4.2010, http://www.tagesspiegel.de/politik/deutschland/den-erziehern-ausgeliefert-missbrauch-in-der-ddr-ein-opfer-berichtet/1781748.html (23.9.2015).

24 Zitiert nach: Wir hatten keine Rechte, waren Freiwild, Spiegel Online, 3.4.2010, http://www.spiegel.de/panorama/gesellschaft/misshandlung-in-ddr-heimen-wir-hatten-keine-rechte-waren-freiwild-a-687185.html (9.11.2015).

25 Zitiert nach: Silke Kettelhake, Sonja »negativ-dekadent«. Eine rebellische Jugend in der DDR, Hamburg 2014, S. 139. Fehler wie im Original. Gemeint ist Solidarität.

26 Zitiert nach: Ebd., S. 147.

27 Ursula Burkowski, Weinen in der Dunkelheit, Bergisch Gladbach 1992, S. 38.

28 Ebd., S. 27f.

29 Zitiert nach: Benjamin Schulz, Gefangene der eigenen Jugend, Spiegel Online, 12.11.2013, http://www.spiegel.de/panorama/gesellschaft/ehemaliges-ddr-heimkind-will-sich-vor-gericht-rehabilitieren-a-930596.html (22.9.2016).

30 Zitiert nach: Sachse, Ziel Umerziehung, S. 87.

31 Heike F., »Vielleicht wäre es anders gekommen, wenn mich jemand an die Hand genommen hätte …«.

32 Zitiert nach: Nicole Glocke, Erziehung hinter Gittern. Schicksale in Heimen und Jugendwerkhöfen der DDR, Halle 2011, S. 31f.

33 Rummel, Dietmar, Die (Zellen-) Tür schlägt zu, Leipzig 2014, S. 348.

34 Vgl. Aufarbeitung der Heimerziehung in der DDR, S. 35.

35 Vgl. ebd.

36 Elke Krizisćke, Einsamkeit, in: Gründungsinitiative Stiftung Königsheide (Hrsg.), Ein Heim – und doch ein Zuhause? Heim-echo, Beggerow 2015, S.35–36, hier S. 35.

37 Zitiert nach: Sebastian Haak, DDR-Kinderheime: »Ich höre noch die Schreie …«, in: Thüringische Landeszeitung, 22.4.2014, S. 22, http://www.tlz.de/web/zgt/politik/detail/-/specific/DDR-Kinderheime-Ich-hoere-noch-die-Schreie-616251828 (22.9.2016).

38 Zitiert nach: Steffen Könau, DDR-Kinderheime. Knüppeldicke Finger, in: Mitteldeutsche Zeitung, 9. 4. 2012, http://www.mz-web.de/mitteldeutschland/ddr-kinderheime-knueppeldicke-finger,20641266,17150558.html (22.9.2016).

39 Ebd.

40 Zitiert nach: Glocke, Erziehung, S. 40.

41 Ebd.

42 Ebd., S. 312.

43 Ebd., S. 310f.

44 Ebd., S. 33.

45 Ebd., S. 14.

46 Zitiert nach: Kettelhake, Sonja, S. 137.

47 Burkowski, Dunkelheit, S. 11f.

48 Ebd., S. 12f.

49 Zitiert nach: Glocke, Erziehung, S. 34.

50 Ebd.

51 Ebd.

52 Ebd.

53 Ebd., S. 306f.

54 Burkowski, Dunkelheit, S. 51f.

55 Ebd., S. 154.

56 Ebd.

57 Ines F., »Vielleicht wenn du kein Herz aus Stahl hast …«, S. 31.

58 Heike F., »Vielleicht wäre es anders gekommen, wenn mich jemand an die Hand genommen hätte …«, S. 24f.

59 Vgl. Eva-Maria Schnurr, Umerziehungsheime in der DDR. Geprügelt, weggesperrt, gedemütigt, in: Spiegel Online, 14.6.2015, http://www.spiegel.de/einestages/jugendwerkhof-torgau-ddr-heime-fuer-rebellische-jugendliche-a-1036755.html (22.9.2016).

60 Zitiert nach: Christian Füller, Schicksale in DDR-Kinderheimen. Peinigen und brechen, in: taz, 1.8.2013, http://www.taz.de/!5062080/ (22.9.2016).

61 Zitiert nach: Glocke, Erziehung, S. 14.

62 Name geändert, vgl. Sebastian Haak, DDR-Kinderheime: »Ich höre noch die Schreie …«, in: Thüringische Landeszeitung, 22.4.2014, S. 22, http://www.tlz.de/web/zgt/politik/detail/-/specific/DDR-Kinderheime-Ich-hoere-noch-die-Schreie-616251828 (22.9.2016).

Schicksale und Leidensorte

1 Mathias Hausding, Kindesmissbrauch und seine Vertuschung, in: MOZ, 15.12.2017, https://www.moz.de/nachrichten/brandenburg/studie-kindesmissbrauch-und-seine-vertuschung-in-der-ddr-48918062.html, letzter Zugriff: 26.3.2021.

2 Zitiert nach Glocke, Erziehung, S. 314f.

3 Als Buch gebunden, mit einem Copyright-Vermerk von 2017 versehen, hat es den Titel: … muss ich verzeihen? Verstoßen – gedemütigt – misshandelt. Es ist bestellbar über: muss-ich-verzeihen@t-online.de.

4 Vgl. Rahel Marie Vogel, Auf dem Weg zum neuen Menschen: Umerziehung zur »sozialistischen Persönlichkeit« in den Jugendwerkhöfen Hummelshain und Wolfersdorf (1961–1989), Frankfurt a. M. 2010, S. 61.

5 Ebd., S. 49.

6 Steffen Reichel, Das Lümmelheim von Burg, in: Volksstimme, 12.3.2019, https://www.volksstimme.de/lokal/burg/geschichte-das-luemmelheim-von-burg, letzter Zugriff: 23.3.2021.

7 Vanja Budde, DDR-Kindergefängnis Bad Freienwalde – Die eisige Kälte der Macht, in: Deutschlandfunk, 16.8.2017, https://www.deutschlandfunk.de/ddr-kindergefaengnis-bad-freienwalde-die-eisige-kaelte-der.1773.de.html?dram:article_id=393563, letzter Zugriff: 25.3.2021.

8 Ebd.

9 Zitiert nach: Peinigen und brechen. Schicksale in DDR-Kinderheimen, in: taz, 1.8.2013, http://www.taz.de/!5062080/ (15 9.2015).

10 https://koenigsheider-eichhoernchen-ev.de/portfolio-item/historische-informationstafel/

11 Dieses Pseudonym hat er sich erbeten.

12 Ob Rebello diese Information aus einer Jugendakte oder aus einer Erzählung kennt, erfahre ich im Gespräch nicht.

13 Tanja Andrys, Abgeschottet und abgestellt, in: Volksstimme, 2.2.2017, https://www.volksstimme.de/jugendwerkhof-wittenberg-abgeschottet-und, letzter Zugriff: 24.3.2021.

14 Dietmar Rummel, Die (Zellen-)Tür schlägt zu, Leipzig 2014.

15 https://www.saechsische.de/article-4025841.html, letzter Zugriff: 28.7.2021.

16 Eisler/Lasch, Die Jugend der anderen, S. 3.

17 Ebd.

18 https://www.deutschlandfunkkultur.de/ddr-umerziehungsheim-torgau.3693.de.html, letzter Zugriff: 4.8.2021.

Ein verdrängtes Verbrechen

368 Seiten | Kartoniert
ISBN 978-3-451-38563-6

Die deutsch-polnischen Beziehungen werden bis heute durch die deutschen Verbrechen in Polen während des Zweiten Weltkriegs geprägt. Dass vermutlich zehntausende polnische Kinder von den Nazis nach Rassekriterien ausgesucht, geraubt und »eingedeutscht« wurden, ist vielen Menschen in beiden Ländern gar nicht bewusst. Dieses Buch versammelt erstmals zahlreiche erschütternde Berichte von geraubten Kindern.

In jeder Buchhandlung!

HERDER

www.herder.de

Eine deutsche Tragödie

240 Seiten | Kartoniert
ISBN 978-3-451-06937-6

Ein Stasi-Spion in der Bundesrepublik, der enttarnt wird, muss überstürzt mit seiner Frau und zwei Söhnen in die DDR fliehen. Doch seine Kinder verweigern sich der Einbürgerung in die DDR. Das Leben wird für alle immer unerträglicher, bis der Vater ihre Flucht zurück in den Westen über Ungarn in die Wege leitet. Doch der Albtraum findet kein Ende.

In jeder Buchhandlung!

HERDER

www.herder.de

Wie Ausgrenzung und Hass entstehen

480 Seiten | Gebunden
mit Schutzumschlag
ISBN 978-3-451-38596-4

Wir leben in Zeiten von zunehmendem Extremismus. Wie entstehen Vorurteile gegen andere gesellschaftliche Gruppen? Welche Feindbilder haben sich entwickelt? Und warum ist Fremdenhass so langlebig? Wolfgang Benz erklärt Geschichte und Gegenwart dieser höchst problematischen Phänomene. Ein Buch von größter Aktualität und ein Standardwerk zur Geschichte von Antisemitismus, Rassismus und Fremdenfeindlichkeit.

In jeder Buchhandlung!

HERDER

www.herder.de